硬 球
政治是这样玩的

Hardball

HOW POLITICS IS PLAYED

[美] 克里斯·马修斯 著
林猛 吴群芳 译

新华出版社

图书在版编目（CIP）数据

硬球：政治是这样玩的/（美）马修斯著；林猛，吴群芳译
北京：新华出版社，2015.4（2021.12重印）
书名原文：Hardball：How Politics is Played
ISBN 978－7－5166－1569－0

Ⅰ.①硬… Ⅱ.①马…②林…③吴… Ⅲ.①人际关系学 Ⅳ.①C912.1
中国版本图书馆CIP数据核字（2015）第057083号
著作权合同登记号：01－2022－0290

Hardball：How Politics Is Played by Christopher J. Matthews
Copyright © 1999 by Christopher J. Matthews
Chinese Simplified Characters Copyright © 2015
by Xinhua Publishing House
Published by arrangement with ICM/Sagalyn
acting in association with ICM Partners
through Bardon-Chinese Media Agency
All rights reserved.
中文简体字专有出版权归新华出版社所有

硬球：政治是这样玩的

作　　者：（美）克里斯·马修斯	译　　者：林　猛　吴群芳
出 版 人：匡乐成	选题策划：黄绪国
责任编辑：黄绪国	封面设计：今亮后声
责任校对：刘保利	责任印制：廖成华

出版发行：新华出版社
地　　址：北京石景山区京原路8号　邮　　编：100040
网　　址：http：//www.xinhuapub.com　http：//press.xinhuanet.com
经　　销：新华书店
购书热线：010－63077122　中国新闻书店购书热线：010－63072012
照　　排：新华出版社照排中心
印　　刷：三河市君旺印务有限公司
成品尺寸：145mm×210mm
印　　张：11　字　　数：220千字
版　　次：2015年6月第三版　印　　次：2022年1月第十四次印刷
书　　号：ISBN 978－7－5166－1569－0
定　　价：58.00元

图书如有印装问题，请与出版社联系调换：010－63077124

目录

导言：写给所有人的 14 堂政治课 / 001

第一部分

盟友

第一章　关键不在认识谁，而在想认识谁 / 003

要喂饱你心中豪情万丈的自我，最好的办法是先喂饱你需要影响的人

第二章　一切政治都是乡土的 / 040

高明的政治家从来不让他的目光离开别人的自我

第三章　索取比给予还好 / 063

如果你想交一个朋友，那就请他帮你一个忙

第四章　与带你来的人共舞 / 086

对于忠诚关系而言，最重要的是你要选对向谁效忠

第二部分

敌手

第五章　让你的敌人站在你的前面 / 111

跟你的朋友保持密切的关系，但跟你的敌人要保持更密切的关系

第六章　不要疯狂，不要扯平，而要向前推进 / 136

明智的政治家不是想方设法削弱敌人，而是千方百计壮大自身

第七章　对任何飞来之箭，都要一一反击 / 156

对任何一个谎言如果置之不理，24小时之内它就会变成真理

第三部分

交易

第八章　说话是为了更好地沉默 / 185

有的时候沉默是一种比伶牙俐齿更为有效的武器

第九章　永远对原则问题表示赞同 / 205

聪明人懂得不一味纠缠于原则问题，而更注意具体切实的目标的达成

第四部分

名声

第十章　举灯照亮你的问题 / 221

做你自己的不幸消息的送信者，总比让别人来传播你的坏消息更好

第十一章　旋转你的角色 / 240

降低人们对你的业绩的期望，就能够将失败转化为胜利

第十二章　记者就是敌人 / 260

我们生活在一个奉行"我可逮着你了"信念的新闻年代

第十三章　权力的声望 / 278

政治领袖们之所以有权有势，只是因为他们显得有权有势

第十四章　形象的定位 / 306

只要你找好定位，你就可以成为你想成为的任何一种人

展望 / 331

在这个权力的世界里，总会有人是主管分黄油的人

导　言
写给所有人的 14 堂政治课

请注意，这不是一本公民学或市政学之类的教材。它呈现给世人的不是种种纯洁无瑕的程序与制度，而是并非天使的不完美的人类。它不是要对这个国家或者其他任何国家的领袖们应该如何正确地做人做事进行空洞刻板的说教，而是站在一个熟知内幕者的角度揭示领袖们有时过于离经叛道或令人咋舌的行为。相应地，它所围绕的主题并非历史浩浩荡荡的行进历程，而是无时无刻不在的对权力、地位和荣誉的追逐，以及为了在华盛顿获得一席之地而进行的你死我活的争斗。

首先让我解释一下本书的标题：硬球或者说硬式棒球游戏，在这里指的是角逐激烈的政治游戏，一种彻头彻尾的马基雅维利式搏击。它集中体现了获取和保持权力所需要奉行的法则，这些法则适用于任何行业或领域，但在公共事务领域得到了最为公开的、肆无忌惮的运用。

硬球 Hardball

当我最初在眼前写下上面这段话时，我没有想到这本书会成为一部备受推崇的经典：许多讲求实际的政治家将其奉为圣经，拿来指导自己的行动；首席执行官们爱不释手，将它放进自己的公文包里随身携带；事业刚刚起步的年轻人一遍又一遍地翻读这本书，似乎里面有掘取宝藏的路线图；政治学教授郑重其事地向学生推荐，将其列入必读书目；"硬球"这个术语本身也是广泛流传，成为美国人家喻户晓的一大用语。

亲爱的读者，对于你来说，你现在尤其关心的是，这里所讲的政治游戏的基本法则，是如何一直被证实为颠扑不破的真理的。书中所讲的那些政治智慧，无论是我取自约翰·F·肯尼迪、理查德·尼克松和林登·约翰逊高人一等的竞技记录，还是来自我对罗纳德·里根及与他难分伯仲的蒂普·奥尼尔的亲眼目睹，到今天都越发耀眼夺目、显而易见了。比尔·克林顿不止一次地为我们提供了关于**旋转角色**的生动示范。南非的纳尔逊·曼德拉向我们展示了**向前推进而不是与对手扯平**的巨大好处。而那些像纽特·金里奇那样不怎么幸运的政治领袖则在付出了沉重的代价之后，懂得了**说话是为了更好地沉默**的道理。

当我在1988年写作这本书时，我的另一个目的是娱乐。对于那些整日生活在无形的刀光剑影中的政治家来说，政治生涯绝对是一种丰富多彩的人生体验。在后面的章节中，你将会欣赏到真实坦率的描述，看到一些驰名遐迩的风云人物是如何实现自己的雄心,登上辉煌的权力巅峰的。你会碰到一些似乎是不可思议的成功故事,里面的主人公学会了游戏法则,并在实践中游刃有余地加以运用,最终取得胜利。

那些观看我的电视节目和阅读我的新闻专栏的人都知道我对这一激动人心的游戏的偏爱与迷恋。乔治·F·威尔就认为我身上的"一半是哈克·费恩(马克·吐温的小说《哈克·费恩历险记》一书中的主人公——译者注,以下小括号中文字均为译者注,不一一申明)的冒险精神,另一半是马基雅维利的冷静务实。"的确,我从自己切身的冒险经历中学到了很多的东西,正如我作为一个观察者也学到了很多东西。我们都会同意,你只会对那些你亲自发现的东西确信无疑。

对于我而言,这一漫长而刺激的旅程在四分之一个世纪以前就开始了,当时我还只是华盛顿的一个初来乍到者,自以为对政治相当精通。自从上高中开始,我就对选举游戏情有独钟、乐此不疲了,我是一个真正的有政治瘾的人。早在那时,我就是某些候选人的铁杆支持者和另外一些人的坚决反对者,会为自己心仪的候选人的胜利而欢呼,为他们在大选之夜的失利而黯然神伤。当我 20 岁出头参加和平外援队时,我在异国他乡依旧保持了这份痴迷。凭借手头姗姗来迟的《纽约时报》的"本周评论"和为数寥寥的其他几本杂志,我会饶有兴趣地预测国会年度选举的结果——尽管当最终的结果到达我所在的斯威士兰(非洲东南部的王国）的一个小镇时，通常已经是在美国人参加他们的投票之后好几天了。所以，我自认为在跻身政治舞台之前是经过了充分的准备的。曾经有许多年的时间，我满怀敬畏、全神贯注地关注着精彩纷呈、口若悬河的政治辩论，关注着上场者坚定不移、百折不挠的个性品质以及整个美国变幻莫测、眼花缭乱的政治舞台。

但是，就政治上的硬式棒球策略而言，我只能说我到华盛顿时还是一个生手。我进入了一个全新的、扑朔迷离的世界，从人类学的意义上来说，这个世界的奇特景观丝毫不逊于我刚刚离开的那片非洲土地上壮丽的异国风情。F·斯科特·菲茨杰拉德有一次曾说那些"腰缠万贯、金玉满堂的人"是与你我这样的普通人不同的。后来我才渐渐明白，那些在政界叱咤风云、功成名就的人也是这样。

在华盛顿那些富丽堂皇的紧闭的大门后面，隐藏着的不仅仅是别有洞天的权力天地，还有一套独特的语言，我自己现在也学会了说这种语言。那是一个充斥着年深日久的坚固联盟、冷酷无情的报复和精明狡诈的讨价还价的世界，但同时也是展示诸如**角色旋转**和**形象定位**等出神入化、精妙绝伦的政治策略的场所。

那些久经风霜、孜孜以求的政治老手的策略和手段，无论是沿用已久还是新近独创，都足以让大多数人耳目一新甚至目瞪口呆。事实上，从外行人的眼光来看，这本书中所涉及的技巧很少能够在严格意义上被归纳为"正当手段"。

导　言

在后面的章节中，你将会看到豪气万丈的雄心、残酷的钩心斗角和诡计多端的布圈设套。如果你觉得我的语调讽刺辛辣，如果某一些画面和情境在你看来过于荒诞不经，那你就准确地抓住了我想表达的态度了——在这个所谓的核能时代，政治是唯一供成人玩的游戏。

"政治使得素不相识者成为亲密无间的战友，"19世纪的幽默作家查尔斯·达德利·沃纳这样写道。我们很快就会看到，这只不过是以后层出不穷的政治怪诞剧的序幕而已。我从自己收集的第一手资料中发现，我们对于政治家所怀有的感想——不论是男的还是女的——距离真实的状况简直相差十万八千里。即便是那些最为愤世嫉俗的挑剔的挖苦者，他们对于真正的政客所玩弄的两面三刀的把戏和天衣无缝的欺诈恐吓，也没有足够的认识。

假定你是一个不折不扣的利己主义者，你对涉及自己利益之外的一切事情都不闻不问，概不关心。突然有一天，你的心头充溢了不常有的喜悦，因为有个人对你的一切表示殷切的关注，对你嘘寒问暖，关怀备至，在你自己动手之前他就已经为你的目标出谋划策了。假定你被他的曲意逢迎迷昏了头，而他借此提出了一个激动人心的宏伟规划。他的真实意图，正如马基雅维利在500年前教给他的，是利用你为他自己办事。就这样，在不知不觉中上了圈套的你发现，你为他做得越多，你就变得越是忠心耿耿，越是死心塌地为他鞍前马后地操劳卖命。

假定你是一个野心勃勃的人物,复仇的欲火在你的心头熊熊燃烧,你遇到了一个不动声色的厉害角色,这个人有着一种不可思议的本事,能够把有着血海深仇的死敌转化成和自己站在同一条战线的盟友。假定有一场争论发生,你被对手轻易的妥协和让步所蒙蔽。是的,你在大的"原则"上似乎的确占了优势,然而,在较小的、更具体的地方对方却真正得到了好处。

假定你是一个患有自我膨胀症的自我陶醉者,生来就锦衣玉食、养尊处优,你碰到了一个继承了另一类财富的人——一个有着结交那些他需要结交的人的内在动力和本事的人。假定你是一个孤芳自赏的自恋狂,你碰到了这样一个人——他不仅将自己的缺陷、弱点暴露得一览无余,而且能够极其巧妙地施展和利用它们。

正是这些古怪的甚至是突兀离奇的行为使得真正的政治动物区别于一般的芸芸大众,并且赋予了他们凌驾于他人之上的决定性的权力。

曾经有多少次,你听到自己的同事抱怨因为"钩心斗角的办公室政治"而未能获得升迁?又有多少次,你听到某人哀叹因为"无法处理好既得利益者之间错综复杂的关系"而白白地失去大好机会?还有,那些不时萦绕在公司走廊和所有职业领域的"卑鄙手段"和"诈骗勒索",你又听到了多少?但是,我们同样也看到了,在一些人步履维艰地蹒跚移步的同时,也有另外一些人成功地披荆斩棘，一日千里。事情的真相就在于，在我们的日常生活中存在着大量的政治谋划和运作。

整整28年的时间，我都在一个彻头彻尾的政治游戏环境里工作。作为美国参议院的一名助手、总统演讲稿撰写人以及众议院议长的首席助理，我见过太多性格各异、形形色色的人，例如，罗纳德·里根和托马斯·蒂普·奥尼尔就是两种截然不同的人。他们玩起政治游戏来兴致勃勃，并且都取得了胜利。除了和众多的政界要人的亲密关系之外，我在这些年里还获得了一些更为宝贵的东西，那就是，我懂得了成功是很少取决于外貌、财富或者个人魅力这样一些因素的。当然，活力是一个不可低估的因素，所有伟大的政治家都拥有充沛的精神和活力。但是，真正激发人活力的是不断学习的意愿和为了登峰造极而不惜做任何事情的决心。他们在跋涉的旅程上获得的荣耀越多，他们就越是意气昂扬，积极乐观。约翰·肯尼迪和理查德·尼克松是竞选总统的死敌，但两个人有一个共性，那就是怀有同一种热爱——对竞争本身的热爱。

跟所有的前人一样，我对美国政坛上层出不穷的传奇心醉神迷。林登·约翰逊，富兰克林·罗斯福，亚伯拉罕·林肯，我对这些伟大的政治家的传奇故事耳熟能详——他们是如何学会建立和巩固联盟的，又是如何讨价还价的，还有，他们是如何巧妙地出奇制胜和抬高自己的声望的。

是的,在权力游戏中的确存在着有迹可寻的法则,它们是政治领袖们代代相传的政治智慧中的一部分。这些不成文的法则年复一年、日复一日地得到积累,就像国会山议员衣帽间(休息室)里的雪茄烟灰一样越积越厚。发生在瞬息万变的政治舞台上的每一幕后面都隐藏着它们,它们无时无刻不在起着作用,谙熟和遵循它们的人大获全胜,而对其懵懂无知或加以违背的人则头破血流。一位"做派老套"、在政坛如鱼得水了几十年的人,曾对我谈到过其中的奥秘:"你只需要向人展示……"接着他便滔滔不绝、发自肺腑地讲起了政治游戏的法则,那些法则总结了许多人在政治舞台上摸爬滚打的成功经验。

有一天,我站在民主党议员衣帽间里,那个狭小的房间位于一个僻静的所在,远离国会山的会议厅。房间里有一个小小的快餐厅和一长溜的电话亭,还有两排陈旧的皮革沙发,沙发上放了小垫子,以便议员可以在午间打个盹儿。当时正是午餐时间,空气中弥漫着冒着热气的热狗的香味。一小群国会议员一反会场上温文尔雅、慢条斯理的举止,在不锈钢的餐桌旁一溜排开,急不可耐地大嚼口中的热狗和三明治。跟往常一样,谈话围绕的主题都是政治。我悄悄地向旁边的一个人透露了一个秘密,那就是我正在着手写一本关于政治游戏法则的书,并且,书中的内容包括了我在所有诸如此类的非正式场合中无意间听到的各种花招。他直直地看着我,额头上显出了一道痛苦的皱纹,一脸严肃地对我说道,"你为什么想把这些公之于众呢?"

我的回答是,这些交易秘密不仅仅对雄心勃勃的职业政治家有价值。在职业政治家所运用的游戏法则中,有着人类社会的持久真理。

实际上,在任何一个领域都有这样一些人,他们原本可以轻而易举地获得成功,但却终其一生都在犯一个又一个的政治错误。他们对于自己是如此眷恋、入迷,以至于彻底忽视了他们特别想对之发生影响的人们。他们不是广结同盟,而是局限于一个人的单打独斗和孤军奋战;他们不是正面对抗或者迂回截击自己的对手,而是消极地听之任之、无所作为。在进行重大的讨价还价时,他们对细枝末节斤斤计较,结果是捡了芝麻,丢了西瓜。他们因为自身的缺陷、弱点而畏首畏尾、束手无策,全然忘记了可以变不利为有利,从而转败为胜。

一些人或许会说这些倾向都只不过是人之常情,是人性中固有的方面。但是,这些被说成为人类天性的倾向——例如,在需要向别人提出要求时瞻前顾后、优柔寡断,在面对挑战和反对时忐忑不安、一味逃避——其实是畏缩、退让的本能体现而不是领导才能的标志,说到底只不过是内心恐惧的反映。正是因为遵循这些所谓的天性,我们才自己给自己设置了陷阱。我们不断告诫自己不要出格,要低下我们的头——旧时代奴隶的典型写照。

这本书的前提假定是一目了然的——为了在生活中不断前

进，你可以从那些成功者身上学习许多东西。如果有朝一日你登上空军一号，你就会发现那个世界和你自己的世界之间并不像你所想象的那样存在着天堑鸿沟。人们一边千方百计地向上钻营，谋求地位，一边用警惕的双眼东张西望，互相提防。如果你在椭圆形办公室里度过一段时间，你会发现它和其他的办公室并没有本质的不同，正如国会和其他任何巨型的复杂组织有着很多的相似之处一样。这里有朋友和敌人；有交易、妥协、针锋相对的斗争和不厌其烦的讨价还价；这里还有"角斗士"，他们的生存是建立在打败一个又一个的对手的基础之上的。一旦你掌握了其中的法则，你不仅能够在这个日常生活充满了政治权谋的世界赢得一席之地，而且能够如鱼得水，兴旺发达。

在如何运用政治策略办成事情这一点上，是不存在任何党派差别的。正如鼎鼎有名的纽约市市长菲奥雷洛·拉·瓜迪亚过去经常所说的，"没有专门的共和党人清理垃圾的方式"。我们在这里探讨的并不是政治哲学，而是政治手段，不是为什么，而是怎么办。

当1973年末理查德·尼克松总统面临着迫在眉睫的弹劾危险时，他仔细地审视了国会的形势。他悲哀地意识到，众议院被掌控在一个多数党（民主党）领袖手中，尼克松终于发现那个人是一个强有力的对手。"当我看到蒂普·奥尼尔咄咄逼人的攻势时，我知道我陷入了麻烦，"大势已去的总统在其政治生涯覆灭之前这样哀叹,"那个人一向喜欢玩硬球。他从来不知道女子垒球。"

《硬球》这本书并不是供读者钉在墙上欣赏的政治人物肖像集。你将在书中发现一些熟谙此道的大师,并立即被他们所深深吸引,例如,亚伯拉罕·林肯,富兰克林·罗斯福,德怀特·艾森豪威尔,罗纳德·里根。你会轻而易举地弄清楚,温文尔雅、风度翩翩的约翰·肯尼迪是如何取得成功的。他唯一的障碍就是他的宗教信仰,然而,在经过一番努力之后,即便连这个劣势也转变成了他的优势。当然,要参透理查德·尼克松或者林登·约翰逊的成功之谜,要更为困难一些,前者在美国政治舞台中心足足活跃了 30 年,后者尽管貌不惊人,没有任何明显的公众魅力,但却有效地统治了美国参议院 8 年。仅仅用好运气来解释后者显然是没有说服力的,它不足以抵消诸如笨拙拘谨的举止、滑稽古怪的外表、反复无常的性情等负面因素。简而言之,林登·约翰逊获得成功的最重要的因素还是对政治谋略和技巧的由衷激情与高超把握。

比尔·克林顿是又一个引人入胜的例子。仔细观察一下他入主白宫的道路,便不难发现他那炉火纯青的游戏技巧。他无论在任何时候跌倒,都能很快地站起来。当他在 1988 年民主党全国大会上发表了那篇糟糕透顶、拖沓冗长的演说之后,他很快在"今夜演播"中用自己谈笑风生的表演化解了形势。他展现给人

们的是一个超脱于自己困境的大人物形象。

1992年,克林顿证明了自己是一个淋漓尽致运用**角色旋转**策略的高手。他给自己冠以"卷土重来的孩子"的称号,从而一举转败为赢,在新罕布什尔州的总统预选中大获全胜。1994年,他正确地将自己定位为美国政坛中的第三方力量,既不偏向那些国会山中顽固不化的民主党自由主义者,也不倒向保守的、在国会选举中击败了他们的共和党人,从而继续稳居总统宝座。

在这一新修订版中你将会看到,我所讲的硬球法则会一如既往地支配各个领域的政治活动。只要你小心谨慎地遵循这些法则,你就会获得丰厚的回报。而如果你违背了它们,你必将付出一个职业政治家所会付出的惨重代价。

对于那些职业政治家来说,政治硬球的游戏法则就如同赌场一样牢牢吸引着他们,散发着无穷魅力,即便是对于这些法则有着诸多指责和非议的旁观者,也同样如此。或许其中的魅力源自明明白白的收益和进账,源自梦想成真的喜悦和激动,源自一朝雪耻的扬眉吐气和舒畅快意。

我曾经多次亲历在胜利的大选之夜那种喜极而泣的激动和兴高采烈。但我同样也记得在1980年11月2日的那个早晨,笼罩在吉米·卡特总统飞往佐治亚州普来恩斯的那架直升机上忧郁凄凉的气氛,那真是一片愁云惨雾,坐在飞机里的人简直就像是在一只笨拙迟缓、奄奄一息的巨鸟体内。

在这个不胜则败、不进则退的世界上，的确存在着一种磁性引力。我不知道有多少次我站在金碧辉煌的宾馆的大厅后面，注视着满厅的公司总裁官们全神贯注地倾听着某个政治家发表谈话。当到了自由提问的时间时，那些人会认认真真地询问即将出笼的立法或者下一轮总统竞选之类的事。但是真正在他们的脑海中挥之不去的，是他们所感受到的东西——**权力**。在这个成功的家伙背后有着什么样的故事？他是如何到达他现在的这个位置的？

这真是不错的问题。我的这本书中充满了令你惊奇的答案。

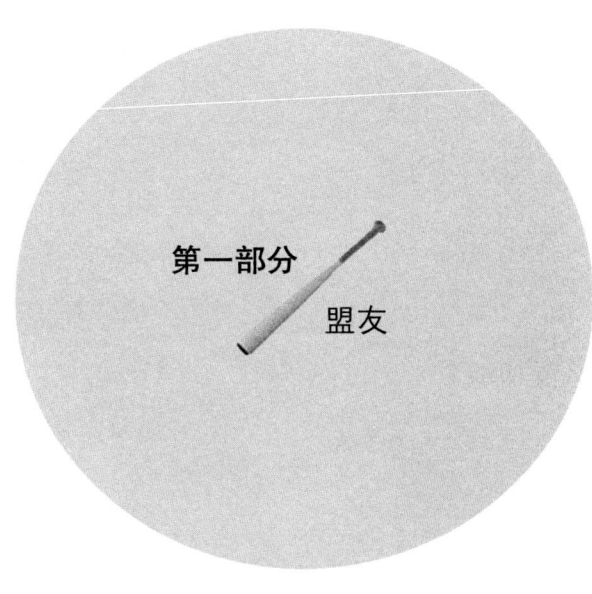

第一部分

盟友

第一章
关键不在认识谁,而在想认识谁

> 他们不懂得一对一的单独会面最有可能赢得对方的支持,他们以为那种情形下都是"强奸"而不是诱导,因而,他们错过了为采取最后行动而铺平道路的良机。
>
> ——林登·约翰逊

对于一个20世纪60年代的理想主义者来说,你可以料到他最不愿意见到的就是博比·贝克这种人了。博比·贝克是约翰逊总统的亲密朋友和助手,他十足地代表了华盛顿政坛最肮脏、阴暗的一面。如果有哪部词典要给"腐败"这一词条配一幅插图作为说明,贝克的照片就是最佳的选择。他利用自己精心编织的种种友情关系和身为参议院秘书的地位与内幕知情人角色,成为一家又一家停车旅馆、机械销售公司、房地产开发公司和保险公司的秘密股东。然而,1968年秋天,他的如意算盘破灭,前程灰飞烟灭。这位精明、狡黠的国会山助手被以逃税、侵吞和共犯等多项罪名投进了监狱。

贝克是一个爱讲排场的人,他在出游时总是选择最豪华的方式。就在他自由自在的日子临近结束之际,他还为自己在豪华游轮"美利坚号"上订了舱位进行了一次大西洋旅行。他一上船就和他那帮乱七八糟的朋友以及一些不明不白的女人,占住了游轮的酒吧,在那里寻欢作乐。他在船上轻松自如地扮演的角色,也和他为自己在参议院的那些庇护人扮演的角色一样——娱乐活动的总指挥。

然而,不管怎样说,贝克却首先是一个有着敏锐的政治嗅觉的家伙,他那带着讥讽神态的眼光,能看清事情是如何运转的,他知道,无论是在陆地上还是在大海中,"宝藏"到底埋在什么地方。

不过,以这方面的能力而论,他并不是那艘船上仅有的一位天才。在那艘船上的旅客名单中,还有一批人给人留下了深刻印象,他们是来自罗得岛的一批年轻学子,去牛津开始他们第一个学期的学业。他们早就听说过贝克声名狼藉,所以都不愿意接近他。但有一个人例外,他就是年轻的比尔·克林顿。如果说在他的同学眼里,贝克是已经逝去的腐朽政治时代的一个活标本的话,克林顿也看到了这点,但他还看到了更多的东西。克林顿,这位当年曾以在玫瑰花园和肯尼迪总统握过手为荣的儿童,现在已经长大并开始在政坛经营了。他不顾与他同船的那些未来同学的轻蔑和不满,把大量时间用在了贝克一伙人身上。他知道这是一个机会,既然这位政治冒险家可以把另一位出身贫寒但却雄心勃勃的南方青年(指美国第三十六任总统林登·约翰逊,民主党人)推上政坛的顶峰,那么无疑也可以给他指点迷津。

那位南方青年登上权力顶峰的故事,不仅仅对于了解华盛顿、而且对了解整个世界是怎么运转的,都是富于启发意义的。

1971年我刚到华盛顿的时候,国会山还是城里最不安全的地方之一。国会山警察分局的墙上悬挂着一幅又脏又旧的地图,上面标有很多小"×"标记,那是所有曾发生过谋杀案的街角、人行道和小巷子。

以前,一个人的生命在国会山是如此危机四伏,所以,联邦车站附近竟然有一家路边饭店为当地警察提供特价自助餐,不管他们吃什么都只要一美元。那个饭店叫道奇饭店,它的管理人员喜欢让人看到收银机旁边都是穿着蓝制服的警察,这样他们就不用担心频频发生的抢劫了。

但到1971年春天的时候,道奇饭店早已被推土机夷为平地了。这个为汽车提供便宜的停靠场所、高年级学生想风流一夜也可以掏得起腰包的地方已不复存在了。它变成了旅行手册上一个标示方位的星点。

但后来我逐渐意识到,道奇饭店不只是某个地理位置的标记,它也是一种历史的标记。50多年前一个冬天这里发生的一段故事,可以成为任何政治教育的第一课。

在1931年大萧条的那些日子,道奇饭店就成了一个供人住宿的旅店,里面住着几名联邦参议员,并且至少有一位最高法院法官。当然,还有一些不及这些人那么显赫的房客。在门厅底下的两层地下室,有一长排卧房,那些卧房只有一个公用的洗澡间。每到晚上,这个阴冷、潮湿的地下世界就会生机盎然,因为那里面萦绕飞扬着两眼闪光、意气风发的年轻人的梦想,他们是一批为美国国会工作的幸运的年轻人。

在这群地下房客中,有一位22岁的青年,他体格魁梧而笨拙,长了两只大象一样的耳朵。他刚成为得克萨斯州民主党众议员理查德·克莱博格的秘书,两周之前他还是休斯敦一所中学的教书匠。这位青年在道奇饭店度过第一夜的时候,就有一些奇怪的举动。那些举动,直到临终之前的几个月,他才告诉了他的好友兼传记作家多里斯·基恩斯。那天晚上,林登·约翰逊一共洗了四次澡。他四次披着浴巾,沿着大厅走到公用浴室,四次打开水龙头,涂上肥皂。第二天凌晨,他又早早起床,跑去刷牙五次,每次中间间隔只有五分钟。

这位得克萨斯州的青年人,这样做有他自己的目的。饭店里

第一章 关键不在认识谁，而在想认识谁

还有 75 个和他一样的国会秘书。他要以最快的速度认识他们，认识得越多越好。

他的这一招成功了。在华盛顿还不过三个月，这位新来乍到的人就成了"小国会"的议长，那是一个由众议院全体助手组成的团体。

这是约翰逊在华盛顿的首场"演出"，他展示了自己基本的政治手段。他向我们证明，向上爬就意味着结交人，两者事实上是一回事。

> 向上爬就意味着结交人，两者事实上是一回事。

在我还不懂国会山是如何运作的时候，有一段时间我一直难以理解，像林登·约翰逊那样的人为什么能爬到那样高的位置？这个人在电视上的形象没有任何吸引力，他戴着一副滑稽可笑的老花镜，不断斜眼瞟看讲稿提示器，紧张得大汗淋漓。此外，他的一些声名狼藉的个人行为，例如卖弄身上阑尾手术留下的疤痕，拎着爱犬的耳朵把它举起来，坐在厕所马桶上处理公务，也丝毫不能给他的形象带来什么好处。然而，就是这个人，在动荡不安的 60 年代，向我们这些"美国同胞"描画着他的伟大蓝图。我和那个年代的很多大学生一样，始终被这个谜团困扰——为什么在一个运转良好的民主制度中，这样一个人居然能爬到无数比他更加能干、更有魅力的同行头上，决定着国家的战争与和平？

随着岁月的流逝，我才渐渐明白，约翰逊所掌握的这套一对一的交往技巧——专家们称之为**"零售政治"**，在国会和其他各种组织中是多么有效。

林登·约翰逊之所以能掌握和行使权力，借助的不是电视聚光灯的炫目光芒，而是一对一交流时的个人风采。在本书后面，我们将会看到富兰克林·罗斯福和罗纳德·里根借助广播、电视赢得权力的例子。但这个得克萨斯人与他们不同，他多数的"买卖"都靠"零售"成交，一次只接待一个顾客。

对于所有渴求权力的人来说，再也找不到比这位1931年曾披着浴巾、站在道奇饭店的洗澡间里到处和别人打招呼的高大青年更好的榜样了。

在约翰逊看来，国会山就是进行"零售政治"买卖的风水宝地。其中关键的一点是，在国会山他只需要与少数的一批人打交道。这一点与其他机构里的政治，不论是公司还是大学，倒是有相似之处。如果说罗斯福的杰作是通过"炉边谈话"影响了千百万广播听众，那么，约翰逊则是把魔力直接运用到一个个有血有肉的人身上。在他那里，人数越少，效果就越好。虽然约翰逊在众议院度过了10个春秋，但他到进入参议院之后才真正成为权势人物。向100名参议员进行零售，总是比向435名众议员零售容易得多（美国国会由参众两院组成，议员人数分别为100和435）。

第一章　关键不在认识谁，而在想认识谁

"从第一天起就可以看出来，参议院就是他待的地方，它的人数、规模刚好合适，"曾长期担任约翰逊助手的沃尔特·詹金斯在回首往事时这样说。

要计算约翰逊在这个机构里的政治上升速度，我们只需要记住两个日期：他1949年进入参议院，1952年底就成了参议院民主党领袖。

约翰逊在参议院的权力之路，其开端和他当年在道奇饭店地下室洗澡间里完全一样——直奔权力源头而去。当年为了在秘书政治中脱颖而出，他深入到饭店的角角落落，找出最有分量的那批选票。他为了赢得参议院的领导地位，也是用同样的方法开始，那就是查明权力源头的具体位置。正如政治学家西奥多·怀特所说，约翰逊表现出了一种追求权力的本能，那种本能"就像鲑鱼为了产卵就一定要溯流而上，是一种原始的本能"。

起作用的不仅是本能，还有大脑。当那些与他一同在1948年当选的新参议员们被他们即将在辩论中面临的重大问题弄得晕头转向的时候，林登·约翰逊却把注意力集中在参议院本身的政治上。毕竟，参议院和他以前参加过的其他组织并没有什么不同。在那里，也会有"鲸鱼"，就是老大，掌管着整个地盘；其他的是"小鱼小虾"，会被巨浪席卷而去，随波逐流。

约翰逊早年在众议院摸爬滚打的时候，就学到了一课，那就是各政党衣帽间的重要意义。

所谓"衣帽间",其实不是一个确切的称呼。如果议员们要放衣服,他们可以放在办公室,因为从 19 世纪初开始,所有的议员都有了自己的办公室。衣帽间在今天这个时代的作用,就是为议员们提供一个白天闲聊、放松的场所,它并不对外开放,只有议员和他们信任的一些助手可以进去。除了几个快餐柜台和几把已经用旧了的躺椅以外,衣帽间里还有一部国会电话转接机,以及一个可靠的"电话管理员"。这个电话管理员头衔虽然不起眼,却不是一般的职员。对于国会山的生活,人们经常会问一个问题:"正在干什么?",而对这个问题最清楚的莫过于这名管理员了。他知道白天的讨论什么时候结束,明天又会讨论什么,原定星期五举行的会议是否值得参加,等等。如果你想听一些小道消息,或者只是想体会一下国会的气氛,你就应该到他那里去问。对于国会山来说,衣帽间的意义类似于加油站对美国一些南部小镇的意义。事实上,任何行业都会有这样的场所,那些在岗位上不得不扮演各种角色的人们会到那里去放松,谈论一些大家都心照不宣的实际问题。

衣帽间就是国会这辆豪华汽车的冷却器。林登·约翰逊,这位来自得克萨斯州的农村孩子,非常清楚这种秘密角落的重要性。所以,他进入参议院的第一件事,就是把负责民主党衣帽间电话接线工作的一个 20 岁的青年侍应生叫到自己的办公室。那个青年的名字就是博比·贝克。约翰逊知道这个小伙子有一种特

第一章 关键不在认识谁，而在想认识谁

殊的天赋，对于那些平时需要依靠他的参议员，他能敏锐地判断他们的长处与弱点。比如，贝克知道哪些参议员属于勤奋工作型，哪些参议员却是宁愿早点回家，或者去其他地方消遣的。他知道他们的习惯、计划、兴趣、社会需求和政治目标。所以，约翰逊甚至还没有进行参议员就职宣誓，就安排了和他的第一次见面，谈话持续了两个小时。"我要知道这里谁说了算，"他向侍应生提出了要求，"他们怎样办事，哪些委员会最有影响，有哪些工作在进行，你都告诉我。"

几年以后，贝克成了约翰逊的助手，并为自己赢得了华盛顿头号"操盘手"的名声。虽然后来的丑闻迫使约翰逊不得不忍痛炒他的鱿鱼，但贝克这个知道所有参议员生活里的善恶美丑的人，对于约翰逊爬上权力顶峰一直是一笔巨大的、无法估价的财富。

约翰逊从这位新结交的青年朋友那里得到的信息，和他事先的估计差不多——所有的参议员并不是平等的，即使在这个世界上最孤高的俱乐部里，也仍然存在着一个由南部参议员组成、由佐治亚州的理查德·拉塞尔无可争议地领导着的"核心俱乐部"。这个核心俱乐部对其他势力十分警惕，它会摧毁任何向自己挑战的个人或组织。就在那次会面之后，就在那间办公室里，林登·约翰逊决定"嫁给"理查德·拉塞尔。

当然，他的"求爱"不能做得过于明显。另外一些人也有他

这样的野心,他们尝试过,都体会到了那种没有回报的"爱情"的痛苦。所以,约翰逊要更加隐蔽、谨慎一些。他的第一步就是争取进入拉塞尔所领导的参议院军事委员会,这样他就有充分的借口,花很多的时间待在这位资深参议员身边,同时却不会给人留下巴结的印象。

结果,他的第一步棋非常成功。他很快就以批评五角大楼挥霍浪费、办事拖沓而在拉塞尔的委员会里赢得了声誉。他找到了一个办法,既充当强有力的国防的支持者,同时,又是当前军事部门的批评者。

约翰逊和那位佐治亚州政治家拉关系的手段,已超过了职业水平。拉塞尔参议员是个单身汉,早餐、晚餐都在国会山餐厅解决。"我可以肯定,他总是有一个伙伴,一个参议员,工作像他一样勤奋,工作时间也和他一样长。那就是我——林登·约翰逊,"约翰逊临终前回忆道。"在星期天,参议院和众议院都空空荡荡,悄无人声,外面街道上也人迹稀少。这样的一天对职业政治家来说非常难熬,尤其像拉塞尔这样的单身汉。我理解他的感受,因为我自己也是一个钟头一个钟头数着直到星期一的。我了解这一点,所以,我一定会请他一起吃顿早饭、中饭,或者只是一起看看周日的报纸。他是我的导师,我希望能照顾好他。"

这种友谊已经超出了功利的范围。约翰逊渐渐对他的庇护人从心底产生了深深的尊敬之情。若干年后,约翰逊还会说,这位佐治亚州的参议员本来是应该当选总统的。

但约翰逊显然有自己的计划。虽然他在参议院里还是初出茅庐的新手，但他却练出了近乎炉火纯青的政治技巧，那套技巧今天仍然被政坛老手们尊称为"约翰逊疗法"。

今天的职业政治家喜欢用"广而告之"的方式向他们的听众说话，好像每个人都只是一大群毫无区别的人中的一分子，而约翰逊却十分注意人与人之间的差异。他每次都要想方设法准确地搞清楚，他到底是在跟一个什么样的人谈话。他和后来的众议院议长托马斯·P·"蒂普"·奥尼尔（托马斯·P·奥尼尔是美国民主党领袖，19世纪七八十年代一位重要的政治家。人们习惯称呼他"蒂普·奥尼尔"，"蒂普"是昵称，它的本意是指棒球比赛中，用球棒侧面击打投出的棒球，这是19世纪一位著名的棒球明星爱德华·奥尼尔的拿手绝活），还有其他老一代的政治家一样，都喜欢充当政治生活的交通警察，不仅时时留心自己车辆行驶的方向，还留心屏幕上其他小圆点的方向。还有一点可能更加让人想象不到，像他这样突出自我的人，居然是靠不仅研究别人外在的需要，还研究别人的内在需求，才爬上了那样高的位置的。然而，正是因为约翰逊乐于将注意力集中在别人身上和别人关心的事情上，而不论那些事情是多么微不足道，才使得他与那些他试图影响的人能进行几乎无所不谈的沟通。

杰克·布鲁克斯是得克萨斯州的众议员，也是约翰逊的亲密朋友，他就亲身领受过"约翰逊疗法"。他告诉我，要把全部的注意力都集中到对方目前的处境上，这是一种非常罕见的能力。"林登·约翰逊总是能够让你相信，你的问题不管在别人眼里多么微不足道，对林登·约翰逊来说却是世界上最重要的事情。"

剧作家拉里·金是《得克萨斯最佳小妓院》的作者，他还记得自己1959年与约翰逊交往的一段经历。当时，金正在给得克萨斯州的国会众议员 J·T·卢特福德做助手，那位众议员在很大程度上处在约翰逊的影响范围之内。一天晚上，约翰逊来到了那位众议员的选区，那是他旅行的一站，为的是锁定该州以争取1960年成功竞选连任参议员。他还计划在当年竞选总统，所以要确保自己的后院不会起火。

金的工作就是照顾这位来访的大人物，但他对这项工作并不热衷，而约翰逊很快就表现得跟人们传说的那样，是一个喜欢发号施令的浑蛋。这位参议院多数党领袖敞开盥洗室的门，站在抽水马桶前面，一边撒尿一边报出了一长串人名，他要金"按照我口述的顺序"依次给那些人打电话。

但是金对伺候林登·约翰逊的工作已经感到厌烦了，他把名单留在靠近盥洗室门口的桌子上。在约翰逊再次露面的时候，金，还有他的那位众议员老板，以及民主党的一些地方要员，看到了一个因为没有人帮他打电话而正在大声咆哮的约翰逊。

"我让谁去打电话了？"他问道。

金也不甘示弱，回答道："参议员，名单在桌子上。我服侍一位议员已经够忙的了，不想同时侍候两个人。"

金的老板吓坏了，连忙给"这个孩子"找各种解释，说他"太累了，工作过度"，一面一把把金拉出屋外。"去找个地方喝点东西，上哪儿都行，"等他们走到外面的大厅后，他对金说道，"在约翰逊明天早晨离开之前不要在这里出现。"

第二天早晨6点，金刚爬到床上睡觉。但过了10分钟，电话铃就响了，"你喝过咖啡了吗？"虽然电话不太清楚，但金还是听出来是约翰逊嘶哑的声音。当金回到他昨晚被轰走的地方时，约翰逊以自己那特有的姿势在散落着一大堆报纸的房间里迎接他。看那样子，他大概已经起床一个小时了。

"你喝什么？"约翰逊手里举着滚烫的咖啡壶，走近他问道。金说要奶油和糖。"我喝黑咖啡，"约翰逊一边说，一边给金倒了一杯。

接下来，拉里·金就要碰到所谓"约翰逊疗法"了。

"嗯，过去我也是一个像你这样的年轻人，"约翰逊站得离金很近，使他的眼镜片都模糊了起来，"我知道一个人想要干一番事业、自己做老板的时候，却又不得不给别人干活，那是什么滋味。你受过什么训练吗？"

金说自己做过记者，约翰逊没有什么反应。"这一行钱很少。你应该去读法律。这样，如果还想干新闻这行，你随时都可以回来,并且那时候你已经有学位了。"

金一直没有完全明白,为什么这位大人物会把他找来,向他提出这番30秒钟、发生在天亮之前的父亲般的忠告。但他还清楚地记得自己当时的表现:一向不愿受别人鸟气的自己,很主动地替参议员把行李提到楼下,然后又回来问参议员,自己是不是还能帮他做些什么。

就这样,约翰逊不仅把一个冒犯他的人变成了听他调遣的男仆,而且,还为自己的竞选班子招募了一员干将。

曾经为肯尼迪总统撰写过很多著名演说的西奥多·索伦森,在达拉斯刺杀案后仍在自己的位置上干了一段时间。他曾经这样描述过约翰逊的这种个人交往方式:在没有准备好弹药前,绝对不要拿起枪炮。换句话说,为了在一项法案上得到某位参议员的支持,约翰逊会花上好几天时间,仔细研究任何能想象到的、能说动别人的因素。一旦做好准备,他就会装做恰好遇上对方。对方根本不知道是什么击中了他。

只要约翰逊使出这一招,很少有人不被击中。保罗·道格拉斯是一位了不起的经济学家,也是一位了不起的参议员,有一次在讨论一项议案时反对约翰逊,不过,他对自己能否抵挡住约翰逊的推销很没有信心。"我不走开,"他告诉助手,"他马上就会来说服我的。"

偶尔有一些场合,约翰逊也会在没有做好"家庭作业"的情况下，就实施他这套鼎鼎有名的疗法。

拉塞尔·贝克以前是《纽约时报》的记者，他就曾亲眼目睹过这样的场面。1961年的一天，受报社指派报道参议院活动的贝克正站在大厅里，这时约翰逊一把抓住他的手臂，把他拉进了办公室。"你来，我一直在找你。我想告诉你，你是唯一最了解这里的情况的记者，如果不是我，肯尼迪是不可能在这里通过'十诫'立法的……"

约翰逊一边做着他的长篇大论，一边在一张纸条上胡乱写着什么，并且叫来秘书，把纸条给了他。秘书出去了一会儿，又回来把纸条交给约翰逊。在大约一个半小时的时间里，约翰逊对贝克的工作、他的记者才华进行了一番出乎意料的赞扬，贝克听了感到非常惊奇。

后来，贝克从在他之后进入约翰逊办公室的一个人那里了解到，这位副总统在交给秘书的那张纸条上字迹潦草地写着这么一行字："我是在跟谁说话？"

不论是当时还是以后的岁月，约翰逊成功的秘密就在于他有一双珠宝商一样的眼睛，可以看穿别人的自我。就像在道奇饭店时他不厌其烦地挨个向那些国会助手做自我介绍，到了50年代，这位未来的参议院多数党领袖又同样热情满怀地对他的同事们表示个人的关切。即使在他身为总统之时，他也依然采用这套深入他人内心深处的方法，来争取别人支持新政以来最庞大、最具历史意义的立法计划，立法的内容包括医疗保险、民权、减税和贸易扩张等等。对于这个一贯坚持"零售政治"的人来说，这些里程碑式的立法就是对他的嘉奖。当最后的胜利即将来临的时刻，约翰逊会拿出惊人的耐心和谦卑，逐个做议员们的工作。"肯尼迪总统会给五六个人打电话，而约翰逊却会拿来 19 个人的名单，一个个打过去，"众议院助手克莱格·劳普先生回忆说。这样辛苦的"零售"最终得到了"红利"：肯尼迪，这个想大干一场的"批发商"在国会山处处受阻，而伟大的"零售商"却春风得意。

约翰逊勤于学习别人的成功经验，对各种成功的诀窍，他都有强烈的好奇心。"这个人的提升有什么秘诀？""他是怎么做到的？"他会经常问这类问题。但这不是说约翰逊关心别人是因为他毫不利己专门利人。他不喜欢约翰·肯尼迪的弟弟，狂妄自大的罗伯特·肯尼迪，但这并不妨碍他本人担任总统之后，暗地里研究这位对手的每一个习性。他知道博比（罗伯特·肯尼迪的昵称）喜欢每天在西克里山待得很晚，和一帮心气很高的朋友谈论重大的艺术和政治问题。所以，约翰逊每次都特意在早晨 8 点安排和罗伯特的见面，在对方精神不振、最容易被说服的时候做他的工作。

20 世纪 60 年代末，美国国内几家报社的主笔开始对约翰逊政府的政策进行严厉的批评，约翰逊就把他们一帮人请到白宫共进午餐。他们到达以后，被直接送到白宫西翼的游泳池。令他们措手不及的是,他们看到美利坚合众国的总统正全身赤裸,在水里劈波斩浪。虽然他们说没有带游泳装,纷纷表示不愿意下水,这些惊慌失措的笔杆子们还是不得不和这位"总司令"进行了一次亲密交谈,这是他们早晨离开办公室时都没有预想到的。从此以后,他们再也不能像不认识这个人那样抨击他了。约翰逊就是这样,一旦他觉得需要和别人建立亲密关系,他就什么都说得出来,什么都做得出来。

不过,"零售政治"也有局限性,约翰逊很快就发现这点了。50年代末,当新生代的约翰·肯尼迪忙于为在举足轻重的总统初选中赢得"批发式"的胜利而奠定公共关系方面的基础时,约翰逊则在指望靠他在参议院发展起来的那套关系打天下。他没有意识到新闻媒体正在展现的巨大力量,仍然稳坐在办公室里圈点一长串参议院支持者的名单,仿佛那些人就是统领选区的酋长,可以把他们各自的州配送给他。"阿肯色州没问题;麦克莱兰、富布赖特也是我的,还有……"。结果,那位以整个国家为对象的肯尼迪赢得了总统选举的胜利,而走内部路线的约翰逊则成了他的副总统。

约翰逊也经常想尝试"批发政治"的做法,但他的本能又把他拉了回来。白宫顾问哈里·麦克弗森曾讲述过,约翰逊如何一次次请他帮着写一篇描绘伟大社会"宏伟蓝图"的总统演说稿,但接下来又总是坚持在演说稿里要提到他曾经增加了农业部鸡肉

检查人员的人数。

约翰逊在有生之年都不知道如何抓住媒体的力量。资深记者马丁·阿格龙斯基曾在哥伦比亚广播公司（CBS）供职，他还记得自己有一次被召到白宫的生活区，当时约翰逊正在厨房吃晚饭，他告诉阿格龙斯基，他打算过几天邀请几位州长一起用晚餐，希望 CBS 进行实况报道。按照计划，晚餐之前还会有一个简短的记者招待会，约翰逊将利用这个机会向全国观众阐述自己的越南政策。阿格龙斯基离开之后立刻召见了自己手下一个新部门的负责人弗雷德·富兰德里，两人匆忙地进行了相关的安排。然而，就在活动开始前的一个晚上，阿格龙斯基又被召到白宫厨房见约翰逊。但是这次约翰逊却要求取消报道安排，因为约翰逊夫人认为，把晚宴放在电视屏幕上"会有损白宫款待州长的美意"。为了顾全他对州长和州长夫人们，还有林登·约翰逊夫人的礼貌与殷勤，约翰逊非常乐意放弃这样一个难得的黄金时段的电视宣传机会。

今天的政治家们很少还会做这样的选择。新一代政治家都是这个时代熏染出来的，他们对电视镜头有本能的敏感，就像飞蛾对灯泡的敏感一样。然而，即便在今天这个"电视老板"的时代，掌握一对一的

> 要喂饱你心中豪情万丈的自我，最佳的办法是先喂饱那些你需要去影响的人。

基本沟通技巧，仍然是聪明的政治策略的第一步。约翰逊懂得，成功的关键有时并不在于你要想的是大事，而在于要想小事；要喂饱你心中豪情万丈的自我，最佳的办法是先喂饱那些你需要去影响的人。

在80年代初曾担任参议院共和党领袖的小霍华德·贝克，和约翰逊一样对参议院抱着务实主义的看法，虽然他没有取得约翰逊那样辉煌的成功。"对一个参议院多数党领袖来说，"在经历了连续几年坎坷的领袖生涯之后，有一次他感叹道，"最重要的教育在小学三年级就完成了：那时他已经会数数了。"

在约翰逊的继任者中，有些人懂得怎么利用这套基本的、"零售政治"的原理，有些人则始终不懂。当1976年吉米·卡特竞选美国总统时，他打出的口号是反对水门、反对官僚体制、反对官样文章、反对当权派。所有这些都有一个简单的符号来表达，那就是"华盛顿"。

卡特把反对华盛顿作为自己竞选的口号，这是很漂亮的一种政治形象定位。虽然他所属的政党不久前还把持着华盛顿的舞台，但这个口号使他可以扮演一个"置身事外"的候选人角色。这给了他一个锋利的武器去获得民众的支持，从而击败了招人喜爱的杰拉尔德·福特。

但卡特的错误在于，在来到首都之后他却让这种反华盛顿的姿态捆住了自己的手脚，虽然当他在野的时候那是一种可以利用的强大力量。竞选的时候反对一种体制是一回事，但要向每天与之共事的人们宣战，这就是另一回事了。只要国会首先投票反对，或者如果官僚机构消极抵抗，那么，任何总统也不可能执行什么计划。"人们在你向他们头上撒尿的时候，是不会好好干活的，"一位混迹华盛顿多年的老手一次对我这样说。

政治分析人士一直不明白的是，卡特的高层幕僚对于那些自己很快就要有求于他们的国会领袖，为什么那么看不上眼、不当一回事。比如，众议院议长蒂普·奥尼尔要求带自己的家人和朋友参加新总统的就职典礼，得到的答复却是他们当然可以得到出席就职典礼的门票，但位置是在大厅的后排。

这种发生在奥尼尔身上的草率事件，随着时间的推移而不断地被添油加醋，使卡特和国会领袖之间的紧张关系持续了四个不幸的年头。卡特总统的一位亲密助手乔迪·鲍威尔后来承认，那一届内阁在任职之初忽视了各种"社交"背景因素，这给他们造成了损害。如果他们和原体制打交道时多注意一些，事情本来是会好一些的。"结果，我们在华盛顿这个城市没有一批回心转意为我们辩护的支持者，"他坦诚地说。

当然，这一切并非出于偶然。为了缩小在越南战争和水门事件中受到全国关注的"帝王般的总统权力"，卡特做了很多努力，

第一章　关键不在认识谁，而在想认识谁

以便在上任伊始就给人们一种新的白宫形象。他的一个惊人之举是，在庆祝总统就职的阅兵仪式上，他不乘坐豪华轿车，而是沿宾夕法尼亚大街步行走完全程。不过，他的另一步棋却并不那么成功：他卖掉了总统专用的高级游艇"红杉号"。在此后的很多年里，总统们都发现，要让国会里那些难对付的议员们松弛下来，没有什么方法比在夜幕之下到波托马克河上做一次安静的巡游更好的了。一位长期从事白宫游说活动的人士评论说，卡特总统做过的最愚蠢的一件事莫过于卖掉"红杉号"。他这样做固然为新总统赢得了一时的赞扬，媒体都夸奖他珍惜纳税人的钱，但在"零售政治"的意义上付出的代价却十分高昂。

卡特的后任罗纳德·里根做法就不一样了。他也高举"反对华盛顿"的标语，甚至宣称"政府并不是解决问题的地方，相反，政府本身就是问题。"这样的口号对于一个全身心都扑在政府事务上的城市来说，可不是什么得人心的话。但里根从卡特的错误里面吸取了教训，他并不因此而为自己实际树敌。没有人可以从他的话中听出来新总统的批评是针对自己的。

里根当选后做的第一件事，就是参加一系列在首都各界名流，包括记者、律师和商人家中精心筹办的各种聚会。这些聚会的序幕，是当选总统及其夫人南希在"F大街俱乐部"举办的一场招待晚会，应邀出席的客人都是华盛顿政界的那些"一贯可疑的面孔"，换句话说，他们多数是民主党人（里根是共和党人）。

"我想现在应该让大家知道了,我们也是这里的居民,"里根对《华盛顿邮报》记者伊丽莎白·布米勒说道,"我们也想在华盛顿认识一些朋友。"他们还出席保守派专栏作家乔治·米尔的午餐会,在那里,他们结识了《华盛顿邮报》的女老板、最近几届共和党政府的死对头凯瑟琳·格雷厄姆。接下来,他们又参加了这位女老板在自己乔治敦的家里举办的晚会。所有这一切都在传递一个信号:里根带来的人想要融入华盛顿这个社会,而不是对它嗤之以鼻、不屑一顾。

这种社交上的殷勤换得了长久的回报。到1987年底,在格雷厄姆夫人七十大寿的宴会上,里根总统还充当了主持人。他举着酒杯来到首桌,用他特有的方式偏着脑袋,模仿着电影明星亨弗莱·鲍嘉的语气向尊贵的女主人微笑道:"我在注视着你,孩子。"

里根还对国会山发动了一场类似的魅力攻势。

每年当中,众议院的议员们,包括民主党和共和党议员,都会在国会山的一个员工餐厅举行一次小型的聚餐,活动的赞助商是众议院体育馆的老板们,这个体育馆在国会的作用和衣帽间类似,也是一个与外界隔离的聚会场所。年轻一些的议员在这里玩玩棒球,年长的就去蒸气室洗桑拿,蒂普·奥尼尔每次到那里都会带上很多雪茄分发给大家。

每逢这样的晚宴,吃的都是一般菜单上常见的东西,例如牛排、烤马铃薯、色拉,以及当点心吃的苹果饼等,没有什么特别节目。议员们简简单单地走进来,自己去餐柜取吃的东西,拿瓶啤酒,在众多的长条形桌子中找一个座位。他们聊着天,和朋友打招呼,很多已经卸任的议员也会回来。大家吃饭,然后再聊上一会儿,就离开了。在一个极其需要政治策略的世界,议员们每天都要担心自己失言,所以,他们很多人都会非常热心参加这样轻松的聚会。

1981年,我第一次参加这样的聚会,令我意外的是,我在那里还看到了另外两位客人:副总统乔治·布什和总统罗纳德·里根,后者并且是一身运动装打扮。他们过来并没有什么明显的原因,只是和大家一起喝点东西,与一些议员们照几张相。乔治·布什是60年代的老国会议员,他懂得这个场合的意义,他的新老板如果出现在这样的场合,就会给别人留下好印象。他知道,议员们印象尤其深刻的是,里根来参与他们禁止媒体涉足的内部活动。

吉米·卡特从来未曾出席这样的聚会。

里根对政府的批评比起卡特来要有过之而无不及,不过,他并不打算因为政治或哲学观点的分歧而使私人的交往蒙上阴影。里根知道,这些长年生活在华盛顿的"当权派",对他领导的行政机构既能雪中送炭,也可以雪上加霜,所以,他要赢得他们的支持。尽管他继续毫不留情地批评"华盛顿",好像他本人根本就没有到过华盛顿一样,但当地那些曾经刺伤他的前任的非难,却并没有刺伤他。

其中的教训是显而易见的。如果你要和别人一起办公事,千万不要忽略私人方面的东西。新一代的政治家问题就出在这里,他们学会了运用媒体的技巧,但却忘掉了唠家常的艺术。

> 新一代的政治家问题就出在这里,他们学会了运用媒体的技巧,但却忘掉了唠家常的艺术。

我还记得自己和里根的第一次直接交谈。他到众议院来发表1982年度国情咨文演说。按照惯例,每逢这种情况,众议院议长的典礼办公室都要用作总统临时歇脚的"禁闭室"。我在招呼里根的时候,因为太想打破坚冰(蒂普·奥尼尔几乎每天都和里根进行"拳击赛")而有点不自然:"总统先生,这个就是我们用来对付你的房间。"这话太像预先安排好的。

"只是在六点之前,"里根微笑道,"奥尼尔先生不是说,在华盛顿,六点以后大家都是朋友吗?"

事实就像很多小说家、剧作家笔下描述的那样,在华盛顿,大量的事情都是在这种非工作时间的关系基础上搞定的。

例如,在里根上任伊始的时候,有一次,记者尼古拉斯·霍夫曼求我帮忙,去阻止一个叫米奇·施奈德的家伙自杀。这个人是一个政治活跃分子,后来因为呼吁改善无家可归者的条件而声名大噪,不过,当时他从事的事业还没有那么大。五角大楼打算把一艘核动力攻击舰命名为"圣体"号,他认为这是亵渎耶稣而进行了绝食抗议,此时已经到了第15天。

结果证明他找我是找对了。我知道,蒂普·奥尼尔虽然和里根总统在国家经济政策上打得不亦乐乎,但他和里根的助手米歇尔·迪弗关系却很好。他们两人是一天晚上在专栏作家玛丽·麦克格劳丽家中认识的。那天晚上,奥尼尔甚至即兴演唱了几首歌曲,而弹钢琴伴奏的则是迪弗。

奥尼尔给迪弗打了个电话,请他调查一下"圣体"号事件。当迪弗给我回电话的时候,我给他讲了事情的经过,并告诉他,无论他能做点什么,众议长都会欣赏的。这位总统助手当时并没有承诺什么,事实上,他似乎根本不在乎施奈德的抗议。

不过,很明显,对这件事情他实际上还是很卖力的。几天以后,议长办公室就得到消息说,迪弗直接去找了里根,而且事情有了戏剧性的变化。总统推翻了国防部长温伯格的意见,亲自把军舰原来有争议的名字改为"圣体之城"。军舰的名字世俗化了,米奇·施奈德也结束了抗议,重新开始吃饭。总统避免了一个公共关系上的难题,同时也为一位未来的英雄人物、华盛顿解决无家可归者问题的推动者,多争取了几年寿命。

关键不在认识谁，而在想认识谁。

1989年4月3日的下午，乔治·布什总统是在棒球上挥笔不停地签名中度过的。与他一起观看联赛开球赛——巴尔的摩金莺队对波士顿红袜队，并在相同的棒球上签下自己的名字的另一位球迷，是埃及总统穆巴拉克。穆巴拉克总统逢人便夸布什，说这位1948年耶鲁大学校队队长"是世界上最伟大的球员之一"。

乔治·布什是怎样赢得海湾战争的胜利的？秘诀就在这里。当1990年伊拉克领导人萨达姆·侯赛因下令入侵毫无防御能力的科威特时，布什花了多年时间结交的朋友如穆巴拉克总统和其他一些人，就成了布什"银行里的现金"。这样一些人，布什可以在电话里和他们迅速、坦率地交换看法，他就是利用这种亲密关系结成了美国自第二次世界大战以来声势最浩大的战时同盟。可以说，真正把萨达姆军队赶回巴格达的不是我们的爱国者导弹，而是布什交下的那帮盟友。

看看布什是如何采取行动的——

8月2日，伊拉克越过边界入侵科威特。正在科罗拉多州阿斯本的布什总统与英国首相撒切尔夫人联络之后，宣布组成英美联军，要把伊拉克军队赶出科威特国土。同时，正在西伯利亚与苏联外长谢瓦尔德纳泽会晤的国务卿吉米·贝克，说服苏联也加入了反伊阵营。短短几个小时的时间，反法西斯联盟中的三巨头又走到了一起。

8月6日，加拿大总理马尔罗尼应邀到白宫做客。记者问他，加拿大对于伊拉克的入侵采取什么立场，马尔罗尼回答："我们的立场就是布什总统的立场。"

8月7日，法赫德国王答应，美国可以把沙特阿拉伯作为对伊行动的主要军事基地。国王早在布什还在中央情报局效力时，就与他认识了。

8月10日，在穆巴拉克总统的倡议下，阿拉伯国家联盟投票批准对伊拉克实行经济制裁，并派遣阿拉伯联军参加海湾盟军。次日凌晨，穆巴拉克总统接到了他在白宫的朋友打来的感谢电话。

这一连串闪电般的全球外交行动并不是仓促做出的无奈之举。布什总统一生都在结识像穆巴拉克这样的人，并和他们保持联系。"他总是外出，忙得团团转，"总统助手威克·古尔德有一次向我透露说，"编织关系网，跟各种人打交道。"

总统新闻秘书彼得·蒂雷回忆说，1981年的一天下午，他正在白宫急着找布什副总统，有人告诉他，老板远在马萨诸塞大街副总统住处，"正在和埃及副总统一起喝咖啡"。"那个人是谁？"蒂雷还记得当时自己用十分沮丧的口气问道。结果，就在当年的秋天，尊贵的埃及总统萨达特死于恐怖分子之手，使这个问题立刻有了答案。那个并不为大家所知、但一直受到布什个人高度礼遇的家伙（指穆巴拉克总统），转眼之间就成了美国一位至关重要的盟友。

糟糕的是，布什总统从来没有和一位盟友，也是所有美国总统都必须首先发展关系的一位盟友——普通美国人，建立同样亲密的关系。更糟的是，1992年挑战布什连任的新人克林顿，也擅长布什那套拉关系的技巧，不过布什是把它用在国外并收到了惊人的效果，而克林顿则把这套技巧出色地用在国内。

威廉·杰弗逊·克林顿（一般称为比尔·克林顿）出生于阿肯色州的温泉城。他中学毕业时只向一所大学提交了入学申请——乔治敦大学。那是一所耶稣会学校，克林顿这位南方的浸礼会教友之所以选择那样一所学校，并不是因为他对托马斯·阿奎那哲学（托马斯·阿奎那是中世纪重要的神学家之一）或者天主教神学有什么神秘的爱好。令这位年轻的政治家动心的只是乔治敦大学的地理位置：它坐落于首都华盛顿。

像30多年前约翰逊初到华盛顿时一样，克林顿没有浪费任何时间，立即开始四处结识人。他到校园的第一天就开始竞选新生班班长。他以后在牛津大学，在耶鲁大学法学院，以及1972年为乔治·麦戈文竞选总统充当志愿服务人员时，一直孜孜不倦地继续营造他的关系网。他总是在记录别人的姓名和各种细节，这些在将来都成了彼此交情的见证。到1974年克林顿竞选国会议员的时候，他已收集了一箱子的饭店餐巾纸和其他一些随手找到的、乱七八糟的纸片，上面记满了同学、老师和政治活跃分子的姓名、电话、地址。养兵千日,用兵一时,这些平时的积累,正是为了机会来临、可以发挥作用的那一刻。

我自己在华盛顿以及其后的政治生涯,相对而言要顺其自然一些。

我 70 年代初刚到华盛顿的时候,国会山还没有发生什么大变化,它还是约翰逊在道奇饭店的地下室里所发现的那个"零售政治"大行其道的世界。"**关键不在认识谁,而在想认识谁**",对这句古老的格言我当然并不十分陌生,但那时候我和别人一样,并没有把它看成某种含义深远的告诫,而只是把它看成一条普通的格言和行动的指针:有谁不认识吗?去认识他好了,竞选要做的就是这种事。

当我开始敲开国会山大门的时候,有件事让我大受震动。我发现,人们不厌其烦地使用"庇护人"这个词,而这个词语在我学完中学公民课本后就再没有听别人说过。

在华盛顿,无论是那些显赫的委员会的总顾问,还是往来于参议院大楼和国会山之间的地铁司机,每一个人得到工作都和某位参议员有关。家乡朋友的子弟在开着已经自动化了的电梯。一位衣冠整齐的年轻人整天坐在参议院办公大楼的地下入口处,他的工作就是等候那个世界上最了不起的立法机构的某个成员从电梯出来。当看到某位参议员出来的时候，他就会站起来询问那位先生或女士是否需要乘坐国会山地铁。如果需要，他就按一下墙上一个按钮，通知地铁司机，然后又回到座位上。

在这个官僚体制蔓延到每个角落的"大种植园"里，无论你到哪里，都离不开"庇护人"。要找一位庇护人，首先需要从这些人里——100位参议员和435位众议员中确定一位发展关系，要想好跟他们说些什么。没有庇护人，就没有工作。

我到国会山也和大家一样，就是雄心勃勃地希望能进入政坛。我的近期目标是成为一位众议员或参议院的立法助手，也就是泰德·索伦森曾给肯尼迪干过的活，我希望自己最后也能爬到他那样的位置。我身上只有200美元，还是从离开和平外援队时拿到的"安置费"中剩下的，我就带着这点钱开始敲国会山的大门了。

我在那里没有任何关系，于是我列了一张来自东北部地区的民主党议员的名单。我开始时的目标是那些外交委员会的议员。我想他们或许会看中我在第三世界国家的两年工作经历。在国会办公大楼各个走廊散发了50多份简历之后，我很快就意识到自己面对的是什么了。我开始考虑寻找某种小巧的敲门砖。我曾在马萨诸塞州一所耶稣会大学上过学，于是就翻出国会议员通讯录，查找有类似经历的人。我找遍了民主党人，又开始找共和党人，最重要的是找一份工作，我最后的100美元也快花完了。

第一章 关键不在认识谁，而在想认识谁

最后，我得到风声，众议员詹姆斯·柯林斯，一位来自得克萨斯州的炙手可热、保守的共和党人，正需要一名立法助手。

那是一次狼狈的接触，但并非不可以忍受。从我走进会客室的那一刻开始，文化的冲击就出现了。国会议员柯林斯穿着一身阳光浴束腰套装，脚下是一双发亮的白皮鞋，发式也是那种窗口挂着国旗的理发店才能理出的发型。他对我做了闪电般的判决："我相信，我的选区的人民，他们会被你说话的方式吓跑，我这么说并没有要冒犯你的意思。"随后他又回头对他的一名助手说道，"罗伊，如果老家那边的人到我们办公室看见这个年轻人，就会想象他从和平外援队那里带回了一堆太理想主义的观念，你说是不是？"

他最后又问了我一句："你认识些什么人？"

当我低声告诉他我认识一个有人庇护、开电梯的小伙子时，他意识到正有适合我的工作在等待着我。于是他给我提了一些足以使我对"零售政治"的信念越来越牢固的建议。

"你应该试一试去找那些从东北部大城市来的议员。我打赌有很多议员会喜欢有你这种背景的人为他们工作的。"

柯林斯议员把不录用我的决定抛到了脑后，又说了几句可以称得上是至理名言的话。"政治"，他说，"就像挨家挨户推销保险，我没干这行之前就是做保险的。有的人会买你的，有的人却不会。你敲了100家门，只有9家会喊住你，要看看你的广告。

在那 9 家人里面，最后只有 3 家会买你的保险，你要做的就是把保险卖给他们。但是，如果你不把 100 家都一一敲过去，你是找不到那 3 家人在哪里的。"

两周后，幸运之神终于降临了。在我口袋里只剩下 80 美元的时候，我开始为犹他州民主党参议员弗兰克·莫斯工作了。他的高级助手，日后也成为国会众议员的韦恩·欧文斯，曾做过已故的罗伯特·肯尼迪的助手。显然，韦恩看上了我在和平外援队的经历。不过，他需要一个有经济学知识的人，于是就给了一个考察我的机会。他把一封信交给我带回家处理，那是犹他州交响乐团指挥的夫人写给参议员的信，打听与非营利组织的雇员有关的税收问题。

星期一，我为了从国内税务署得到准确的信息拼命忙了一阵，然后得到了回报：我将在国会山做警察，每天下午 3 点到 11 点值勤。上午还有下午上班以前的时间，我将在莫斯参议员办公室工作。"这样至少把'商品'摆到桌面上了，"我的新朋友韦恩说。他说得一点不错。要想赢得比赛，首先必须报名取得比赛资格。

我怀着满腔热忱开始了自己在政治和人生两方面的熏陶。我学到了"政治零售

> 一对一的人际交往非常重要。

业"的第一课——一对一的人际交往非常重要。

我在华盛顿待了四分之一个世纪之久，我的经验是，多数的机会都来自某个你认识的人。

> 多数的机会都来自某个你认识的人。

从1981年到1986年，我担任了众议院议长蒂普·奥尼尔的高级助手和发言人，那是一份令人激动而又引人注目的工作。如果不是我拥有两个条件，就不可能得到这个把我引入华盛顿上层最活跃部分的职位。第一，我曾做过卡特总统的演讲撰稿人；第二，我和马丁·弗兰克斯共过事。马丁在卡特争取连任的竞选活动中是研究部主任。当里根的人马入主白宫后，马丁成为民主党竞选委员会的主管。他上任后立即处理的事情之一，就是向他的老板——加利福尼亚的众议员托尼·库尔霍提出，要聘请我去做"媒体宣传顾问"。这实际上就意味着去协助蒂普·奥尼尔议长，协助这位伟大的"政治零售商"抵挡世界上最伟大的"政治批发商"罗纳德·里根的进攻。还不到三个月，由于奥尼尔的助手转而负责公共关系，奥尼尔把他的位置给了我，同时也把对他的信任给了我。随后的六年为我提供了足够的机会观察华盛顿紧张激烈、变幻莫测的政治游戏，那种机会是政治学博士课程里永远无法得到的。

我的关系链条在继续延伸着。早在1979年,亨德里克·赫茨贝格提名我做总统的演讲撰稿人,我和他认识是纽约一位朋友罗伯特·谢弗牵的线。谢弗是一位成功的投资银行家,也是一位成功的公务员,在此六年前,我和他在布鲁克林参加竞选活动时初次相识了。

我之所以能到白宫为卡特总统工作,最初是因为一位朋友,也就是帕特里西亚·瓜尔特尼,被任命担任管理和预算局的高层领导,负责卡特总统特别重视的政府重组计划。我和他曾在参议院预算委员会共过事,预算委员会主席,缅因州的埃德蒙·马斯基,提名我到那个委员会。当时我原来的老板犹他州参议员弗兰克·莫斯给他打了个电话,说:"听说你想找个好帮手?我这里就有个人。"

在华盛顿像在大多数其他地方一样,营造一种职业生涯与展开一场竞选并没有什么不同。它与竞选的区别只在于听众的多寡不同。"零售"一词是对这种游戏的最恰当说明。在你向前推进的过程中,往往是一个你结交的人产生了重要影响。只要你得到他的支持,你就能夺标。

在政界和大多数其他领域,事情就是这么进行的。假如除了促使某个人将工作给你外,还有其他方法得到工作,这种好事到现在为止我还没有碰到过。林登·约翰逊在破旧的道奇饭店洗澡间里的传奇经历告诉我们,关键在于找到你的目标,然后全力以赴。

关键不在认识谁，而在想认识谁。这一法则放之四海而皆适用。我在开辟进入华盛顿政坛的道路时，并没有依靠一个犹他州摩门教徒的庇护而在国会山找到一个在月光下执勤的警察工作，但我使用的策略其背后的原理却并没有什么不同。

后来我在新闻界的成功经历再次证实了这种人际关系的妙用。80 年代初，我过去负责演讲撰稿的老板亨德里克·赫茨贝格在《新共和》杂志上发表了我的几篇文章。第一篇文章就引起了反响，西蒙·舒斯特出版公司的詹姆斯·希尔伯曼先生给我打来电话，鼓励我写成一本书，于是就有了这本《硬球》。

1987 年机会再次向我招手。在去旧金山参加我的小姨子的婚礼时，我邀请《旧金山观察》的新任主编拉里·克莱默共进午餐。气氛活跃的午餐结束后，拉里·克莱默，这位当初在《华盛顿邮报》工作时我就认识的先生，问我是否乐意在他的报纸上开一个专栏，每周写一篇政治评论。同一年夏天，克莱默让我主持报社的华盛顿分部，这和我原先的工作（我当时在华盛顿一家咨询公司做 CEO）相比，在薪水上损失很大，但我还是决定抓住这个机会，而且一直没有后悔。

我的电视之旅的行程几乎完全一样。我妻子的一位同事，也是我们家的好朋友里奇·加夫尼，知道我在《新共和》上写过一篇文章评论 1988 年的总统大选，就邀请我到美国广播公司（ABC）的《早安美国》节目做一次访谈。后来，我给哥伦比亚广播公司的制作人戴维·柯尔沃看了节目录像,他立刻介绍我去《晨讯》节目做定期的评论嘉宾,后来我又转到《头版新闻》,这是加夫尼专门为福克斯网络公司制作的杂志节目。不久后,美国广播公司的执行制片人杰克·瑞利,还有查理·吉卜森,他曾是美国广播公司报道国会消息的专职记者,我们那个时候就认识了,两人又力邀我担任《早安美国》节目的评论员。

我成为专职的电视节目主持人,也得益于这样一种友谊关系。90年代初,我的母校圣十字架学院的校友、作家乔·麦克吉尼斯正在写一本关于参议员爱德华·肯尼迪的书,他想了解我在担任蒂普·奥尼尔助手时的各种想法与感受。

麦克吉尼斯从25岁出道成为《费城调查者报》专栏作者之后,他的生涯一直让我着迷和羡慕。随着《总统的推销术》一书的出版,他在我眼里成为一位英雄人物。他这本书是对理查德·尼克松1968年那场已经臻于化境的电视竞选活动的一种深刻洞察。

因为我们两人一周后都要去旧金山,我们就约定在旧金山贝弗利山烤肉店见面。用过餐之后,麦克吉尼斯说他稍后要与另外一个人一起"喝点东西",对方可能是我也非常有兴趣一见的人——罗杰·艾尔斯!在那一瞬间,我真是吃惊不已。对所有曾在民主党一边工作的人来说,包括我,艾尔斯都是一个令人恐怖的名字。早在1968年尼克松当选总统一役中,这位天才的媒体战略大师就已经让我们吃够了苦头,而在20年后他击出的球更加致命,彻底封杀了米歇尔·杜卡基斯当选总统的希望。他成功地使一个温和的马萨诸塞州州长变了形,将其塑造成一名拒绝向国旗致敬、把周末时间用来争取杀人犯和强奸犯不在监狱服刑的左翼分子。

虽然我与艾尔斯之间在党派背景上有裂痕,但我们两人很快就谈到了一起,一见如故了。随着岁月的流逝,无论什么时候到纽约,我都会到他在纽约的那间漂亮的咨询办公室看望他。我们会不厌其烦地讨论像观众口味急剧变化之类的问题。1994年,当全国广播公司(NBC)任命艾尔斯负责商业电视新闻网络(CNBC)时,他打电话给我,请我去做节目主持人。到1997年,在CNBC总裁比尔·波尔斯特和布鲁诺·科亨先生的推动下,电视专栏节目"硬球"诞生了。一年之后,承蒙NBC新闻总裁安迪·莱克和戴维·柯尔沃(他现在已经是NBC新闻的高级总裁)的关照,节目延长到一小时。像约翰逊一样,我懂得了个人关系对事业腾飞的力量。今天,我们就在国会山附近从前的道奇饭店的位置,制作我们的"硬球"节目。

第二章
一切政治都是乡土的

> 有人来找你帮忙,虽然事情在你看来未免太异想天开了,但要记住,对于对方来说,那件事情却非常重要,否则他就不会来找你了。
>
> ——蒂普·奥尼尔

当1989年11月柏林墙被推倒的时候,我幸运地正好在场。我早就预料到了会发生这一重大事件,所以提前一周到了那里,以便接下来采访东柏林人。"什么是自由?"我问一位守卫在勃兰登堡门下的青年。"就是和你说话,"他毫不犹豫地回答道,"两周以前是不能这样的。"

一位38岁的物理学家和我谈到了东德的货币问题,那是令东德人怒火中烧的一个更寻常、普通的原因。"你提前一周就预定了航班,"他对我说,"但是这时突然冒出一个西德游客,他本来并没有费心做什么乘机安排,只是在最后关头才带着他的德国马克到了机场,但是你的位置却被他抢走了。"他告诉我,即使一位东德人好不容易到了一个会接受他手中货币的国家,在那里也只会受到更为变本加厉的羞辱。"比如在布达佩斯,你去旅馆,别人会告诉你客满了;如果这时又来了一对西德夫妇,可以用德国马克付费,你就能听到服务员马上改口说还有空房间。"

在他们自己国家的大街上,东德人同样也要忍受这种歧视与羞辱。例如,他们一连要走好几家国有旅馆,因为那些旅馆不接受"本地"货币,要订房间,或者哪怕是要一杯饮料,也要求用美元或者德国马克付账。

正是生活中这种日复一日的折磨和人格伤害,最终摧毁了东欧的社会政治体系。在柏林墙边上,我吃惊地目睹着东德人排着一眼望不到头的长队,就像黑白片里的主人公一下子进入了彩色片一样来到围墙这边,等待着负责接待他们的人从一排排后盖敞开的大卡车上,取下食物和其他物品免费发放给他们。"40 年的斯大林主义就换来了这些,"给我开车的西德司机说道,"排队等着发饼干。"昔日森严的铁幕之所以最终被撕开,不是因为马列主义的社会理想受到了声势浩大、突如其来的革命冲击,而是因为当地人民在日常生活中对东德的官僚体制的轻蔑,那是一种美化抽象的民众,却对一个个有血有肉的人无动于衷、肆意羞辱的体制。

与此截然不同，民主政体的一大优点就是，政治家只有出色照看好人们的油盐酱醋等日常需要，才能得到他们渴望的回报。

> 政治家只有出色照看好人们的油盐酱醋等日常需要，才能得到他们渴望的回报。

蒂普·奥尼尔就是其中一个例子。即使他的对手也会承认，蒂普·奥尼尔对于他的家乡马萨诸塞州的爱尔兰裔同胞那些看得见、摸得着的需求，他很少会充耳不闻、漠不关心。所以，那些人热情地支持他待在那个位置上。他在长达半个世纪的历次选举中屡战屡胜，最后登上了整个国家竞争最激烈的位置之一，凭借的是某种扎扎实实、不可缺少的东西。那是所有伟大的政治人物都非常珍惜和赞赏的一种宝贵智慧——如果要了解并影响你的同伴，你就不能把注意力集中在宏大而抽象的问题上，而应该密切注意与他们个人关系最大的那些事情。

> 如果要了解并影响你的同伴，你就不能把注意力集中在宏大而抽象的问题上，而应该密切注意与他们个人关系最大的那些事情。

奥尼尔用自己特别喜欢的一句话概括这一原则——**一切政治都是乡土的**。如果要理解一个政治家的所作所为，就应该观察他在家乡受到了哪些影响，投票支持他的人来自何方。政治家相互之间较量的时候，也会采取这样一种釜底抽薪的高明方法：如果你想使某个人元气大伤,那就在对他来说最重要的地方——他的后院,打击他。

查尔斯·考尔森是尼克松总统最亲密的一位政治盟友,他也是这条法则的一位深信不疑的信徒。这个人在政治上以对尼克松狂热的忠诚而著称,他曾说过:"只要能帮助尼克松,如果必要的话,我可以从我奶奶身上踩过去。"这个人同时也对如何打动他人、让人行动起来有着敏锐的洞察力。他曾说,"如果你抓住了他们的睾丸,他们的心灵和大脑就会跟过来。"

考尔森这句话所使用的措辞和情绪渲染也许不登大雅之堂,但其中的逻辑却

> 人们在观察公共问题时总是戴着自身利益的有色眼镜。他们也许会动情地关注埃塞俄比亚的饥荒,但他们的选票更喜欢投给自己的肠胃。

是无懈可击、颠扑不破的。人们在观察公共问题时总是戴着自身利益的有色眼镜。他们也许会动情地关注埃塞俄比亚的饥荒,但他们的选票更喜欢投给自己的肠胃。就像哈里·杜鲁门总统所说:"邻居丢了工作的时候是经济不景气,我们自己丢了工作的时候就是大萧条了。"有经验的政治家牵挂的是老家的街坊邻居。他的目光盯着他的选民所生活的世界。知识分子喜欢用"批发"的方式思考问题,研究公共生活的远大图景,而像林登·约翰逊那样老练的政治家却喜欢"零售",一次招待一个顾客。

当新泽西州的威廉·休斯 1974 年第一次当选为国会众议员

时，为了保持与家乡人民的接触，他发起组织了"城镇会议"。第一次会议在他的家乡萨勒姆县召开。在会上，这位初出茅庐的众议员一开口就讲国会议员的职责："我是你们在联邦一级的代表，"他说，"我不关心你们的路面是不是平整。我不负责收拾你们的垃圾。"

提问的时间到了，坐在第一排的一位妇女不停地举着手。"喂，有件事我想告诉你，"她说道，"他们应该周四下午来收垃圾，但他们从没有来过，狗都可以钻到垃圾里去了。"

"你知道，夫人，我刚才说过了，我是联邦的立法委员，"休斯告诉她，"我管联邦的预算和全国性问题。这种事情你应该去找你们的镇长，或者你们当地的工程专员。"

这位妇女看着春风得意的新任议员，直视着他的目光，不带任何讽刺意味地说道："我不想一开始就找那些高层人物。"

如果说一个人进入世俗的政治领域也要经过洗礼仪式的话，此刻发生的一切就相当于这种仪式。政治生活的真正面目犹如一瓢冷水，会泼在每个踌躇满志的年轻政治家身上：不是你去告诉人们应该考虑什么，相反，是他们告诉你应该考虑什么。

人们对"**一切政治都是乡土的**"这一名言的运用，有时甚至会达到登峰造极的地步。

1970年，来自新泽西州另一边的年迈议员爱德华·帕顿遭遇到了一场在外人看来非常严峻的预选挑战，他的对手是一位联

第二章 一切政治都是乡土的

系广泛的反战人士。当时民间反对越战已经成为愈演愈烈的风潮,一直在毫无希望地抵制着这股潮流的那位年逾古稀的现议员,手里却有一件法宝——他的对手不是"本地"人。

就在预选竞选正紧锣密鼓地进行的时候,帕顿先生在当地报纸上刊登了一则广告,他没有凭空捏造任何东西,只是翻印了一页曼哈顿(美国纽约的一个区)的电话号码簿,把印着对手姓名及其在该区的住址的地方用圆圈圈了出来。就这样,那位外来的选手还没有来得及打开自己的行李,就已经被逐出了比赛。

事隔10年之后,俄勒冈州的选民也进行了一次同样苛刻、无情的利弊计算,不过这次倒霉的是一位久经沙场的现任国会议员。艾尔·乌尔曼是众议院权势显赫的筹款委员会的主席,本来他是有可能终生保住那个职位的。他在华盛顿的政治鼓动家和分肥者中已经取得了很高的地位和巨大的影响力。不幸的是,他没有在自己的家乡大西北镇停留足够的时间。他的共和党对手抓住两点发起了攻击。首先,他的家已经不再在这个地区;其次,他上一年全年只到过这个地区6次。乌尔曼反驳说他上一年回去过"10"次。然而,在一个可以乘坐喷气式飞机旅行的时代,大多数议员每隔一周就要回自己的选区一次,所以,乌尔曼的辩解实在是再糟糕不过了。

说到这里,你也许立即就会想起,美国现代政治舞台上一些大名鼎鼎的人物,也是因为这种情况而遭到了选民无情的抛弃。

例如，阿肯色州的威廉·富布赖特，爱达荷州的弗兰克·丘奇，田纳西州的阿尔伯特·戈尔——他是未来的戈尔副总统的父亲。一旦选民们感觉到，他们那些年轻的希望之星在华盛顿并不仅仅是在为自己的家乡谋福利，还干了一些其他的事情，例如染上了严重的波托马克热（波托马克是流经华盛顿的一条河流），对乔治敦的沙龙要远比对自己家乡的议事厅熟悉，他们就会毫不犹豫地做出自己的选择。

高明的职业政治家绝不会让事情发展到这一步。仅仅做到多回几次家乡，那其实还是很不够的。重要的是，你首先要让人们感觉到你从来就没有离开过。

佛罗里达州的劳顿·柴尔斯曾长期担任联邦参议员，他就拒绝为自己做一套当时在华盛顿非常时髦的做工精细的深蓝色套装。"如果我那样打扮，"他向自己的一位秘书解释道，"就没有人会去机场接我，向我问好了。"这就是为什么劳顿·柴尔斯身上总是穿着出自乡村裁缝之手的服装的原因。这个靠走遍佛罗里达全境而当选参议员的人，希望自己的外表继续与当初乡亲们选出的那个人一样。

这位参议员不一定听说过马基雅维利在1513年最早提出的一条基本政治原则，但他身体力行的却正是那条原则。马基雅维利在他著名的《君主论》一书中，提醒未来的政治家要待在和他们统治的人民很近的地方。如果政治家自己就在场，"他就能够

第二章 一切政治都是乡土的

在骚乱刚刚萌芽的时候便觉察到,从而防止局势进一步恶化,"马基雅维利早在 500 年前就这样写道,"但如果他是在某个遥远的地方,那么对于骚乱他只能听到一些传闻,等事情真的进入他视野的时候,往往已经无药可救了。"

1981 年,路易斯安那州的众议员约翰·布劳克斯演出了特别赤裸裸的一幕,来展示**"一切政治都是乡土的"** 这一法则的力量。他向一位记者坦白说,他之所以支持里根政府提出的关系重大的税收和预算政策,是因为里根政府承诺提高蔗糖价格,而蔗糖是路易斯安那州的一项主要出产。记者于是追问,这是否意味着他的那一票可以用金钱收买,他机敏地回答道:"不能,但它可以出租。"这句名言,这种观念,传到他的家乡路易斯安那后大受赞赏。现在,众议员布劳克斯已经成为参议员布劳克斯了。

在我周旋于各种各样的政界人士中,往来于华盛顿宾夕法尼亚大街两头的那些年月,我没有见到任何一个人比**"一切政治都是乡土的"** 这一名言的发明者——蒂普·奥尼尔本人在这方面做得更好的了。奥尼尔和"伟大的沟通者"罗纳德·里根不同,里根通过电视尽情喷发自己的力量,而奥尼尔的品牌则是一种面对面的政治,一次只有一个对象。

当然,敌人一次也只有一个。

1982年，马萨诸塞州一家公用事业公司的一位年轻律师，颇有政治明星气质的名叫弗兰克·麦克纳马拉的人，决心向正在谋求连任的众议长蒂普·奥尼尔发起挑战。他从俄克拉荷马和得克萨斯两个州的石油利益集团那里筹集了100万美元经费来参加竞选，因为石油利益集团对奥尼尔这个长期支持价格管制的老牌自由派人士很不满。这是一个糟糕的错误。在一个人们饱受严寒和高昂的燃料费用之苦的古老工业区，只要提到"达拉斯"（**得克萨斯州的一个城市，美国的石油中心之一**）这个名字，就足以让当地的人们愤愤不平、怒火中烧。

挑战者麦克纳马拉为了吸引媒体的注意，在美利坚合众国国会山的台阶上宣布了他的参选决定。就在媒体进行现场报道的时候，有几个戴着加仑帽的年轻人向人群散发了一批重要的文字材料。材料的封面上写着一句醒目的话："你也许不认识麦克纳马拉，但在达拉斯有人认识他！"材料里面是一些新闻剪报，都和麦克纳马拉在得克萨斯州的那些大名鼎鼎的捐款人有关。第二天早晨，《波士顿环球报》登载了麦克纳马拉的一个简短声明，但是，那个声明太简单了，根本无法抹去那些煽情的加仑帽和这位年轻候选人的石油利益背景给人留下的毁灭性印象。

"一切政治都是乡土的"，这条规则也适用于伊利诺伊州的皮奥里亚县，就像它适用于马萨诸塞州的坎布里奇一样。前面的事件过去几个月后，第88届国会的选举进入到了最后的冲刺关头，

第二章 一切政治都是乡土的

这时蒂普·奥尼尔向众议院提出了一项拨款 10 亿美元扩大就业的议案。共和党对此冷嘲热讽，说那不过是选举年的作秀而已。而对这位民主党第一人物批评最严厉的，则是众议院共和党领袖、伊利诺伊州的罗伯特·米歇尔。

开始的时候，奥尼尔本来想避免和他的朋友米歇尔进行面对面的交锋。当米歇尔进而猛烈抨击这项提案是民主党大手花钱兴建无价值的政府工程的最恶劣表现时，奥尼尔的助手们迅速地搜集了一些数据。他们借助于设在当地的一个办公室的热情帮助，在这位共和党领袖的后院皮奥里亚县挖掘到了很多非常有用的信息。

当奥尼尔再次走上众议院讲坛的时候，他一一宣读了皮奥里亚县所有低于伊利诺伊州安全标准的桥梁名字及其所处的街道位置，而那些桥梁根据奥尼尔提出的扩大就业议案都在维修的范围之内，但是，不幸的是，那项议案却被共和党人抨击为"无端生事"，是又一项可恶的新政式的无用立法。

当议长宣读的那一连串冗长而枯燥的危险地区名字被录音后，他的话通过有线电视直接传送到了那位共和党领袖的选区。就在几分钟前，米歇尔还一直以共和党全国代言人这样一个高大而忠诚的形象出现，但转眼之间，他就开始为自己的形象在老家可能会受到损害而不安了。他脸涨得通红，站在会议厅的后面，焦躁、匆忙地向他的新闻秘书部署着什么。毕竟，为一个全国性政党卖力比赛是一回事,而使自己当晚就要在家乡皮奥里亚遭到一场严厉的政治攻击,那又是另一回事了。就这样,奥尼尔通过在对手的家乡展开攻击,把一场关于国家经济政策的"批发"性质的辩论,转变成了地方性的、纯粹"零售"意义上的辩论。

奥尼尔声名卓著的前任,矮小、秃顶的萨姆·雷伯恩也擅长此道。雷伯恩绝对不是那种会令女戏迷倾倒的男明星,人们也不会把他的话作为格言警句刻在大坝上或者中学的教室里。但他有一种朴实无华的能力,可以反反复复与一个接一个的议员打交道,就是凭借这种能力,他竟把平时乱糟糟的议会整合成一支纪律严明、手拿法律和政策的军队,这在从前是不可想象的。他还可以几乎毫不费力地从对方的根据地发起攻击。"雷伯恩一个电话,'陆军工程兵'就会去干活,"奥尼尔回忆道,"雷伯恩回过头来会解决有关拨款的细节问题。"

据说,这个传奇般的得克萨斯人还可以向那些不怎么好说话的联邦机构挥舞指挥棒。雷伯恩的一个电话,就可以让国内税务署的审计员像工程兵一样义无反顾地去干活。那些精神紧张的众议员们不敢肯定雷伯恩是否真正行使过这样的权力,不过,他们却生活在这种敬畏之中。

丹·罗斯滕科斯基长期担任众议院拨款委员会主席,他也是对政治利己主义的力量深信不疑的政治家。为了能够顺利地通过他提出的1986年的税收改革法案,他采用了一种两步式的立法

第二章 一切政治都是乡土的

程序。首先是议员们对法案的正文进行投票，然后是对法案后面的"过渡条款"投票。所谓过渡条款，就是规定各种具体的税收变化应该在何时生效的一些条款，它们对一些特殊产业和地区会产生巨大的影响。在现实中，每个议员当然都希望确保自己选区的产业尽可能得到最多的照顾。所以，这些"过渡条款"使罗斯腾科斯基手中掌握着许多张王牌。比如，一家公司如果不是在10月份而是到下一年1月份才缴纳新税种，它就可以节省几百万美元。同样，如果某一税种将被取消，当然取消得越早越好。那些支持罗斯腾科斯基的税收改革立场的议员，显然是希望将来在就这些问题举行听证会时会得到他更热情的待遇，而那些不支持他的议员则别想会有这样的好事。罗斯腾科斯基清楚这一点，其他议员也心知肚明。那些本来打算反对这位主席的改革措施的企业游说人员，同样也知道这一点。

> 外行的政治家常常会犯的错误，就是对所有的人不加区别、一视同仁；而出色的政治玩家是不会犯这样迂腐的错误的。

外行的政治家常常会犯的错误，就是对所有的人不加区别、一视同仁；而出色的政治玩家是不会犯这样迂腐的错误的，他们的眼睛总是会盯着那些真正能够促使问题解决的压力点。

1940年,一场普罗米修斯式的意志考验在两位巨人之间发生了,而且两个人各有自己的一套行动计划。一方是富兰克林·罗斯福,他在战胜了小儿麻痹症之后成为20世纪最有影响、也最有活力的一位总统。他已经连任了两届总统,但还想打破先例第三次当选。在对他这种努力持批评态度的人中,有他派驻英国的大使约瑟夫·P·肯尼迪,一位未来美国总统的父亲,肯尼迪政治王朝的开创者。冲突达到高潮的一幕就出现在11月大选之前。肯尼迪不顾一切地站出来公开表明了自己反对罗斯福连任的立场。他猛烈抨击罗斯福与英国合作以及显然想让美国卷入对德战争的政策。肯尼迪这位爱尔兰裔的美国人,对英国没有任何好感,他认为罗斯福不只是在使美国卷入一场严重的全球冲突,而且是让美国站在了肯定会战败的一方。

肯尼迪说,"长期以来我一直认为,强调民主国家与专制国家的不同,扩大它们已经存在的沟壑,是不会带来任何好处的。不管我们是不是喜欢,毕竟我们大家都必须一起生活在同一个世界上。"在英国首相内维尔·张伯伦和阿道夫·希特勒签订了臭名昭著的慕尼黑协定三周之后,肯尼迪在伦敦发表了这番代表美国孤立主义立场的"绥靖"言论。

罗斯福意识到机会来了。如果他能够说服肯尼迪这样的反对派,那么,在安抚整个美国和日益高涨的恐战情绪方面,他就等于往前迈进了一大步。

第二章 一切政治都是乡土的

即使是伟大的罗斯福，要想降伏这位爱尔兰裔巨人也要费一番工夫。10月16日，肯尼迪致信罗斯福要求解除自己的职务。但在一周之内，罗斯福就完全控制住了事态。在1940年大选投票前9天，罗斯福邀请肯尼迪到白宫共进周日晚餐。到星期二那天，肯尼迪发表了全国广播讲话，给他所在的民主党的候选人送上了在很多人看来是整个竞选战中最有效的一篇助选词："星期天，我从饱受战乱之苦的欧洲回到我们可爱的祖国安宁和平的海岸，我内心的信心又被唤醒了，我相信我们这个国家必须而且也会置身于战争之外。"

民主党全国委员会立刻在报纸上刊登广告宣布："共和党候选人温德尔·威尔基粗暴地指责罗斯福总统正准备把我们的青年送到伦敦去，肯尼迪大使简短而诚实的声明粉碎了这种无稽之谈。"

在这件事情中，有一点再清楚不过了。约瑟夫·P·肯尼迪对美国应该在欧洲扮演什么角色这样的大问题，他内心的信念并没有发生使徒保罗式的大转变（保罗是《圣经》中的著名人物，曾是犹太教徒，狂热地反对基督教，在去大马士革的路上得见耶稣显灵而皈依了基督，从此把他的一生都献给了传播基督福音的事业）。他对英国仍然不抱什么好感，对反纳粹事业也没有多少兴趣，对已决定把美国带入战争的总统并不爱戴。

那么，究竟发生了什么？

罗斯福知道，这位大使在自己的长子小约瑟夫身上寄予了最高的政治野心。年轻的小约瑟夫几个月前作为代表参加了民主党全国大会，他没有追随罗斯福，而是追随了罗斯福最有力的挑战者詹姆斯·A·法莱。他的前途于是就成了政治交易的筹码。16年后，老肯尼迪面带得意的微笑，向他的共和党朋友克莱尔·布兹·卢斯透露了这个秘密："我不过是和罗斯福做了一笔交易。我们同意，如果我支持他1940年的总统竞选，他就支持我的儿子约瑟夫1942年竞选马萨诸塞州州长。"

罗斯福的儿子詹姆斯·罗斯福用硬球游戏的术语谈到过罗斯福和肯尼迪的这次高峰会晤。据他透露，当时他父亲向肯尼迪摊牌，他很乐意为肯尼迪家族年轻一代在政治上的发展提供帮助，但如果肯尼迪大使放弃支持本党候选人的原则，就会使这些年轻人的事业在还没有起步的时候便受到损害。罗斯福确实是一个伟大的推销员，他为自己找到了一个无与伦比的卖点。后来的结果是，老肯尼迪当然永远也没有机会去讨还债务。他的长子小约瑟夫参加了美国空军，在欧洲上空一次英勇的轰炸行动中牺牲了。

30年之后，肯尼迪家族的另一位成员又被别人上了一次内容近似的推销课。当时，马萨诸塞州的爱德华·M·肯尼迪身为参议院多数党的议会督导员，是参议院民主党的二号人物。1970年12月，他准备竞选连任这个位置，但这时一位意想不到的竞争者——西弗吉尼亚州的罗伯特·C·拜尔德出现了。

第二章 一切政治都是乡土的

特别出人意料的是,问题的关键不是两年前的一起车祸,当时在那次车祸中,一辆轿车内的一名女子身亡,而驾驶那辆车子的是爱德华·肯尼迪。竞争的焦点集中在参议院的内部问题上。亚瑟王的继承人不幸遇到了一位超一流的"政治零售商"。

在西弗吉尼亚老家,罗伯特·拜尔德会在乡村集市上认真地拉他的小提琴。在华盛顿,他以事事上心而闻名。只要其他参议员觉得需要办的事,就是鸡毛蒜皮在拜尔德眼里也不是小事。他过去的一位同事说得好:"如果你拿出铅笔,他也会过来帮你削。"

督导员在参议院的工作有点像工厂门市的销售员,他需要照看每个议员关心的问题和利益,而那一切永远都在不停地变化之中。如果他们的家乡出了重要事情而需要改变日程安排,这时督导员就要去想办法看能否做些调整。如果有位参议员关心某条通过他家乡的高速公路的拨款问题,督导员就要告诉他什么时候会讨论那个议题,从而保证他可以在场。

肯尼迪的优势和对这一职务的看法,与拜尔德大相径庭。身为政界名流,这位来自马萨诸塞州的参议员认为督导员是管大事的。对于他来说,那是一个让他站在上面对当今的重大问题发表看法的临时讲台,供约翰·肯尼迪和罗伯特·肯尼迪的弟弟施展他拿手的"批发政治"的又一个论坛。

拜尔德的魅力就在于他更像一位和善可亲的街坊邻居。当时他担任民主党会议的书记，是参议院第三号人物。每次肯尼迪离开华盛顿到全国发表演说，拜尔德总是让肯尼迪相信，不用担心工作上会有什么问题。肯尼迪可以放心地把那些细枝末节的事情交给他来做，那些事太无足轻重了，不需要一位大人物来操心。

面对是要一位全党的发言人还是要一个商店的售货员，那些参议员选择了后者。让国人感到震惊的是，他们把拜尔德推到了全国最有名望的家族的继承人之前。非常明显，多数民主党参议员更喜欢有人帮他们削铅笔。

一位现代美国政治舞台上最声名狼藉的政客，也采用过类似的策略来获得他梦寐以求的宝藏。

很少有人意识到，来自威斯康星州的参议员约瑟夫·R·麦卡锡能那么长时间将美国置于他的魔咒之下，主要是由于他对新闻业的精通。他知道记者什么时候必须给通讯社发稿，他知道他们的工作承受着哪些压力，而他对这些知识的利用也到了空前绝后的地步。

20世纪50年代初，也就是麦卡锡如日中天的时候，有关国会的消息多数都是通过美联社、合众社以及国际新闻社的电文向外传播的。这位威斯康星的参议员迷上了电报，他知道那些记者每隔几个小时就需要发出一条新的"头条"新闻来报道事情的进展，只有这样，他们的电台才能每个小时都有节目播出，他们的报纸才能出最新的一期。

这位参议员一心想使自己的"反共斗争"始终兴旺红火，于是，他使出了一个非常简单的伎俩。据当时曾在场的《波士顿环球报》记者罗伯特·希利回忆，麦卡锡每天下午都会去看那些电报的自动收报机，如果当天的报道符合他的路子，他就不做什么；如果不符合，他就会走到某个正在发报的家伙跟前，扔给他一条全新的消息，从而掀起新的高潮。

"机枪手乔"（约瑟夫·麦卡锡的绰号，乔是约瑟夫的昵称），用一种卑劣无耻的手段发动了一场并不存在的战争。他知道那些记者都是带着工作任务的人，他要做的就是投其所好，使他们的工作变得尽可能简单。他从来不让事情的全貌或真相捆住自己的手脚，而是断章取义，从而使事情变得面目全非。

麦卡锡知道，有两件东西能够让记者们着迷：时间和文件。他常常说"我手里有一份名单……"，这不啻于把一块肥肉扔到了记者面前。幸运的是，人们逐渐注意到，麦卡锡提供给媒体的全部消息里面，没有任何一个实际的、仍然在世的共产党人的名字。如果事情本身不正当，那么设计得再完美的策略，它愚弄我们充其量也只能到此为止。

我在这里当然不是教大家如何去做一个歪曲事实的疯子，而是说我们要怎样把注意力集中到那些我们打算影响的人们的个人抱负上，从而成就我们的事业。无论你想达到什么目标，你都需要知道你打算去影响的那些人关心什么事情。

在麦卡锡的同时代人中，有一个人为了保卫自己也运用了"一切政治都是乡土的"这一法则，但他采取的策略同样冷酷无情。

1950年，37岁的众议员理查德·尼克松正在竞选代表加利福尼亚州的参议员。他与女演员海伦·G·道格拉斯的竞选，在人们的记忆中是历史上最不光彩的一次选举。但同时那次竞选也展示了一种不仅有效、而且完全无可厚非的技巧。

尼克松当时遇到了一个头疼的问题。虽然加州共和党州长厄尔·沃伦与他同属一个党派，但却拒绝支持他的竞选。这样做是出于自我利益的权衡。沃伦这位后来的联邦最高法院首席大法官，那时正陶醉在一种想法里——在加州人民面前扮演一个超越于党派之争的人。他是一个自命不凡、踌躇满志的人，他不仅认为自己也是竞争全国性职务的一个很有潜力的选手，还认为自己在社会出身上要比野心勃勃的尼克松更加优越。结果，无论尼克松诉诸党派的忠诚还是政治理念上的相似，都丝毫无法打动这位挑战者。身为众议员的尼克松也找不到一个公共问题把沃伦拉到他这一边。

尼克松还面临着另一道障碍。他的对手道格拉斯夫人为了怂恿沃伦保持中立立场，对沃伦投桃报李，也不支持民主党的州长候选人詹姆斯·罗斯福。

尼克松和他的手下终于找到了一个突破口。为了赢得沃伦心照不宣的支持,他们不再诉诸党派忠诚和意识形态,而是诉诸他心中更念念不忘的一件事:这位出身高贵的沃伦本人。

他们所采用的手法是一种闹剧,但却收到了效果。每次道格拉斯夫人举行新闻发布会的时候,尼克松这边都会派出一个助手到场,向道格拉斯夫人提问她是否支持富兰克林·罗斯福的公子詹姆斯·罗斯福。最后,就在选举前的那个星期五,道格拉斯夫人终于落入了陷阱。她表态支持小罗斯福:"我希望,我也祈祷他会成为下任州长,只要民主党人都将票投给本党的候选人,他会成功的。"

计谋终于得逞了,尼克松欢呼雀跃。他们立刻把消息透露给一位就要采访沃伦州长的记者。当那位记者问沃伦如何看待道格拉斯夫人支持罗斯福的问题时,沃伦一开始拒绝评论。过了24小时后,他意识到他已无法绕开尼克松为他设下的狡猾陷阱:"对这种情况我无意扭扭捏捏。媒体报道说道格拉斯夫人希望并祈祷罗斯福先生成为下一任州长,这一消息并没有改变我的立场。不过,鉴于道格拉斯夫人的声明,我想请她设想一下,下周四联邦参议员选举时我会怎样投票。"

至此,那些一直紧盯着他的人开始欢呼胜利了。"加利福尼亚每个读到沃伦这一声明的选民都知道,沃伦在选举日会把他的选票投给尼克松。"尼克松的竞选负责人莫雷·乔迪内尔兴高采烈地宣布。

尼克松大概永远也无法赢得沃伦的友谊，但却得到了他的帮助。在整个事件中，未来的沃伦法官表现了一种高贵的克制态度，权衡得失之后伸手帮助了他并不喜欢的候选人。尼克松的拇指放到了沃伦的天平上，沃伦没有办法把它拿走。

现在，让我来总结一下：你是在哪个领域竞争，这一点并不重要；要想赢得各种盟友的支持，关键在于倾心关注他们的敏感点。例如，一个大学生要注意的是那个最主要的听众——教授。只要给予足够的留心，学生就能够搞清楚老师的想法和他特别关心的问题，你的课堂笔记不仅是那门课程的最佳指南，也是了解授课者本人的最佳指南。

在校园之外也同样如此。无论你在宗教和哲学上有什么偏好，你都千万不要做一个唯我主义者，也就是那种以为世界上只有你一个人存在的家伙。如果你专注于自我，你一定会失败。高明的政治家从来不让他的目光离开别人的自我。

> 高明的政治家从来不让他的目光离开别人的自我。

1994年，希拉里·克林顿为医疗保险计划大造声势之时，恰恰忘记了这一点。那对于她本人和这个国家，都是一种不幸。她的眼睛没有看到几千万劳工和中产阶级家庭，他们大多数都已经得到了保险，本来是可以成为她最坚定的支持者的。

第二章 一切政治都是乡土的

美国的选民们对如何才符合自身的利益,向来是明察秋毫且毫不退让的。在这一点上,希拉里却做了错误的判断。

1991年11月,宾夕法尼亚州举行了一次特别选举,因为国会参议员约翰·海因兹不久前在一次空难中丧生,他留下的职位空缺需要补选。前任州长、共和党人理查德·索恩伯是最热门的人选,被认为必胜无疑。他的对手则是一位温和的、始终低姿态的退伍军人,名叫哈里斯·沃福德。

令人难以置信的是,最后沃福德却成了胜利者。索恩伯在民意调查中领先他整整40个点之多,但沃福德借助一个电视广告就战胜了索恩伯。在电视上,这位民主党人对观众说,"如果说犯罪分子有获得律师的权利,那么,工人家庭也有获得医生的权利。"

这句简单的话传进了千家万户。当时整个国家都处于经济衰退之中,眼前终于有一位竞选显赫职位的人和他们谈论餐桌上的经济学了。那些人到中年、担心丢掉工作和尊严的丈夫,以及那些担心全家会失去医疗保险的主妇,都是他的听众。

三年以后,希拉里·克林顿也想在这一点上大做文章,她以为沃福德这匹黑马的胜利传达了这样一个信息:草根民众有一种强烈的要求,那就是他们希望政府创立一套"包括所有人在内"

的医疗保险体系。然而，对于她和这个国家都不幸的是，在这点上她却看错了。她许诺的"包括所有人在内"的体系，让人感觉到不是向那些已经拥有医疗保险的家庭提供安全保证，而主要是针对那些正在享受福利救济的人口。所以，她不仅没有能够像沃福德那样减轻中产阶级的担忧和怨恨，反而加深了这种情绪。她的做法无非是要选民们把好不容易从谈判桌上争取到的医疗保险计划扔进公共水池，让每个人都能分一杯羹。如果说社会保障和医疗制度还是对努力工作的酬劳的话，那么，希拉里的计划却是要把勤劳工作的人和懒汉同等对待了。

结果，这套方案没有推销出去。人们认为他们来之不易的好处和权利将会被取走，用来满足所有人的医疗费用需求。希拉里的计划不是要为"辛勤劳动的家庭"提供医疗保险，而是要为那些不工作的人提供一种所谓"包括所有人在内"的体系，而费用却要由那些工作的人来承担。对于这样的方案，人民会满怀情绪、毫不犹豫地加以拒绝。

第三章

索取比给予还好

> 如果你想交一个朋友，就请他帮你一个忙。
>
> ——本杰明·富兰克林

1992年，得克萨斯州的亿万富翁罗斯·佩罗向全国宣布，只要能满足一个条件，他就愿意出来竞选总统，那就是：如果平民百姓们想打破两党体制，向官僚作风开刀，并争取把他的名字列在合众国50个州的选票上。

佩罗这一招真是大师手笔。当他说如果没有普通百姓的支持他就不参加竞选时，他实际上是在使自己成为一支由拥戴者组成的军队的代言人。他把那些以前从来没有得到邀请扮演政治角色的人招募到自己手下，掀起了一场与民主党和共和党抗衡的政治运动。

大胆地依靠整个美国城市、郊区和乡村的普通民众，这就是罗斯·佩罗卓越的政治天才的表现。在每一个商场，都有佩罗踊跃的志愿人员摆着的一张便桌，"我们支持佩罗，"他们会告诉所有往来的人们。"我自始至终都支持佩罗，"每个信徒都重复着这句话，仿佛是他们自己发起了这场竞选。

佩罗正在利用的是人类的一种天性，早在4个世纪前意大利佛罗伦萨的政治家马基雅维利就已发现了这一天性。你在一个人身上付出越多，你对他就会变得越忠诚。赢得一个支持者的最好办法，就是让他为你做点什么。用本杰明·富兰克林的话说就是："如果你想交一个朋友，那就请他帮你一个忙。"

> 赢得一个支持者的最好办法，就是让他为你做点什么。用本杰明·富兰克林的话说就是："如果你想交一个朋友，那就请他帮你一个忙。"

佩罗的策略成功了。他不仅使自己的名字印在了选票上，而且还赢得了19％的选举人票。在这一历史性的成就中，最引人注目的是他的方法。一个以拥有不可思议的财富和独立的开拓精神而知名的人，却是通过向人们求助而展开他竞选总统的运动的。

佩罗并不是奉行这套马基雅维利战法的第一位当代政治家。

第三章　索取比给予还好

1974年，我曾短暂地告别华盛顿的政治圈，向费城的民主党组织发起挑战。我与一位力量雄厚、志在必得的现任议员竞选国会众议员。几百名学生志愿者为我摇旗呐喊，他们看到有可能选出一位和他们年龄相差不远的独立候选人进入国会而兴奋不已。当时我只有20多岁，我在人们身上唤起的热情要远远高出我的竞选实力，所以，在民主党内预选中我很快就被远远甩在了后面。

不过，我还是得到了一个小小的安慰。预选过去几天后，我就收到了一封信表达对我的殷切希望："继续积极地参与民主党的政治活动"，但信中最重要的不是这句慰问，而是与慰问一同而来的请求："如果你能为我们在宾夕法尼亚或者其他州的努力提供任何有益的信息或建议，我将非常感激。你随时可以和我本人或者和汉密尔顿·乔丹联系。吉米·卡特。"

这是发生在总统大选之前两年的事。佐治亚州州长卡特，当时是民主党竞选委员会主席。那封信来得适逢其时，给我留下了久久难以磨灭的印象。

人们今天仍然感到困惑不解：吉米·卡特是怎么当上美国总统的？这个没有任何背景的人，靠什么手段才把两个重要的因素聚集到了一起，也就是把赢得党内预选所需要的基层草民组织，与佛罗里达、艾奥瓦、新罕布什尔、宾夕法尼亚以及其他各州党的高层会议结合起来？

事实是，吉米·卡特在那段时间就像一根江湖老油条。他看到，选民们在经历了越战和水门事件之后正渴望发生一些变化。这是当时的大背景，但他没有满足于此。他还深入到广大的乡间去，让自己置身于更微观的图景，也就是选民们每天在其中生活的那个世界中。而这个时候，他的那些在城市活动的竞选对手，却在使尽浑身解数，试图在纽约和华盛顿那些民主党已经逐渐失宠的选区捞回民心。

在前面两章中我们已经看到，要建立个人的势力，或者更准确地说，要扩展个人的能量，需要从最初的两个步骤开始：第一步，密切关注什么东西能动员他人。第二步，为了赢得那些对实现我们的目标至关重要的人的支持，我们要根据这些信息绘制出通往他们的"心灵和脑海"的路线图。

其中的第二步，也就是学会如何把这些人动员起来参与到我们的事业中去，用政治术语来表达，就是我们要学会如何发起一场运动。

要发起一场运动，不论是什么运动，你首先需要一个组织。吉米·卡特在1974年到1976年间创立的一个全国性组织，就是这方面的一个杰作。

作为一只"跛脚鸭"，一个只当了一任州长、来自南方腹地的家伙（卡特已在竞选连任州长中失败，所以被称为"跛脚鸭"），卡特在政界已经是一个局外人，他不能指望那个通常由全国性的利益集团、华盛顿的关系网和一些意识形态人才组成的民主党网络。卡特必须创立自己的组织。

卡特的策略很简单：发起一场"局外人"的运动，招募一些"局外人"为他的竞选出力。吉米·卡特1974年写给我的那封信，我一直保存到今天，而且我并不是唯一一位保留着他的信的人。所有在那一年的初选中失败的民主党人都收到了一封个人信函，发信人就是那位当时并不引人注目的佐治亚州州长吉米·卡特。

真是高明的政治策略！卡特意识到，他最好从那些已经在政治上失势的人群中寻找支持者。杰里·拉夫肖恩是卡特的媒体顾问，他还记得，当时他劝卡特支持一位很有人缘的国会候选人，他认为这个人很有希望赢得胜利。然而，卡特看得更远，他说："他赢不了，这里是共和党的地盘。但他输了对我们更好，那样他就会为我们工作，而且会把他的组织一起带过来。"

乔迪·鲍威尔从一开始就跟随着卡特，他还记得自己的老板所作的直截了当的解释："失败的一方总要再找些事情干干，而如果你当选了，你就是一个国会议员了，马上要动身去华盛顿了。"鲍威尔亲眼目睹了卡特用这种策略铺平了通往宾夕法尼亚大街（白宫前面的一条大街）的道路，"重要的不只是候选人，还有那些为他们工作的人。我们建立的是一支游击队，他们都有政治经验，而且多数都参加过国会竞选活动。"

卡特在 1974 年的选举中始终遵循了这一策略。在选举之夜，当党的全国主席罗伯特·施特劳斯召集民主党的获胜者们庆祝胜利时，这位佐治亚州州长却在给每一个失败者打电话。他们中很多人只是暂时受挫，无处可去，其中包括佛罗里达州的理查德·帕蒂格鲁、俄亥俄州的约翰·吉利根、纽约的米奇·考斯坦查，等等，他们都参加了那支"花生"部队（卡特在家乡拥有花生农场），和许多名气不如他们的人一起为卡特在预选中一路过关斩将做出了关键性的贡献。这些在国会争夺战中已经失手、本来有可能被人遗忘的候选人，现在成了卡特在各地的协调人，他的政治拉拉队的小队长。

罗伯特·基夫当时是华盛顿州国会参议员亨利·M·杰克逊的资深政治顾问，他很快就发现了卡特的战术是建立一个由政治"局外人"组成的全国性网络，看出了这一网络有攻破现行政党体制的远大潜力，他形象地将之称为"我们在这里看到的是一个'特洛伊花生'。"这颗花生就像它的前辈，也就是那匹古代的木马，制造它是因为它的设计人没有办法直接拿下城堡，于是就只有用计谋铺平攻破城门的道路。

那些在 1974 年中期选举中春风得意跑在最前面的人，他们是用不着一位来自南方农村的"跛脚鸭"州长来为他们的选举造势的。他们有更辉煌的同盟者，有名声显赫的大人物，例如爱德华·M·肯尼迪、休伯特·H·汉弗莱，等等，来帮助他们建立民众联系以及设计出能拉到赞助的竞选纲领。当然，作为交换，他们会在 1976 年总统竞选中支持那些大人物。"只有那些已经败下阵来的人，才需要卡特。"乔迪·鲍威尔说。同样，卡特也需要他们。

相当一段时间以来，竞选活动的耗资越来越巨大，需要面对的电视观众人数越来越多，竞选人员乘坐的飞机也越来越豪华，然而，卡特却奏响了一曲与众不同的新旋律：他让成千上万的选民感到，他们在为他的成功而进行投入。随着他在各州之间巡回穿梭，在一个又一个支持者家里歇脚，他在自己和支持者之间编织了一根牢固的忠诚纽带。他每到一个城市，都不是作为观光者，而是到人家里做客。正如已故的肯尼迪总统的助手泰德·索伦森所说："你怎么可能投票反对一个在你家沙发上睡觉的人呢？"

许多人以为，要赢得他人的忠诚，最好的办法是给他人恩惠，但事实正好相

> 许多人以为，要赢得他人的忠诚，最好的办法是给他人恩惠，但事实正好相反，最好的办法是让别人给你恩惠。

反，最好的办法是让别人给你恩惠。在这一点上，我们又要归功于 16 世纪意大利的马基雅维利，正是他发现了人性中某些基本的方面。他注意到，当一座城市被围困了许多个月的时候，当人们在城墙之内经历着巨大的艰辛与困苦的时候，当他们为了保卫

国王而经历着恐惧与饥饿的煎熬的时候，对国王的忠诚不是减少，而是进一步加深了。从此以后，他们甚至会感到自己与国王的纽带更加紧密了，"因为为了保卫他，他们已经牺牲了自己的房屋和地产，他们现在就仰望着他认为对他负有某种义务。人的天性就是，无论是要求他人承担义务，还是自己履行义务，他都感到同样的快乐。"用马基雅维利的另一句睿智的格言说就是："施恩正和受恩一样都使人们产生义务感，这是人之天性。"

前众议院多数党领袖托马斯·S·弗莱也有过这样的亲身经历。一次他乘坐的小飞机在华盛顿州东部一个乡村失事，当地一个人救了他。虽然那个人以前从来没有听说过弗莱的大名，但从此以后却为弗莱的竞选出钱出力，任劳任怨。在其他一些没有这样危险的场景下，也会产生出同样的纽带。那些伸手帮助过你一次的人往往会养成习惯，在你未来的道路上一直关注你、照看你。我们总是会自然而然地记住那些我们在路边"发现"的人，并努力提供条件让他们证明我们当初是多么有远见。

当你开口向某个人请求帮助的时候，你隐含的意思就是让别人在你身上下赌注。你争取到越多的人下赌注，你输掉的几率就越小，因为你的基本支持者网络进一步扩大了。然而，很多人都克制自己不愿启齿请人帮忙，因为他们觉得那样做等于承认自己的弱小，他们认为坚持依靠自我才是力量的象征。这种"一切自己干"的心态，有可能是十分致命的。对于一个参与竞争的人来说，那样的心态会限制并孤立他，导致他没有同盟者。

一个人在被追求的时候总是会产生快感，高明的政治家都知道这个小秘密。他们懂得，当你向一个人提出请求时，并不等于你只是在要求他付出，你也把他想要的东西给了他：让他有了一个参与其中的机会。所以，那些四处争取资金和拉选票的候选人，其实是在向别人提供一个参与政治行动的机会，让他们成为他的成功的一部分。他做的事情就相当于让人们购买他的股票，在这个过程中他是在创建一个股东网络。

一个成功的政治家所拥有的资本，就在于他有能力接近一个完全陌生的人，不仅要求他投自己一票，还要求他为自己付出他的时间、精力和财富。在鸡尾酒会上他会毫不犹豫地走到一位富有的女人身边，与她搭话要求她提供五千美金，或者请别人把一切事情都搁下，去为他的前程奔忙，他会说："我需要你来做志愿人员，帮我干 6 个月。"他心里完全清楚，这意味着那些应召者需要争分夺秒地工作，而给予他们的报酬却很少或者干脆没有，而且即使他们的候选人取得了胜利，也不能保证会给他们一份工作。所有的职业政治家都把这一套发挥得淋漓尽致，而最粗俗的褒奖之词出自一位了不起的加利福尼亚议员、人称"老爹"的杰斯·昂鲁之口："如果你不能喝干他们的酒窖，拿走他们的存款,骗走他们的女人,并且第二天一早就投对他们不利的票,做不到这一切,你就不配站到这里。"

约翰·F·肯尼迪尽管有富可敌国的家族背景和令人艳羡的常春藤联合会关系资源(常春藤联合会是由美国东北部的哈佛、耶鲁、哥伦比亚等名牌大学校友组成的一个团体),却依然钻研此道而成为行家里手。他从来不走慈善互助俱乐部的路线——戴着滑稽的礼帽,整天晚上让人拍后背——但他却学会了用一种更个性化的方式竞选。他会走到坎布里奇或者查尔斯顿港,在三层甲板的船上上上下下,挨个敲船舱的门,请那些爱尔兰裔、意大利裔和亚美尼亚裔的工人"支持"他的竞选。

1946年,肯尼迪竞选国会众议员,他的对手是一位深受欢迎的当地市长,所以他不得不建立自己的一套完全独立的政治组织。这奠定了他后来所有竞选活动的模型。他使波士顿两万工人都变成了他那显赫家族的竞选队员。实际上,每一个志愿者都成了"肯尼迪棒球队队长",他们到处散发有关肯尼迪"二战"期间在PT-109巡逻艇上英勇作战的纪念品和宣传单。

肯尼迪懂得如何展现和利用他们家族光彩照人的魅力。在坎布里奇,每一位爱尔兰裔天主教家庭的母亲都鼓励女儿去做他的志愿人员,以便有机会接近这位英俊、富有、年轻的单身汉。那些紧张激动的年轻姑娘很快就被分配去做一些重要的工作,例如为这位候选人的"家族"撰写私人感谢信。她们的信有些可能就是写给和她们自己一样的人，也就是志愿走上街头为肯尼迪做宣传的其他姑娘。但信是写给谁的并不重要，重要的是在她们所接受的任务里面包含着那个"家族"的信任。那是令人自我陶醉的时刻，正是在一个个那样的时刻中，肯尼迪那个遐迩闻名的组织诞生了。

在随后的几年中，还会有一个个类似的宴会，那些每小时能挣到一大把美金的律师，只要某个时刻接到一个电话，就会抛下自己的家人和事业，去为肯尼迪家族的某个公子的前程奔忙。人们的付出所能换来的唯一看得见摸得着的回报，不过是一枚PT－109巡逻艇的纪念别针，但通过这个可以摆在外面的、明显的实物标记，他们就感到与"肯尼迪家族"有了一种内在的、精神上的联系。那些长年累月为肯尼迪的竞选提供财政支持的人，只要肯尼迪能亲一下他们的老妈妈，就觉得自己完全得到了回报。"他们总是让你感觉到，你也是个圈内的人，"泰德·索伦森20多年后还动情地回忆说。

20世纪50年代末肯尼迪身上那令人倾倒的巨大魅力，其秘密养料就是这种走出家门大胆地向人们索取的精神。一位从来没有跻身于民主党高层、也不是参议院领袖的43岁的参议员，却能从民主党的组织机构争取到被提名为总统候选人，奥秘就在于此。

这位来自马萨诸塞州的参议员在竞选中采用的战术是破天荒

的：他把自己在地方上的那套"政治零售"技术施展到了总统争夺战中。他派他的竞选班子负责人劳伦斯·奥布赖恩专门深入到下面，去请求县里的主席、小城市的市长和各州劳联、产联的财务总管支持他竞选美国总统。以前从来没有人向这些人提出过这样的要求。

劳伦斯·奥布赖恩回忆说，"回想我的那些旅行，令我震惊不已的是，我们几乎把那些地盘都拿下了。在我之前，还没有一个人代表约翰逊、汉弗莱或西敏顿（*他们都是民主党内争夺总统提名的候选人*）去过那些州下面的议事厅和工会礼堂。我从一个州到另一个州，不停地和当地人交朋友，本来满心以为可能会遇到反对的声音，但结果一直没有出现。"

1960年7月13日，肯尼迪赢得了民主党党内的提名。第二天上午10点30分，他宣布请林登·约翰逊做他的竞选伙伴。那位得克萨斯人作为党内提名战中的竞争对手曾对肯尼迪进行过激烈的攻击，不仅拿肯尼迪在政治上的可怜阅历做文章，还在他的健康问题上做文章，放风说肯尼迪患了一种不为人知的绝症。但肯尼迪很清楚，为了赢得南方的广大地区，他需要挑选约翰逊做竞选伙伴。今天，政治分析家们还一致认为，如果不是肯尼迪这一不同凡响的决定，尼克松会提前8年成为美国总统（*尼克松是1960年的共和党总统候选人*）。就像肯尼迪军团此前在争取提名的漫长战斗中已经证明的那样，不吝于向人启齿求助是所有权力游戏中的最高境界。尽管林登·约翰逊被肯尼迪的请求震惊了，但正如他后来所说："一个大人物向一个反对者提出了请求，那其实并不是一件难事，因为他只向下走了两级台阶就做到了，而对方却把南至巴拿马运河的所有行程都用来反对他了。"

人们是不会介意被别人所用的，他们介意的是不被别人重视。蒂普·奥尼尔曾

> 人们是不会介意被别人所用的，他们介意的是不被别人重视。

经讲过一个故事，那是他第一次、也是唯一一次失败的竞选经历。1934年，当时他还是波士顿大学四年级学生，就参加了坎布里奇市议会席位的竞选。选举日那天，他凑巧遇到一位女邻居，对方说她打算投他一票，虽然他并没有向她提出这样的要求。奥尼尔听了她的表白很吃惊，他说："我在你的街对面已经住了18年，冬天在你们家路上铲过雪，夏天为你们剪过草，我觉得已经不必再向你提这样的要求了。"对方的回答让奥尼尔终生难忘："汤姆（奥尼尔的昵称），有件事情你应该明白：人们喜欢别人求到他。"

所以，你要求别人给予的帮助越多，你拥有的支持者就越多。那些把他们的心血和银行存款都已倾注到你的命运中去的

人，是不情愿对你太挑剔而使他们的努力化为泡影的，因为他们已经付出了太多。正如马基雅维利所说，伟大的事业就像伟大的战争：只要作出了牺牲，就需要进一步作出牺牲。

保罗·科尔宾是长期在罗伯特·肯尼迪身边工作的一位资深政治操盘手，他讲过一个他50年代中期为一位成功的候选人竞选威斯康星州州长募集资金的故事。

在民主党内的初选活动刚刚开始时，科尔宾找到一个非常富有的、已登记为共和党的人，他游说对方说，如果他能提供一笔资助，将对防止左翼势力控制威斯康星州的民主党起到举足轻重的作用。那位共和党人很快就寄来了一张数额巨大的支票，帮助了科尔宾的候选人在白热化的预选中以微弱优势胜出。

进入大选以后，科尔宾又去找那位赞助人。他说，很明显，威斯康星的共产党人都是一些铁了心的人，他们不达目的誓不罢休。如果他的候选人在11月的大选中失利，下一次民主党就会落到亲共分子手里。他又成功了：巨额的捐赠，接下来是巨大的胜利。

在就职典礼那天，那位赞助人走进了州长官邸。

反应敏捷的新州长直奔主题："我想告诉你，我们是多么感激您的帮助。"

沉默。长时间的沉默。

客人被请进了装饰一新的办公室。他终于开口了："办公室很不错，是不是？"

州长心里着急了。这个家伙到底想要什么？公路承包合同？改变城市规划方案？还是要求官职？

又是一阵沉默。

"我不过想让你们知道，"客人大声说，"这些年来我一直在资助共和党，并且从来没有来过这个房间里面。"

"如果我们能为你做什么……，"惊讶不已的州长说道。

"不用。"

"真的不需要我们为你做什么吗？"

又是一阵沉默。

"好吧，有件事情。"

那两位职业政治家，州长和科尔宾，精神为之一振，听他往下说。

"你们能不能给我一个号码比较靠前的汽车牌照？"

这并不是一个稀奇古怪的故事。即使是一个最富有的捐赠人，他或多或少也是一个政治追星族。一个号码靠前的汽车牌照毕竟意味着和权势人物的某种关系，号码越小，就意味着关系越紧密。1980年，凡是资助罗纳德·里根一万美元以上的忠心耿耿的共和党人，都获得了"雄鹰俱乐部"的成员资格。也就是说，花一万美元你就不仅仅是一个赞助者，而是完全有资格成为核心组织的正式成员了。

一个政治家或许可以帮忙把一个选民的女儿送进名牌院校，但那个人很快就会忘掉这件事（他只记得他还有一个女儿议员没有帮忙），但同样是这个人却永远不会忘记曾经为议员的竞选捐过款。有意思的是，赞助人和政治家在提到对方的时候，却表现出一种不对称性：给予者把接受者称为"朋友"，接受者则称呼给予者"赞助人"。

很多人终其一生都信奉凡事不求人的原则，这种做法所拒绝的不仅是对方的直接赠与，还错过了比赠与更重要的东西，那就是从接受他人赠与中所产生的对他人的影响力。千万别忘了，在那种情况下，起作用的一条基本运算原则是：只有可以收回的账目，才能计入到资产中。那些过去帮助过你的人，也是将来最有可能帮助你的人。从事资金募集工作的专家们最看重的就是以前各次竞选中的"资助人名册"，他们心中有一个已经过科学验证的观点，那就是，只要你提出要求，人们往往会"继续投注来坚挺过去的投注"。你的目标就是争取使你自己成为他人账上的资产，建立你自己的"赞助人名册"。

我们就生活在一个举债的社会中，在这个社会中，公民和他们的政府一样都靠一种债务网络生活——拿出实物抵押，向银行贷款买车，等等。然而，这套适用于买房买车或者贷款上学的逻辑，在涉及非财政方面的信用时却被人们忽视了。

我们还没有开发的最大的资源不在阿拉伯沙漠之下，也不在阿拉斯加北部斜坡附近，它就存在于千百万颗无人光顾的心灵中。一个竞选总管的最大罪恶莫过于让一个潜在的志愿者得不到什么事情做，而怅然地离开竞选指挥部大楼。

让你的事业成为他人的希望所在吧！那份希望会成为他们账上的资产，也就是你成功的机会。他们在你身上的投资越多，就越有可能一次又一次地投下去。

有些人害怕接受别人的援助，因为他们担心给自己套上绳索。然而，事实上，人们对政治候选人的援助，很少是那种处心积虑、斤斤计较的交易，要在将来为时间和财力上的付出得到某种实实在在的相称补偿。他们的援助往往会构成某种更微妙的交易——一种对行为本身的价值进行的投资。

每次我参与政治竞选工作，从国会议员到总统选举，我都会感到情不自禁地被事情本身所吸引，竞赛本身就能使我几乎如醉如痴。

人们喜欢自己能被别人所求，无论是要求他们出谋划策，还是提供援助，或者是对你给予任何形式的关注，都会使他们感到自己更有价值，感到自己的存在更真实。联系双方的纽带就这样得到了加固。正如你很难投票反对一个在你家沙发上睡过觉的家伙,你又怎么能打击那个你一直在为他出谋划策的家伙呢?曾在卡特总统手下担任美国贸易代表、布什总统时期出任驻俄罗斯大使的罗伯特·施特劳斯,就是深谙这套招兵买马技术的一代大师。

1980年,他在助选途中穿过费城古老的百勒维·斯特拉福饭店走廊时的情景,今天仍然留在他的脑海里。他突然发现一个他并不太熟悉的人在与一个完全陌生的人谈话。如果换成一个不那么老练的人,只会简单地与那个和自己还没有什么交情的熟人打个招呼。但施特劳斯却直接和那张新面孔打起了招呼,从而通过一记"边路传中"把一股熟悉劲儿传给了另一个人:"他是不是又在和你胡说八道了?他的话我从来不信,一句都不信。"

施特劳斯对他认识的那个人微笑了一下,然后继续向前走了。就在那样偶然的一瞬间,他的收获要相当于花一个星期时间拉赞助、套关系的价值。

其中的奥妙何在?

首先,施特劳斯不拘小节的闪电式招呼会让那个陌生人惊喜地联想到,自己正在和一个全国性政界要人的朋友交谈。在那一刻以前,他竟然丝毫不知道自己的伙伴有这样优越的地位。从他亲眼目睹的这种无话不说的亲密一幕看,他的朋友不仅认识施特劳斯,说不定当年还是战友,并肩参加过什么瓜达尔卡纳尔岛战役呢!

第三章 索取比给予还好

其次，还有一个同样奇妙的效果。施特劳斯加强了与那个他认识的家伙的关系，却甚至连话都没有对他说一句，施特劳斯以前很可能见过他一次，并且可能连他的名字也想不起来了。

那个家伙就是汤姆·多尼隆。这位在几次民主党总统竞选中扮演了关键角色的人，有一次凌晨四点半在家中被施特劳斯的电话叫醒："快从被窝里滚出来，你这个狗娘养的小左派分子。再过几个小时我就要在电视里出现了，是在那个叫《今天》的节目里。"

对多尼隆来说，这种粗暴无理的起床号是"施特劳斯做过的最能拉近人与人之间的关系的事情"。被施特劳斯这样重要的大人物请求出谋划策，这比什么好听的话都管用。多尼隆分析道，"人们，最需要的就是被当人对待。"这套澡堂语言就是施特劳斯用来和那些难对付的有钱人——偶尔还有初出道的青年——打交道的特有方式，他让他们感到，他们不只是他队伍里的一分子，而且始终是一个重要的臭小子。

华盛顿州的沃伦·G·马格努森是参议院历史上举止最粗鲁的人之一。他的竞选口号"我和那些大小子们对着干"，就充分地说明了他这个人。不过，也正是这个叼着烟斗、粗暴的马格努森，在与一批臭小子玩了一整夜的牌以后，告诉富兰克林·罗斯福总统如何用一张支票来支付总统所输的钱——装模作样掏出支票签上名字，相信没有哪位赢家会去兑现。确实，为了保持这种

亲密的关系,马格努森从来不去兑现。

当然,老小子们拉关系的这套伎俩,迄今还不能被女性和少数民族群体所接受。偏见的壁垒在民主的政治制度中可能还像在商业领域一样森严。种族主义和性别主义使得这些群体的人与别人发展关系特别困难,尽管如此,这一法则还是同样适用——开口向别人求助,永远要比坐等别人施舍高明。

在卡特总统1980年竞选连任的那场令人痛心的选战中,每天早晨八点他的助手们都会在竞选总部举行一次例会。竞选总部设在华盛顿K大街上一座破旧不堪的楼房里。在一张廉价的折叠桌边和几把同样廉价的折叠椅上,围坐着竞选活动的总指挥汉密尔顿·乔丹,来自工会和民主党全国委员会的几位工作人员,还有副总统办公室的一名代表,以及总统的撰稿人。

在这些天天到场的人中间,有一位刚当选的女议员显得特别引人注目。这样的人,尤其是来自日趋衰落的乡镇选区的人,应该是很忙的:在国会谋个好位置,了解华盛顿的内幕,还要防止后院起火,提防选区里出现挑战者,等等。所以,她每天上午都来参与这种繁重的、没有报酬的额外任务,就显得十分不同寻常了。

1981年,当我转到众议院议长办公室工作时,我才开始注意到，这个两年前才当选的女众议员，同样出现在所有涉及民主党全国性事务的场合：每次有新的职位空缺，比如众议院的民主党高层会议需要补充秘书，或者议长需要有人代替他出席民主党全国会议，都是这位女士默默地去争取，并干净利落地完成任务。她就是杰拉尔丁·A·费拉罗。

1984年，她参加了副总统候选人的角逐战，不管最终由于什么问题她没有如愿以偿，但她确实凭借自己不懈的努力赢得了那样一个史无前例的机会来为自己谋求一个位子。她之所以能一次次进入核心政治的圈子，不外乎一条简单的秘诀：她要求；她接受；她成了硬球高手。

费拉罗女士在民主党内极其有名，因为无论讨论党的什么重大问题，或者领导人的人选，都会有她在场。当有的议员指责她太突出自己的时候，蒂普·奥尼尔议长总是用他的方式一边打着响指，一边说："不错，她是总在突出自己，不过我们这一行就需要这个。"

1984年，来自宾夕法尼亚州的民主党众议员威廉·H·格雷三世，打出了漂亮的一击政治硬球，成为有史以来第一位在众议院担任主要领导职务的黑人。在他之前，很多年来黑人议员只是在"他们自己"的领域担任要职，比如民权、非洲事务、教育以及福利等等，至于国家的经济政策及外交政策这些主要领域的领导职务，他们从来没有人竞争过。这一格局最终被格雷打破了,他凭借出色的竞选策略而成了权势显赫的预算委员会的主席。他找到向来以立场最保守而著称的南部议员,令人信服地向他们表明了自己获胜的决心,以及请他们给予积极而公开支持的愿望。

在一个充斥着如此顽固的偏见的世界,许多机遇之门依然是对外关闭的,然而,杰拉尔丁·费拉罗和威廉·格雷却有勇气敲门,向世人证明并非每一扇门都是闩着的。他们让另外一些人成为手下败将。他们向我们证明了:在权力的争夺战中,最有效的手段就是要敢于向别人提出要求。

我永远不会忘记一天晚上坐在国会山众议长办公室密室里时的情景。当时参议员鲍勃·多尔,一位在"二战"中失去右臂功能的人,拿着杯子,对着咖啡壶,回过头问我是否能帮他转一下壶柄。作为政治上的对手,多尔显然是一个爱耍手腕、操纵他人的家伙。然而,每次我一想起他毫无异心地开口向我求助,就会情不自禁地对他产生一丝好感。

我还记得一次类似的经历,不过角色恰好倒了个个儿。我年轻的时候曾作为和

> "如果你想交一个朋友,那就请他帮你一个忙。"

平外援队志愿人员去过斯威士兰的乡村,来往于一个个零售店之间,向人们提供一些记账和经营方面的建议。其中有一位小店的店主,每次都不忘给我一杯热饮,因为那里气候炎热,却又没有冰箱。由于这个简单的行动,我们之间建立起了一种更紧密的关系。研究原始部落文化的专家很久以前就发现,在这些文化中,接受帮助和给予帮助是同样重要的行为。任何关系都不是靠一方来维持的。在南部非洲尘土飞扬的道路上,我无意之中恪守了一条如马基雅维利般冷酷、又如富兰克林般友善的法则:"如果你想交一个朋友,那就请他帮你一个忙。"

第四章

与带你来的人共舞

> 我是一个彻头彻尾的忠诚党员。我不知道我现在属于什么党派,但我是为政党而生的。
>
> ——休伊·朗

当乔治·布什1988年接受共和党总统提名时,他做了一个令人难忘的承诺。那就是,如果民主党在国会中的领导人向他要求大幅度增加政府税收,他会干净利落地一口拒绝;如果他们再度要求,他会再度回绝。最终表决心的时刻来了。"看着我的嘴唇,"他指着自己的嘴,发誓自己一定会说,"不……新的……税收……没门!"

后来的事实证明,1990年的形势发展完全符合布什出色的预言。民主党的领袖跑到他面前,态度强硬地要求他要么增加政

第四章　与带你来的人共舞

府税收，要么等着看好戏。他进行了抵制。然而，在全国各地风起云涌的财政危机的巨大压力下，他最终屈服了。他同意了一个包括更高的政府税收在内的一揽子财政预算计划。在那些保守的共和党人看来，他的行为不啻于背信弃义——他在竞选活动中表现得像克林特·伊斯特伍德（好莱坞最著名的影星之一，擅长塑造坚强不屈的硬汉角色），而在登上总统宝座后的统治风格则变成了巴尼·法伊夫（也是美国家喻户晓的电影明星，塑造的人物与前者截然不同）。

任何老谋深算的政治家都知道这样的背叛所要付出的代价。它不仅仅会危及你一对一的个人关系，更重要的是会使得你丧失信誉，声名扫地。对于职业政治家来说，守诺就如同道德操守一样，是影响他们职业生涯的至关重要的品质之一。想想看，谁会信任一个出尔反尔、背信弃义的人呢？

在白宫适用的道理在其他地方同样是金科玉律。

1981年，在北费城举行了一次特殊的国会议员选举，以便更换一个卷入"阿布斯卡蒙"丑闻的现任议员。最终的赢家是约瑟夫·F·史密斯，一位真正的政界老兵。他先是在地方小镇的政府机构中工作，耐心地等待机会，一步一步地往上爬，最终成为光芒四射的国会议员。

在国会山会议厅的宣誓就职仪式举行之前，我站在众议长的座椅旁，简要地向蒂普·奥尼尔介绍即将上任的议员的生平履历。只有一点在我看来是有着实质性意义的。我告诉议长，这位从宾夕法尼亚州来的新议员曾经长期担任奥尼尔的旧同僚即众议员威廉·"挖坑者"·伯恩的亲密助手，后者在10年以前同样是代表费城地区的议员。

封建传统确实根深蒂固。伯恩本人是接替他的父亲为这一地区服务的。他先是担任他们家族的丧葬公司的董事长——伯恩过去经常在议员衣帽间里拿那个公司友善的经营宗旨开玩笑，那就是"我们会让你在地底下安息的"——后来又接替了父亲在国会的议席。议长问我"挖坑者"现在是否仍然健在。我告诉他伯恩在几年前已经去世了。

当议长和从北费城来的新议员面对面地交谈时，只有那些久经风雨的政坛老手才能破译其中复杂而微妙的信息。

议长："呃……'挖坑者'怎么样了？"

史密斯众议员："噢，他已经在两年前过世了。"

议长："是的，我听说了。"

对那些漫不经心的听众来说，这听起来有点像是一个文不对题的无聊谈话。然而，在那些阅历丰富的政治家的基本礼节的耳朵听起来，蒂普·奥尼尔并不是在询问一个死者的健康状况。他是在向另一个人打招呼。"'挖坑者'怎么样了？"这句话后面隐藏着他真正要表达的意思——"我知道你是从哪里来的。我知道你的忠诚。"

在局外人看来,政治舞台似乎是一个凶险无比、残酷无情的场所。那些对权力孜孜以求的人不会放过任何一个可以利用的机会。他们会气势汹汹地质疑竞争对手的动机以及是否具备爱国精神,甚至不惜在他的私人道德问题上大做文章。很少引起注意的是对这些利益攸关的角斗士有着共同约束力的深层次的封建准则。为了无牵无挂、斗志昂扬地走上战场,你必须先确信不会后院起火。

> 为了无牵无挂、斗志昂扬地走上战场,你必须先确信不会后院起火。

"忠诚在我们这个行当中决定一切,"这是蒂普·奥尼尔的肺腑之言,同时也是所有明智的职业政治家的共同心声,这样说并非言过其实。如果你到华盛顿特区旅行,你会发现这座城市和美国 20 世纪的其他大城市有一个显著的不同之处,我指的不是林立的庄严肃穆的纪念碑,而是你看不到在别的城市司空见惯的大烟囱。跟其他国家的首都不同——它们的政治中心地位很显然依赖于遍地蔓延的现代化大工业和生产流水线,华盛顿只生产两种东西——供我们所有人使用的纸币和供政治家使用的政治货币。华盛顿人从事的工作就是交易,纯粹的、赤裸裸的交易。当一个参议员告诉另一个参议员,他会支持对方为其所在州的某个重要的公共建设项目争取财政资助时,他实际上是在期待投桃报李。如果他不指望回报的话,他的承诺也就毫无价值了。如果不存在这种互相利用,他的"有效性"必定会在自己所代表的州遭到质疑,他在参议院的席位也就岌岌可危了。

如果说从职业政治家身上可以得出一个至关重要的经验教训的话,那就是:没有人会相信一个变节的叛徒。一个人可以是为他的祖国而战的伟大斗士,可以在一场辉煌的决定性战役中起决定性的作用,正如一个伟大的美国人在独立战争中所表现的那样。但是,一旦他背叛了朋友,他就变成了千夫所指、臭名昭著的本尼迪克特·阿诺德(1741—1801,美国独立战争时的将领,后因私通英军逃亡英国)。

即便在这个猎头公司到处挖掘人才的年代,变换一个工作是一回事,对你的前任老板缺乏必要的忠诚则是另一回事。再也没有比在背叛旧老板的同时竭尽全力地想赢取新雇主的信任更自欺欺人的事了。处于激烈竞争中的老板对于这样的背叛总是耿耿于怀的。参议员尤金·麦卡锡有一次在谈起演讲稿撰写人理查德·古德温时(后者曾经为他服务过,后来在他的死对头罗伯特·肯尼迪参与总统角逐时又转而为肯尼迪工作)就对他在这一问题上的明智处理大加赞

> 再也没有比在背叛旧老板的同时竭尽全力地想赢取新雇主的信任更自欺欺人的事了。

赏,"迪克(理查德·古德温的昵称)是那种穿上新制服而不忘旧主人的人,他知道怎样掌握分寸。"

对于罗纳德·里根来说,他的一大强项,或者说,他成为政坛常青树的主要基础,就在于他与共和党内部的保守主义运动所结下的长期、稳固的关系。从 1964 年开始,当他为戈德华特(美国参议员,极端保守主义的代表,1964 年共和党总统候选人,属共和党保守派,主张扩大各州和地方政府的权力,采取强硬的对外政策)已陷于山穷水尽的总统竞选活动发表那篇著名的演说时,里根就已经坚定地站在了保守派的阵营。他没有听从那些主张走中间道路从而获取更多选票的顾问的建议,继续义无反顾地在右倾的道路上越走越远。

里根为保守主义事业毫无保留的呐喊助威给他带来了丰厚的政治回报。当那些意识形态色彩不是那么浓厚的候选人纷纷落马的时候,唯独他始终屹立不倒、稳如泰山。一个典型的例子就是他在 1976 年北卡罗来纳州的预选中拉撒路式的复活(拉撒路是基督教《圣经·约翰福音》中的人物,系 Mary 和 Martha 的兄弟,死后 4 日耶稣使他复活)。尽管权威的政治评论家纷纷预言他这一次在劫难逃,里根却再度成功地使用了意识形态这一法宝,从而赢得了共和党内那些主张强硬路线的保守主义分子的选票。要知道,那可是在爱国主义浓厚的南部,那里的父母在教育孩子时都把从事政府公职和做一个温文尔雅的绅士作为无上的荣耀。在那样一个忠于国家的保守主义情结根深蒂固的地方,里根向保守主义意识形态搬救兵自然是再明智不过了。他宣称,跟共产主义者作战是一项艰巨的事业,而杰拉德·福特显然不是一个坚强有力的人。

里根在1980年再度起死回生,继在艾奥瓦州共和党预选会议中惨败于乔治·布什后,却奇迹般地赢得了新罕布什尔州的成功,因为那些对他一往情深的保守主义分子,那些经年累月一字不漏地倾听他的电台评论的人,始终和他紧紧抱成一团,正如他和他们紧紧抱成一团一样。

在登上总统宝座之后,里根继续保持他和保守派之间的"热恋"关系,而不是过河拆桥或忘恩负义。他不遗余力地促进自己与主要的保守主义刊物之间的亲密关系,每年都参加《全美评论》的周年庆典,对保守派的喉舌《华盛顿时报》也是另眼相看非常在意,每逢记者招待会他总要与该报特派记者杰里迈亚·奥利里打招呼。他一向以自己和保守派之间患难与共、安乐共享的稳固联盟而自豪。他会脸不红心不跳、泰然自若地出现在最极端、最偏激的保守主义分子的集会上。在1985年的一个思想论坛上,里根发表讲话时说道,"我一直把这个集会当做一个机会,一个与带你来的人共舞的机会。"

里根对共和党右翼的忠诚唯一一次发生动摇,是1986年他处理伊朗武器事件的时候。伊朗门丑闻给里根造成了沉重的打击，原因很简单，这一次他没有和他的保守主义伙伴共舞，相反，他被人抓住是在和阿亚图拉·霍梅尼共舞（伊朗伊斯兰教什叶派领袖，有很多关于伊斯兰哲学、法律和道德观的著作，领导推翻国王并建立伊斯兰共和国，成为伊朗政治和宗教终身领袖）。

忠诚并不仅仅是一种美德，还是聚集政治力量的一幢大厦。我们在前面的章节中已经看到，拥有强大联盟的途径是：（1）了解他人的兴趣和愿望所在；（2）找出相应的道路建立对你有帮助的关系；（3）用相互支持和互惠巩固这种关系。不难看到，忠诚是这一支持网络的关键所在。

对于这一网络的兴衰存亡而言，政治忠诚要比"政治零售"更加利害攸关。政治上的背叛不仅会毁坏苦心经营起来的这些关系，还会使一个人的名声一败涂地，付诸东流。

有些人或许会认为，在这个媒体政治的时代，政治家主要通过电视的狂轰滥炸宣扬自己的政绩，个人之间的关系纽带和忠诚所起的作用已越来越小了。他们会振振有词地声称，在这样一个时代，至关重要的是个人魅力，是个人有效地在电视屏幕上塑造一个富于感染力的形象的能力。然而，最新的历史跟他们的观点恰恰相反。

在美国最新的历史中，最具魅力的两个政治人物或许要数得克萨斯州的约翰·B·康纳利和纽约州的约翰·V·林赛了。他们两个人都有着一流的敏捷头脑，在媒体上更是有炉火纯青的表现技巧。康纳利与林登·约翰逊一样,也是一位身材魁梧的得克萨斯人,浑身散发着男子汉大丈夫的气息。但是,他却与林登·约翰逊不同,媒体顾问梦寐以求的一切都集中在他身上了。他的英俊潇洒、风度翩翩,恰与约翰逊的丑陋滑稽、笨拙粗鲁形成鲜明反差。约翰·林赛曾任纽约市市长,是继约翰·肯尼迪之后在电视镜头上最璀璨夺目的公众人物;同时,由于在娱乐业方面的杰出天赋,他甚至代替约翰尼·卡森在《今夜演播》中担任客串主持。

1963年,当时正任州长的康纳利声誉鹊起,一举成为全美瞩目的人物。因为在那一年,李·哈维·奥斯瓦尔德行刺肯尼迪总统,康纳利也被奥斯瓦尔德射出的连发子弹击中。9年后,他再度红极一时,因为他领导了"支持尼克松的民主党党员"。但是,当这位高大英俊、一脸总统相的康纳利1980年转变阵营,跑到共和党那边谋求总统候选人提名时,却竹篮打水、一败涂地。他耗费了1200万美元的巨资,最终的结果只是把阿肯色州的艾达·米尔斯推选为代表他参加共和党全国会议的全权代表。康纳利一败涂地的主要原因是他作为一个政治变节者的恶劣形象,这一形象比起与水门事件丑闻有牵连对他的打击更大。

当作为共和党人的林赛谋求成为民主党的候选人时,康纳利现象再度发生了,只不过这次是掉了个个儿。林赛改变阵营,至少还有一个理由。1969年,他所在的共和党拒绝再次提名他角逐连任。为了获得连任，他不得不在自由党和他自己创立的"城市党"的旗帜之下竞选。

1972年，当林赛宣布他将参与角逐民主党的总统候选人提名时，一时间引起了媒体的广泛关注。之所以没有人愿意相信他，就是因为他的政治"身份"。正如纽约州民主党分部主席所说的那样，"我们正在千方百计地给他塑造一个可信的民主党人的新形象。"但是，这一努力并未成功。在举足轻重的佛罗里达州预选中，林赛凭借他与纽约州的关系本来并不难得手，但却因为转变阵营而备受嘲笑。他当时的竞争对手参议员亨利·杰克逊尖刻地说："这是一个前脚刚踏进教会，后脚就要求成为教堂执事委员会成员的贪婪之徒。"在佛罗里达的预选中林赛排在第五位。而在下一轮即威斯康星的预选中，这位媒体明星则屈居第六位。

应该说，无论是康纳利还是林赛，他们的背叛都是出于意识形态方面的原因。但是，选民是不管这一点的。具有讽刺意义的是，两大政党之间的分歧和不同越是缩小，选民对所谓的政党忠诚也就越是看重。人们或许对共和党和民主党之间在执政观念上的细微差别知之甚少，或许自身也频繁地变换立场，在两大政党之间游移不定，但是，当他们的眼前出现一个机会主义者的时候，他们还是能分辨出来。作为一个"支持尼克松的民主党人"，康纳利曾经展现出一种政治明星的品质。作为共和党旗下一个遮

遮掩掩的自由派分子，林赛在政治上具有性感的魅力。他那时就像一个穿着紧绷绷的比基尼的妙龄女郎。由于他结束了自己的政治挑逗，他便暴露了自己十足的自由派民主党人原形。

康纳利和林赛是两个突出的例子，他们证实了这一法则——忠诚是政治生活的金科玉律。

> 忠诚是政治生活的金科玉律。

一个默默无名的公民每天都可以改变自己的党派，并且可能没有任何人会注意到他们。但是，这绝对不适用于作为公众人物的政治家，他们是靠踩在别人的肩膀上前进的人。一个担任着政治职务的人如果要变换党派，唯一名正言顺的、可接受的方式，就是先辞去自己正在担任的职务。1983年，得克萨斯州的众议员菲尔·格拉姆，就是这样做的。他先辞去了他在国会的席位，因为他是以民主党人的身份获得那个席位的，然后又在一次特别的选举中以共和党人的身份角逐这个职位。非常富有戏剧性的是，他居然在第二年进行的竞选中成功地再次当选为参议员，只不过这次他成了一名共和党人。菲尔·格拉姆退回了曾经给予他的东西，了结了与他原来的选民和政党的债务，从而避免了使自己成为为人所不齿的本尼迪克特·阿诺德。他在严密的火力封锁下穿过生死线抵达了对方的阵营，因此，他在新加入的一方的位置是自己拼搏得来的，而不是通过肮脏的交易买来的。

第四章 与带你来的人共舞

"与带你来的人共舞",这一法则还包含着两个重要推论。

一、是你选择你的老板

当你在政界或其他领域谋求一个职位的时候,你一定要十分小心、慎之又慎。因为一旦你建立了某种忠诚关系,你就很难从中退出来。如果你不幸站错了阵营,你就会陷入霍布斯笔下那种狼狈不堪的选择(霍布斯是英国近代政治思想家,其最著名的著作是《利维坦》)——要么赶快抽身、溜之大吉,要么就与某个人或某一事业一起葬送于沟壑之中,或许永远都别指望会有出头之日。

当我第一次敲国会山的大门寻找工作的时候,我就差点陷入了这种进退维谷的灾难之中。

前面我提到过,一位来自得克萨斯州的众议员建议我在找工作时把注意力集中在出生地和背景与我相似的议员身上。我于是依据出身和地理背景列了一大堆名单,拿着名单按图索骥,走进了一个来自新泽西州、信仰爱尔兰天主教的民主党众议员的办公室。议员的办公室分里外两间,我就在外间等着他的接见。我想,那位议员作为美国众议院外交委员会的成员之一,或许能够为我这样的年轻人提供一个工作,因为我是圣十字架学院的毕业生,并且最近还有过作为和平志愿者去非洲服务的切身经历。

那时我已到了山穷水尽的地步,所以,你们一定能够理解,为什么当那个富有魅力的哥伦布骑士会绅士从里间走出来(**哥伦布骑士会是美国天主教的一个慈善组织**),来到接待桌前问我是否能帮我做点什么的时候,我是多么地激动了。

当我告诉他我刚从斯威士兰回到美国,希望能在众议院外交委员会找到一个办事员的工作时,他打断了我的话,对我说:"不。你应该在我的办公室做我的立法助手。"

我欣喜若狂,简直不敢相信会有这样的好运气。所以,当这个实际上是个混账的家伙指着墙上的一块纪念匾额说他就是那项成立美国和平队的提案的最初推动者的时候,我以为一切都能轻易搞定了。直到稍后的时候,我才知道这个家伙已成了全国媒体关注的焦点,因为《生活》杂志揭露了他与流氓团伙的暧昧关系,据传闻他还利用这种关系从他的地下室转移了一具尸体。

显然这件事对我的应聘产生了消极影响,后来我又去过几趟这个来自新泽西的绅士的办公室打听消息。有一天,他的首席秘书用一种冷冰冰的没有感情的口吻对我说道,"议员先生让我转告你,不能让你在这里工作。"

当我回首这一经历的时候(就在他拒绝聘用我做他的秘书的那一年年底,这位议员就被指控隐瞒自己的收入逃避税收,而且这只是他卷入的诸多法律纠纷的开始),我很乐意把这个很久以前在他的办公室接见我的秘书看做是一个想挽救我的人,也就是说他不想把我与一个注定要陷入更深困境的政治人物拴在一起。

对于忠诚关系而言,最重要的是你要选对向谁效忠。一旦你上了船,你就难以

> 对于忠诚关系而言,最重要的是你要选对向谁效忠。

做到无视船长的影响与存在了。一旦你选择了老板并为他服务,你就再也不可能拒绝他的指令和控制。

二、你最近又为我做了一些什么呢?

人们之间的相互信任关系很容易被破坏殆尽,即使没有发生明目张胆的背叛行为,也有可能这样。在很多时候,人们还没有等到自己的盟友叛逃到敌人的阵营里,就早已对他们失去信任了。你去问一问任何一个职业政治家,他们都会对你说,选民们是多么反复无常、朝三暮四。

所以,聪明的政治家们总是不厌其烦地做出这种那种努力,来向那些支持他们的人显示自己是多么忠诚、可靠。

你难道没有注意到,我们的经济会亦步亦趋地随着政治日历的翻新而来回波动吗?在总统当选后的第一个年头,美国的经济

通常会出现不同程度的衰退和滑坡。但是，在下一次大选来临之前，美国的经济肯定又会恢复得生机勃勃的。任何一任美国总统都清楚地知道，他必须在一届任期即将结束的时候使这个国家的经济处于增长和繁荣之中，否则他就会失去连任的机会。如果他想消除通货膨胀并砍掉一些社会福利项目的话，他最好在任期初期就动手，越早越好，因为只有这样，等到下次大选来临的时候，选民们才会忘记他们曾经因此而遭受的痛苦。

"当你要给人们施加痛苦的时候，所有的痛苦都应一次性地迅速施加在他们头上，因为他们品味痛苦的时间越短，他们被激怒的程度也就越低，"马基雅维利在他的《君主论》里这样写道，"而另一方面，在给予人们好处的时候，却要一点一点地、逐步地给，因为只有在这样的连续不断的给予中，人们才能最大程度地感受到你的好处。"

马基雅维利这条训谕的第二部分向人们清楚地说明了，为什么政治家们在上任后不仅要先把会引起抗议风潮的棘手之事干完，让人们随着时间的流逝而淡忘，而且，在下次选举之前几个月中还一定要给选民们带来持续不断、看得见摸得着的好处。聪明的政治家们总是在支持他们的选民们正在试图判断他们的服务是否合格的时候，不失时机地做出回报来显示自己的忠诚。在1984年的总统大选中，全国的选民们以压倒性的优势再次将罗纳德·里根选进了白宫。人们看到的只是从1983年起美国经济就一直处在强劲的复苏之中,而忘了此前它一直处于持续的衰退之中,并且眼前的短暂复苏也仅仅是衰退中的复苏而已。

然而,如果一个政治家在再次选举前的一段时间内表现差劲或者政绩平平,那么,无论他在两年前干得多么好,给予选民的好处多么巨大,那也将于事无补,他将注定被选民们抛弃。这方面的一个最好的例子就是吉米·卡特总统。

吉米·卡特1977年入主白宫之后,尽管面临着严重的通货膨胀危险,但还是提出要通过减税和其他一系列措施来刺激美国经济的增长,从而降低失业率。一直到他的第一届任期行将结束,也就是他要竞选连任的那一年,他才开始采取紧缩措施。他不仅任命了一贯以反对通货膨胀著称的专家保罗·V·沃尔克担任联邦储备委员会主席,还反常地撤回了自己的年度财政预算计划,提出了一个急剧压缩的选举年财政预算方案。在美国历史上,唯一比这更为臭名昭著的政治自杀的愚行,是前副总统沃尔特·F·蒙代尔犯下的,他在1984年的民主党全国大会上宣布如果他当选的话,他将增加税收。

在一场又一场永无休止的政治游戏中,选民们往往是缺乏记忆力的。来自肯塔基州的前参议员阿尔本·W·巴克利——他后来还担任过哈里·杜鲁门的副总统——对此曾有过经典的阐述。1938年秋天,当巴克利竞选连任代表肯塔基州的参议员的时候,他受到了该州的州长——绰号叫"快乐天使"的A·B·钱德勒的强有力的挑战。在那次竞选活动中，巴克利经常把一个乡村选民的故事挂在自己的嘴边，他在选举前的数周曾召见过那个选民，结果却发现那个选民居然想投票给州长，而不是他自己。巴克利提醒那个农夫说，在他担任检控律师、乡村法官、众议员以及参议员期间，他曾经为他做过很多事。

"我还记得，我是如何争取把公路一直修到你的农场的；当你在第一次世界大战中受伤的时候，我是如何到法国的一所军队医院里去看望你的；在你退役以后，我又是如何帮助你得到退伍老兵福利保障的，例如，从农场信用基金管理局为你安排贷款；当你的农场和房屋在洪水中被毁的时候，我又是如何为你争取救灾贷款的。"

"你怎么能想到去投票支持'快乐天使'呢？"巴克利恼怒和不解地对着农夫尖叫了起来，"我想，肯定你还记得我为你做过的所有这些事情吧？！"

"是的，我还记得，"那个农夫不紧不慢地回答道，"可是，你他妈的最近又为我做过些什么呢？"

实际上，在所有的美国选民中，这种心态是非常普遍的。他们往往是根据最近

> 他们往往是根据最近发生的一些事，而不是较早的一段时间内发生的一切，来判断他们所选出来的人是否对他们忠诚、是否称职。

发生的一些事，而不是较早的一段时间内发生的一切，来判断他

们所选出来的人是否对他们忠诚、是否称职。因此，聪明的政治家总是会不时地向选民们表现自己的忠诚。就像送一张小小的圣诞卡也可以维持一种个人或者是商业联系，而如果没有这样的表示，彼此的关系就将烟消云散。

职业政治家会告诉我们，经常性地修补与选民的关系，对他们的政治前途是何等重要。当他们竞选公职的时候，他们就与选民们建立了一种共生共存的关系，并为长期保持这种关系而奠定了一个基调，就像他们走街串巷、挨家挨户竞选一样，他们也将在这样的基础上履行自己的职务，也就是说要回到人民中间去，向他们述职，倾听他们的呼声。尤其重要的是，要经常地、不间断地向他们表现自己的关心，从而不断地给彼此的关系注入新鲜的活力。

凡是精明能干的政治家，都清楚地懂得这一套。我在参议院找到一份工作后不久，我的老板，来自犹他州的参议员弗兰克·莫斯，决定向参议院提出一个由我起草的修正案。那个修正案涉及的主要是工人的最低工资标准。在过去的几年中，我注意到，每当人们的生活费用上升和生产进一步发展的时候，国会就会周期性地提高最低工资标准。所以，我为弗兰克·莫斯参议员起草的这一提案，建议把工人的最低年收入同上面提到的那两个指

标——生活费用上升和生产进一步发展自动地联系起来。

我原本期望那一提案能够得到那些亲劳工的民主党参议员的广泛支持,但是,最后居然只有15名参议员投票支持。

后来,我才逐渐明白了那个提案遭到否决的真正原因。因为每隔几年,那些民主党的政治家们就会抓住机会要求国会提高最低工资标准,而这种小小的糖果必定使得自己选区里的工人阶层选民们踊跃地支持自己,同时也可以借此使劳工领袖们能够介入到党派的立法议程中来。因此,如果他们表决通过了我所主张的提案,也就是将提高最低工资标准同生活开支上升和生产发展自动地联系在一起,而不用每隔几年就重新提出新的提案的话,劳工阶层的领导人和政治家们就会失去这一能够赢得民心的光荣机会。

同样是由于这个原因,很多国会议员都深深地懊悔他们几年前在《社会保障法案》中汇总了各种社会福利指标,也就是将那些福利同生活费用的上升直接关联起来,因为这样一来便剥夺了他们在每季度一次的工作通信中宣称国会再次提高了那些生活艰辛的老年公民的社会福利的机会。当然,他们也很快就会为刚刚汇总了各种税收指标而后悔不迭的。以前,他们曾经因为推动减税而赢得了很多的赞誉和选票,而实际上那时候他们真正在做的工作,只不过是减缓了税收"沿着脚手架不断往上爬"的速度而已。

第四章 与带你来的人共舞

马萨诸塞州的国会众议员詹姆斯·A·伯克,也为我们留下了同样经典的一幕。当伯克在 20 世纪 60 年代第一次被选进众议院后不久,伯克的同事,同样是来自马萨诸塞州的众议院议长约翰·W·麦克科马克,问伯克是否需要帮助,为他所在的选区做点什么事。伯克立即回答说有一件事需要麦克科马克帮忙,那就是他希望促使联邦政府重新修复约翰·昆西·亚当斯总统在他的选区内的故居。昆西·亚当斯从美国总统的职位上离任以后,在他生命旅程中的最后 17 年一直是代表这一地区的议员。杰米·伯克如果办成了这件事,他将成为这一地区选民心目中的英雄。

麦克科马克问修复亚当斯的故居大概要花多少钱。"喔,我想大概需要 75,000 美元,"伯克兴致勃勃地回答道。麦克科马克笑了,他对伯克说,重新修复亚当斯总统故居是一件很重要的事,所以,在本次国会会议上,伯克就能得到全额拨款。

听到这里,伯克突然若有所思、面带忧虑。"我希望这次只拨 30,000 美元,行吗?我可不想在一年内就完成整个重修工程!"

在 70 年代早期的时候,来自威斯康星州的众议员亨利·S·罗伊斯提出了一项议案,要求设立国会督察专员,来帮助人们揭露并纠正政府部门拖拉、不负责任等恶劣的官僚主义作风,这样可以使国会各议员办公室从一项有时会非常棘手的任务中解脱出来——帮助家乡的选民与联邦官僚机构打交道。这看起来似乎是

105

一个很不错的主意，因此马上就有很多的议员签名表示支持。但是，这项提案最终却没有戏，因为，国会中那些资深议员们绝不会让这样一个非选举产生的官员来争夺那份荣誉与信任——帮助人民解决在与政府打交道时所遇到的刁难或不公平对待等问题，应该由众议员和参议员们来干，他们需要做这种事情来年复一年地获得重新当选。

现在，让我们回溯到 1932 年，去看看詹姆斯·A·哈格蒂吧。这个后来成为艾森豪威尔总统新闻秘书的呼风唤雨的人物，当时是《纽约时报》一个非常机智的政治评论记者。有一次，他为梅西公司总裁杰西·I·施特劳斯出了一个高明的点子。施特劳斯告诉哈格蒂，他打算为富兰克林·罗斯福的竞选捐一大笔钱，并且说那样做不仅是因为他支持富兰克林·罗斯福做总统候选人，而且也是出于他自身目的的考虑。他希望一旦民主党人入主白宫，新总统会任命他担任一个公职。他准备预先支付给富兰克林·罗斯福 15,000 美元。要知道，如果折换成今天的美元，那可是一笔巨款。哈格蒂在听了施特劳斯的打算之后，马上向他提出了一个小小的建议，或者说是一条非常高明的策略。

"这可是一大笔捐款啊，"他对施特劳斯说，"最好不要一次就把所有的钱都捐出去。你可以先给 5,000 美元，并且告诉他们，如果他们还需要钱的话，可以还来找你要。毫无疑问，在选举进行到中途的时候，他们肯定还会回来找你要钱的，因为他们现在就已经急需竞选资金了。到那个时候，你再给他们5,000美元，并告诉他们说这是你打算捐赠的最后一笔钱了。这样的话，等到选举前一周的时候，他们会因为资金匮乏而心急火燎，那个时候就会有人向罗斯福建议提出某些诱惑条件从而促使你再次出钱救急。当然，对于再次到你这里来弄钱，他们会有一些犹豫，不过他们还是会来的，虽然可能有点勉强。到了这个时候，你再给他们最后的5,000美元，我敢担保他们会对你感激得涕泪交流的。这样，你就会取得比你一次性给他们15,000美元（如果那样的话，他们可能老早就把钱花光了）大得多的效果。"

哈格蒂的这条计谋取得了巨大的成功，罗斯福当选为美国总统后，任命施特劳斯担任驻法国大使，并且让他干了很多年。

当然，那些在国会走廊游说议员们的说客，对于这样的交易也是非常精通、老练的。他们会把交易的时间拉得很长很长，以求得到预想中的结果。你永远都不会听到任何一个领着丰厚报酬的"驻华盛顿代表"告诉那些出钱雇用他的公司，说消费运动已经达到了巅峰，或者某个产业长期担心的立法已经被永久性地搁置了。他会带着一种威胁的口吻对他的委托人说道，"我想，到现在为止，我们能够做的，只是控制而不是消除这个特殊的问题，至少目前是这样。但是我们可以通过合适的活动和关系，让事态保持稳定,而不是恶化。"对于这些说客,我们还是听听 H·L·门肯的警告吧。门肯说:"如果一个人的饭碗依靠的就是不确定状态,你最好不要与他争论。就如同不要指望一个整形外科医生能恭维你那年轻的脸庞是如何如何地漂亮一般。"

一个出色的说客心里会清楚地知道,他的饭碗依赖于他存在的必要性,只有他的任务无法轻而易举地完成,他才不会有失业之虞。

马丁·阿格隆斯基自 20 世纪 40 年代以后曾长期在华盛顿从事政治报道,有一次他讲了一个纽约卖饼女人的故事,那个故事形象地揭示了人们身上这一规律性的综合征——"你最近又为我做了一些什么呢?"

在纽约城里,曾经有一个卖白吉饼(**先蒸后烤的发面圈**)的老妇人,她已经在"麦迪逊大街"街头卖这样的饼好多年了。在每天早晨的时候,总会有一个男人经过她的小摊子,并把 25 美分的硬币扔进她收钱的铁罐里,但非常奇怪的是,他从来都不要白吉饼。这样的情形一直持续了 15 年。有一天,老妇人终于拦住了那个男人,对他说:"你介意我问你一个问题吗?"那个男人吃了一惊,说道:"我猜想,你肯定是想问我为什么这么多年来一直都坚持往你的铁罐里扔钱,但却从来都不拿白吉饼,是吧?"

"不,先生,你错了!"老妇人回答道,"我的问题是,你难道不知道现在白吉饼的价格已经涨到 50 美分一个了吗?"

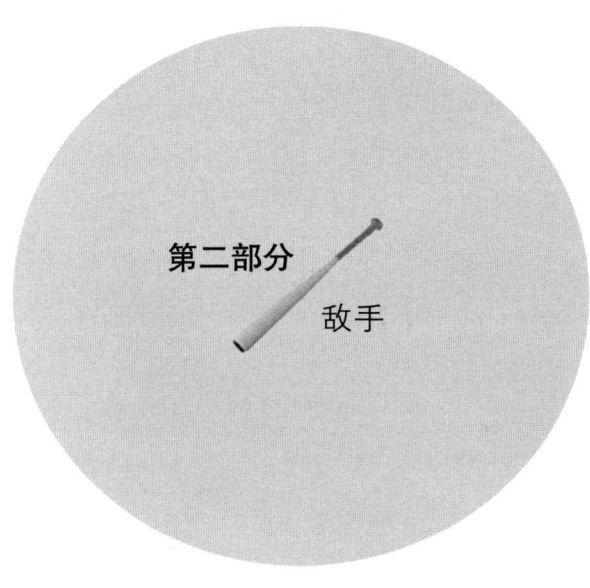

第二部分

敌手

第五章

让你的敌人站在你的前面

> 宁愿让你的敌人站在你的帐篷内往外面撒尿,也不能让他们站在外边往帐篷里头撒尿。
>
> ——林登·约翰逊

在《教父》一书中,当麦克尔·科里昂的"塔霍湖大院之谜"被杀手的子弹解开的时候,他差一点就没命了。科里昂,这个年轻的黑手党绅士,不动声色地将自己的猜疑隐藏于心底,若无其事、非常友好地拜访了那个他相信是谋杀指使者的人。"跟你的朋友们要保持密切的关系,"科里昂的父亲曾这样教导他,"但是你要记住,你

> 跟你的朋友们要保持密切的关系,但是你要记住,你应该与你的敌人保持更密切的关系。

应该与你的敌人保持更密切的关系。"在这部经典之作中,作者马里奥·普佐借着这个勇士的嘴所说出的箴言,可有着深远的历史渊源。

在美国独立战争的历史上,萨拉托加战役是那场战争的决定性胜利和转折点。在这场战役结束以后,当英国的伯戈因将军将自己的佩剑交给美国的盖茨将军表示投降的时候,这两支军队的将领就立即坐在一起了,参加了一场即便是用今天的标准来衡量都堪称极其侈靡的晚宴。那奢华的酒席上可以说是各种美味应有尽有:火腿,鹅肉,牛肉,羔羊,以及"各种各样盛在大盘子里的清脆碧绿让人直流口水的蔬菜",数不清的散发着诱人醇香的朗姆酒和香浓的苹果酒。

如果我在年轻的时候从书上读到这一幕的话,我肯定会感到极度震惊,认为那样做实在荒谬绝伦。毕竟,参加宴会的人都是一些有血性的勇士,仅仅在几个小时以前,他们还为了打败对方而刺刀见红、拼得你死我活,现在居然坐在了同一张桌子旁,握手言欢,并非常愉快地共进晚餐。这怎么能让人理解得了呢?!

不过,这只是我 30 年前的想法,也就是我几乎还没有步入政坛、没有与职业政治家共事之前的想法。

当你以一个政治家的立场和观点来看待那场在萨拉托加举行的煊赫一时、欢天喜地的宴会的时候,你就发觉在"胜利的美国人的帐篷"里上演的这一幕是很完美的。对于那些战败了的英国士兵们来说，还有什么方法能比向他们传达失败并不是一件很糟糕的事这一信息更能安抚他们内心那狂热的复仇之情呢？当你与美国佬坐到一起，并分享他们的苹果酒的时候，你就会发觉那些好战的美国佬并不是那么卑劣不堪的。

在对待自己的敌人的时候，一流的政治家总是一而再、再而三地采取盖茨将军两百年前就曾采取过的姿态。正如盖茨将军邀请绰号为"约翰尼绅士"的伯戈因将军到他的帐篷里去共度那个令人愉快的、结交友谊的良宵一样，国会山那些著名议员在应付那些与自己的观点完全针锋相对的"敌人"时所表现出来的大师般的能耐，也让我长时间地叹为观止。不知道有多少次，我都看见有议员大步穿过众议院的会议厅，在刚刚与对手唇枪舌剑、怒火填膺地理论过后，却与对方搂肩搭背，插科打诨、嘻嘻哈哈地聊着家常，一起走出国会大厦长长的走廊。

跟政治舞台上的其他许多现象一样，在这里起作用的并不仅仅是单纯的友谊或者伙伴关系。"在这个世界上，没有永远的盟友，也没有永远的敌人，只有永恒的利益。"

> 在这个世界上，没有永远的盟友，也没有永远的敌人，只有永恒的利益。

19世纪著名的英国首相帕默斯顿勋爵曾经这样说。就像那些伟大的国家在追求国家利益中的表现一样，伟大的政治家们总是同他们的敌人、即使是最凶猛的敌人保持着对话和联系，而他们保持这种关系的理由也是非常充分的。首先，它能够显示一种强大的力量。当你轻松自如地同一个你恨不得要砍掉其脑袋的人闲谈的时候，没有什么比这更能使你的对手感到强烈的震撼和不安了。第二，它能够使你知己知彼。你和你的对手交流得越频繁、倾听他们的诉说越多，你就越了解他们的想法、他们对你的看法、他们对你这一方的看法以及他们对他们自己一方的看法，这样就更有利于你做出决策。第三，同时是最重要的，也许有一天你会不得不和这个你所讨厌的家伙，也就是你的敌人共事，你在这场决斗中的对手很可能是你在下一场战斗中非常重要的盟友。因此，任何一个聪明的政治家都不会关上同自己的那些敌人，即便是不共戴天的敌人的对话与和解之门。柯克·奥唐奈是蒂普·奥尼尔长期信任的顾问，正如他所说："你应该随时准备对话，与你的对手讲和。"

罗纳德·里根在自己的第一个总统任期内取得的巨大成功，就是对这条由来已久的法则所蕴涵的力量的验证，并且，没有人能够比我们这些站在与里根总统以及他所属的共和党对立面的民主党阵营里的人，更能了解这其中的奥秘了。

在1981年当选总统入主白宫以前，里根职业生涯中的大部分时间，都是在一些大集团或组织内任职。里根曾经是华纳兄弟影视公司以及其他大影视公司的签约演员，也做过影视演员经纪公司的执行官和通用电气公司的总发言人，所以，他深深地懂得，任何一个大公司或集团里的任何一个个体都有自己的特殊作用和地位。里根与吉米·卡特不同，后者除了曾经在海军一艘潜艇上服过役外，成年后的大部分时间都花在经营自己的那个小农场和五金商店上了，而里根却从来就不是一个像卡特一样离群索居的企业家。

罗纳德·里根和吉米·卡特在职业背景上的这种天差地别，使得他们的总统任期都具有鲜明的、但彼此截然不同的特点。在一天的相当一部分时间中，卡特喜欢沉浸于一种自得其乐的孤独中，从事大量的案头工作或听古典音乐，而里根则把大部分的时间花在了和他的团队、与一批人一起工作上。作为一个有着丰富的大公司工作经验的人，里根清楚地知道，他自己不需要、实际上也不可能独自一人处理所有的事情。事实上，他从来就没有这么做过。当他在拍摄电影《纽特·罗西纳》或《圣诞老人费·特莱》的时候，有制片人在做总管，有著名的作者在为电影编写剧本，有出色的导演来指挥电影拍摄，有公关部的那些潇洒迷人的男孩子们在为电影做巡回宣传。当然，所有这些人都是围绕着他这个明星转的。

无论吹毛求疵的评论家们会对他说什么，里根这个经验丰富的演员知道自己的长处所在。当他 1981 年走进白宫的时候，这个"伟大的沟通者"带着一个非常强大的幕僚班子,那帮幕僚就是他招来向人们展示自己作为一个演员的所有天才的。这个强大的幕僚班子的成员包括一些非常受欢迎的作家,大批的公共关系顾问,甚至还有一个非常棒的导演——麦克尔·迪弗,一位非常善于选择拍摄角度和背景的大师。在1980年的总统大选中,当里根在劳动节那天露面为自己的竞选造势时,那个非常有感召意义的地点就是由迪弗精心选择的。里根穿着有袖子的衬衫,他的背景就是著名的自由女神雕像。早在李·艾科卡在美国人的心中唤起对自由女神光辉的崇敬之情,并使人们对女神雕像所在的地方也充满了尊敬以前,迪弗就在她的身上看到了一种即将喷发的潜在的爱国激情。这种生动的图片的力量绝对要胜过千言万语,当罗纳德·里根以自由女神雕像为背景的照片出现在媒体上以后,人们一致认为里根是最好的领路者,他能带领美国人民走向更辉煌的未来。

　　罗纳德·里根和他的妻子南希·里根,也深知一个新上任的总统所具有的弱点和面临的障碍。他面临着一场艰巨的行政上的挑战——一个巨大的官僚系统正等着他去驯服。应对这一挑战需要的是一种非凡的管理才能,而里根此前并没有展示过这方面的天才。这意味着他需要一个强有力的行政主管,这个人必须有船长般的杰出指挥才能,同时还要有相应的政治才能。为了使自己这颗明星看起来继续光彩照人,里根只靠自己那套保守的政治主张是不够的,他还需要出色地识别人才、知人善任。

罗纳德·里根和他的妻子已经有了两个理想的人选,就是麦克尔·迪弗和他们的理论家艾德温·米斯。他们现在所缺的就是一个天才的制片人了,这个人要具有协调各种事情的能力,以及干净利落地处理琐事的才能。

最后,他们找到了一个理想的人选,那就是詹姆斯·A·贝克。

毫无疑问,任用贝克是非常出色的决策。在以后的岁月中,就是这个贝克组织实施了新总统1981年的三大立法方案——美国历史上最大的减税计划、美国历史上最大的国防预算增长、美国历史上最大幅度的国内开支削减。即使是长期跟随里根的那些人也不得不勉强承认:如果没有这个来自得克萨斯的绅士——也就是贝克——鼎力相助的话,他们的总统是不可能取得非凡成就的。

里根总统最初之所以做出雇用贝克的决定,接着又把他提拔到最显赫的高位上,主要是因为贝克的政治背景深深地吸引了他。而令人感到非常吃惊与意外的是,在过去的好几年里,詹姆斯·A·贝克其实是罗纳德·里根最大的死敌。

两人第一次互相敌对发生在1976年,那一年罗纳德·里根第一次正式参加竞选美国总统的角逐。造成两人对立的主要原因是杰拉德·R·福特总统。福特在理查德·尼克松因为"水门丑闻"而辞职后接替了总统的职位，到了 1976 年，在经过了一系列血腥的竞争以后，他已经在共和党的党内提名竞争中遥遥领先于里根。眼看自己胜出的机会已经不多了，里根决定孤注一掷，使出最后绝招，以期出其不意地给福特致命一击。他提名来自宾夕法尼亚州的参议员理查德·S·施韦克为自己未来的总统竞选搭档。

依照美国的惯例，总统候选人只有在获得党内提名以后才能决定挑选谁作为自己的竞选搭档。每当被问起为什么要打破这一传统的时候，里根说他只是想为共和党提名大会提供一个"平衡的候选人名单"。实际上，里根提名施韦克作为自己的竞选搭档，他的最主要的战术动机是想借此瓦解与施韦克来自同一个州（**宾夕法尼亚州，领先的福特也来自该州**）的代表，希望能促使这些倾向于福特的人在提名大会上倒戈支持自己。这是很大胆、同时也是破釜沉舟的一招，虽然它具有很高的风险，但是对于一心想当美国总统的罗纳德·里根来说，这样的冒险是值得的，也可以说是必然的。

对于里根这种公然挑衅和突然袭击，福特总统的竞选班子开始了猛烈的反击，就像当年美国的"二战"英雄艾森豪威尔将军对于德国人的进攻必然要实施更猛烈更残酷的反攻一样。他们派出了吉米·贝克（**就是詹姆斯·贝克，吉米是詹姆斯的昵称**）来粉碎里根的进攻，要吉米·贝克不惜任何代价。

第五章 让你的敌人站在你的前面

贝克全身心地投入了战斗，决心竭尽所能让尽可能多的宾夕法尼亚州代表拒绝"里根—施韦克轴心体系"（"二战"中德、意、日法西斯联盟叫轴心国体系）。他发起了一场猛烈的"政治零售"战役，每次都要把一个宾夕法尼亚州代表拉回到福特这边来。"零售"战役开始以后，那些本来默默无闻的宾夕法尼亚州议会议员发现自己居然成了白宫的座上宾，而且，他们的家属也跟着成了小名人，被邀请到总统内阁成员的办公室去做客。水坝、桥梁、医院等公共建设项目，就像甘霖纷纷降到这些议员所属的社区。作为福特总统委托的特派员，贝克这位能干的牛仔几乎使宾夕法尼亚州所有"迷失了方向的"代表都转变了态度，倒向了福特总统。最终的结果是里根弄巧成拙，他抛出了他最有吸引力的诱饵——副总统候选人，却只得到了四个代表的支持。

对于里根来说，这样的结果意味着他的战线崩溃了。共和党总统候选人非福特莫属了。对于杰米·贝克来说，则意味着一次火线提升，他成了福特那年秋天的竞选活动的总管。

这只是里根和贝克之间惊心动魄的智力较量的序幕而已。在下一届总统选举中，贝克又作为他的老朋友乔治·布什的竞选总管为赢得共和党内的提名而再次与里根较量。布什的首要竞选主张是把美国从"像中了巫术一样的经济"中拯救出来，但是，不幸的是，这显然不是美国的选民们当时都最在意的头号问题，当然也不是共和党的选民们最在意的头号问题。在艾奥瓦州的共和党预选大会上，一场原本以为会稳操胜券的选举因里根后来居上而泡汤，贝克这位布什竞选班子的"大哥大"遭到了重挫。接下来，"请选举布什为总统"的标语牌口号便换成了"请选举布什为副总统"，而布什竞选班子的负责人贝克开始了一场魔术般的悄然变换：在几个星期内，他就从失败的布什的竞选负责人转变成了作为胜利者的里根的首席顾问，从丑恶的毛毛虫转变成了美丽的花蝴蝶。

通过任命自己的敌人贝克担任自己的总管，里根向人们雄辩地展示了那条古老戒律的力量——**让你的敌人站在你的前面，而不是让他们躲在你的身后。**一个精明的政治家是从来不会驱逐他的敌人的，相反，而是要遵循那条权力竞技场上的古老的教条——让你的敌人最终为你所用。

起用贝克不仅是这位里根的首任行政主管本人的巨大胜利，也同样是新上任的里根总统的巨大胜利。对于正举步维艰、前景不容乐观的里根来说，任用贝克就等于收服了一个权势集团首领，因为贝克与美国东部地区的共和党人和全美的新闻记者军团都有着密切的关系。

杰米·贝克后来又担任了里根的财政部长，人们将不会忘记，正是他出色地包装了里根的立法计划，使他在白宫的同事们强硬的意识形态变得不那么咄咄逼人，并赢得了华盛顿那些非常挑剔的媒体的尊重和赞誉。虽然贝克是站在与国会相对的一面，但他毫无疑问是一个庄重而有礼貌的职业政治家,而且是里根总统的白宫的"非常好的管家"。有很多次,正是贝克对众议长那种充满尊敬的秘密拜访为里根避免了很多潜在的麻烦和冲突。在新闻记者们眼中,贝克是"白宫的实用主义者",是一个对他们开诚布公、坦白相告的人。

无论从哪个方面说,贝克的聪明才智都本应在里根政府后期的岁月中发出更加灿烂夺目的光芒,然而,人们却只能痛苦地回忆由于他的离开白宫所遭受的惨重损失。当里根总统第一个任期内那种明智、有条不紊的策略,被第二个任期内被人认为是痴呆的混乱不堪的政策所代替的时候,人们都在热切的期盼中呼唤着吉米·贝克这个名字,希望他能再次来为里根保驾护航。如果贝克还是白宫主管的话,对里根总统造成极大伤害的伊朗门事件的那种毒素,是绝对不可能从白宫向外喷射散发的。

可以说,里根的第一个任期之所以取得辉煌的战绩,不仅是因为他雇用了吉米·贝克,还因为他把这个过去的对手放在了一个如果里根自己在总统的位置上干得不好,那么他也干不好的位置上。白宫主管这个位子,与总统的联系是内部性的,笼罩在总统的光环之下,所以,贝克一切的成功都只能通过里根取得的成就来衡量。如果贝克开始时是在外面负责一个部门或机构,他就有机会建立自己独立的地盘,从而获得属于他本人的名声和支持者。由于被笼罩在总统的光辉里,新闻媒体是很难直接评价他的。只有当里根总统自己提出的议事日程遭到失败以后，媒体才会在首要位置将他描述为"里根政府中的一颗璀璨的明珠"。作为白宫行政主管，贝克的作用在里根政府内是举足轻重的。但是贝克的成就只能加强他的老板头上的光环。他别无选择，只能使里根成为一个胜利的改革者，他自己当幕后英雄。

把自己多年的对手安排进新政府，这种做法当然并不是从里根时代才开始的。在1940年的总统大选中，富兰克林·罗斯福击败了温德尔·威尔基，但几个月以后，罗斯福总统就任命威尔基出任美国驻英国特使。罗斯福这样做的目的很明显，因为在大选过程中，威尔基曾攻击罗斯福说他过分地靠近和援助了英国，所以他被特意派去重申民主共和两党对罗斯福的政策的支持。10年后，哈里·杜鲁门则任命前总统赫伯特·胡佛（美国第三十一任总统，共和党人）监督一次对联邦机构的彻底检查。通过利用胡佛那敏锐的管理和领导能力，这位民主党总统也给自己领导的政府赢得了急需的公众信任，因为当时对他的政府"浪费和腐败"的批评已经越来越激烈。

然而，真正开创这种和自己的敌人共事的传统的，却是亚伯拉罕·林肯总统，他是在一种远为艰难、远为迫切的情形下进行这种合作的。这个伟人当时所面临的困境，几乎是难以想象的。1861年，对林肯生命的威胁是如此猖狂和变本加厉，以至于他和家人不得不偷偷摸摸地进入首都华盛顿。军事对抗的局势越来越危险、越来越令人担忧。当林肯到达华盛顿的时候，他瞭望波托马克河对岸（美国东部重要河流，流经首都华盛顿），看到南方联盟的旗帜已高高飘扬在亚历山大要塞上空了。

即使在那些忠于联邦政府的州，危机也越来越深重。作为第一位领导着一个由相互冲突的两种力量（那些极力主张废除奴隶制的激进分子和那些仍然留在联邦中的旧辉格党人）组成的崭新政党的共和党总统，他必须首先解决党内的派系纷争，将全党团结起来，然后才能维护整个国家的统一。

这位刚当选的总统在组建政府的过程中，并没有只在自己的坚定追随者中挑选内阁成员，他决定还要把自己的敌人拉上船来同舟共济。他把以狂热激进著称的萨尔蒙·P·蔡斯和因小心谨慎而出名的威廉·H·苏厄德都选进了政府，在他的那些天差地别的内阁成员中，可以说只有两点是共同的：每一个成员都憎恨其他的人；每一个人都认为自己比林肯更适合于当总统。

"他们会把你给吃了的，"有人这样警告林肯。"他们每一个人似乎都同样想干掉其他的人，"林肯用一种政治老手惯用的幽默口吻回答道。以林肯的精明和顽强，他有足够的能力将强有力的人物招到自己的麾下，给他们安排合适的位置并置于自己双眼的监督之下。但是，只有当苏厄德和蔡斯都向林肯提出辞职，而林肯说服了他们留下来、将他们的辞职信都搁置在他的保险柜中的时候，林肯才确信自己一定会取得成功。"我在我的每一个衣

服口袋中都藏着一个香甜无比的西瓜",林肯这么说道。

在卡特总统领导的政府里,我曾清楚地看到,确保那些新政府成员的期望牢固地与最高领导人本人的成功联系在一起,这一点和招募干将组建新政府本身是一样至关重要的。因为如果缺乏这一前提的话,作为政府这艘巨轮的船长的总统,就会发觉巨轮的甲板上有一尊不听指挥的大炮。

当吉米·卡特1977年就任美国总统的时候,联邦政府卫生、教育和福利部(Health, Education and Welfare,以下简称HEW部)一个部的预算,就远远超出了美国50个州所有这类部门的预算的总和,也超出了世界上任何一个国家相同部门的预算,只有苏联除外。卡特任命约瑟夫·A·卡利法诺担任HEW部部长,卡利法诺在接受这一任命的同时,也接受了一个更具有个人色彩的任务,用他自己的话来说,就是"作为HEW部部长,我面临的无穷挑战是促进社会公正,不仅要对人民、国会两院议员、HEW部的公务员们进行说服、教育、哄诱以及请求谅解,还得经常替被国内外的指责和各种要求弄得焦头烂额的总统及其政府解围,这个工作是非常非常难做的。"

卡利法诺知道,卡特总统之所以提名他出任HEW部长,是因为希望他将这一新职位当做为改革运动提出不受限制的独立倡议的舞台。卡特希望卡利法诺领导的部门能够成为自由的民主党政府中的一个典型代表。他在竞选总统的时候，就是靠反对现行的官僚习气和体制而取胜的。现在，到了自己与别人分享权力和职务的时候了。在卡特的助手乔迪·鲍威尔看来，这个新当选的总统也需要能够清楚地"了解华盛顿的游戏规则并知道该如何玩下去"的人选。卡特有他自己的改革议程（福利、健康保险的改革），他需要有人将所有的球都轰轰烈烈地踢起来，但又不要把他本人淘汰出局。

就这一点上来说，任命一个像卡利法诺那样在华盛顿久经考验的斗士担任 HEW 部部长，似乎是完全有道理的。卡利法诺自从在林登·约翰逊手下风风火火地担任白宫主管以来，他在华盛顿就已经是一个举足轻重的人物了。作为民主党全国委员会和《华盛顿邮报》的法律顾问，他是那种典型的熟知各种内幕的人，他的朋友遍布华盛顿的那些很有权势和影响的组织中：国会、重要的律师事务所、新闻媒体，以及那些很久以前就把华盛顿当做自己永远的家和权力基地的前民主党政府的高级官员。

很明显，新当选的卡特总统为了赢得这些支持者的好感，便决定从他们中间找一个人来负责实施这些宏大的社会改革计划，正是在这些支持者特别是卡利法诺的协助下，那些计划才得以制订出来。但是，卡特从来没有想过需要用什么政治策略来驾驭这种新的关系，如何控制他刚招到自己麾下的这个硬式棒球手。

在挑选卡利法诺的时候，卡特知道自己找到了一个主张政府进行强有力干预的强硬派。尽管卡利法诺和卡特总统有共同的决心要使 HEW 部的运作变得更加有效率，但卡利法诺还怀有一种与卡特不同的热情，那就是他认为这些计划必须完全服务于它们当初的目标。在他看来，在加强公民权利、改进卫生和教育等事情上，不能存在与任何现实妥协的余地，而必须大刀阔斧地进行改革。

事情很快就变得很明显了，这种咄咄逼人的方式将使新政府付出沉重的政治代价。例如，在北卡罗来纳州，卡利法诺大张旗鼓、情绪高昂地推动司法部门判决该州所偏爱的大学制度构成了种族歧视。而与此同时，该州那些种植烟草的农场主们也感受到了他发起的禁烟运动给他们带来的巨大冲击。这两项措施面临着重重阻力，但并非没有理由。一个联邦法官威胁卡利法诺说，如果他在北卡罗来纳州大学问题上退却的话，将以藐视法庭罪拘捕他。美国每年有 30 万人因吸烟而死于肺病和其他与吸烟有关的疾病，卡利法诺因此也变成了一个狂热地鼓吹禁烟的人。

如果失去了北卡罗来纳州或者肯塔基州，卡特竞选连任的希望将变得极其渺茫，而北卡罗来纳州州长对卡利法诺已经恨之入骨，叫嚷着应该撤他的职了。面对这种情况，卡特总统和他的白宫助手们有点坐不住了，但卡利法诺还在继续大刀阔斧地推进着自己的改革计划。白宫的气氛已经因卡利法诺的改革运动而异常紧张，不过卡特总统还没有明确要求卡利法诺放弃他的禁烟"圣战"。《纽约时报》对卡利法诺越是赞不绝口，在褊狭的北卡罗莱那和肯塔基，媒体对卡特政府也就越来越恼怒。

当卡特从卡利法诺推行的这场高调的运动中清醒过来，绝望地告诉北卡罗莱那的听众们说他的愿望只是"想使吸烟变得比现在更安全一点"时，总统与他所任命的这位官员之间的距离，一下子就变得遥远和荒谬了。

当卡特向人们许诺要建立一个单独的教育部的时候，两人之间的冲突又出现了第二个战场。卡利法诺在任职的第一年中，一直在旗帜鲜明地反对成立独立的教育部，认为新的独立的教育部将会屈服于教师联合会的政治压力，而不适合于推进广泛的教育目标。虽然卡特愿意就此事进行进一步的考虑和磋商，但是他的内心还是倾向于兑现他和全美教育协会都认为纯粹是个人意向的承诺。当卡特在1978年度国情咨文中正式向国会提出成立独立的教育部的时候，任何一个关心这个问题的人都知道，卡特正在履行一个连他自己的部长都公开认为是一个糟糕的主意的承诺。人们应该感谢卡利法诺，因为是他使他们弄明白了卡特的计划中所包含的各种各样的危险。

在一个信誓旦旦宣称要提高政府工作效率的内阁中，怎么会产生如此严重的内讧和混乱呢？首先，任命卡利法诺的前提就有问题。起初，也就是在任命前的谈话中，当选总统卡特说过：

"我将兑现我对美国人民的承诺,建立内阁制政府,内阁成员拥有真正的权力。"这种话意味着他的内阁部长们可以挑选他们自己的人马,按自己的意愿管理各自的部门。以卡利法诺和他的 HEW 部为例,他坚持向卡特要求,无论自己在 HEW 部想任命谁,都要有绝对的权力,而可以不理会白宫方面的任何建议和看法。

正如乔迪·鲍威尔后来所说,这或许就是致命的错误所在。"我的印象是他总是向前推进,再推进,直到他遇到反抗为止。"鲍威尔这样评价卡利法诺。随着时间的推移,卡利法诺变得越来越独断专行,卡特那帮人越来越难于抵挡他。鲍威尔回忆道,"想要制止他的这种独断专行越来越困难了,这不仅仅是因为卡特总统的软弱和姑息养奸,也因为要收回那些被卡利法诺认为已经归他所有的权力是很困难的。"这就是白宫当时的尴尬处境。对于这位卡利法诺部长,卡特总统一开始就没有用宪法赋予总统的权力来约束和管教他,而是听之任之。

卡特的错误就在于他提出了任何内阁部长都应该,或者能够,独立于任命他们的总统——也就是他自己,而自负其责。内阁成员应该与同样是由总统提名的联邦法官们不同,他们必须服从于总统的意志。公众不仅知道而且在心中也认为,美国政府奉行的是总统负责制。无论政府制定出的计划或者政策是什么,最后有拍板权的只有一个人,那就是他们选举出来的总统。

然而，卡利法诺却不这样看。"每一个内阁成员都应该有属于自己的势力范围，以便让他与总统之间保持一点点的距离。"卡利法诺后来在一本书中这样写道。这种距离能使总统"回避"一些敏感的问题，从而不受伤害。然而，就卡利法诺的禁烟运动和抵制成立独立的教育部这两件事而言，他的行为和总统的近期政治抱负——竞选连任，是完全背道而驰的。卡利法诺完全误解了他和总统之间的关系，他应该服从于总统的意志，而不应该自行其是。最终的结果是，卡特总统 1979 年要求他的 HEW 部长辞职。

像卡利法诺这样的内阁部长被解职是必然的，只不过是时间早晚的问题罢了。我们很难想象林登·约翰逊或者罗纳德·里根会纵容自己的下属公开执行偏离总统政治议程的政策。当连任竞选在即的时候，对于约翰逊和里根来说，也很难想象他们会不告诫自己的阁员千万要小心一些，否则随时都有可能把他们从所占据的高位上一脚踹下去，尽管此前他们可能冠冕堂皇地说过阁僚们可以"按自己的意思管理所属的部门"。这里还需要特别指出的是，在林登·约翰逊任总统的时候，如果有人敢与总统打硬球的话，总统的白宫主管——在约翰逊时期也就是乔·卡利法诺本人，一定会向他的老板建议教教那个家伙该如何玩这种游戏：那就是立即将他解职。

吉米·卡特无视**"让你的敌人站在你的前面"**这条古老的法

则,并最终为此付出了惨痛的代价。像大多数人一样,卡特倾向于疏远自己的那些潜在的敌人,而毫无疑问的是,这样做的后果是惨痛的。在通往椭圆形办公室的道路中,卡特虽然巧妙地将民主党内那些有权势者淘汰出局,却发现那些已经被淘汰出局的人依然自命不凡地站在边线上,挖他的墙角迎接他的垮台。他发现自己的政府不但毁于那些卷土重来的右派力量,同时也被那些曾经一贯支持民主党总统的力量给抛弃了。

为了能看得更清楚透彻一些,让我们来对比一下好了。里根把吉米·贝克放在了一个特殊的位置上,在那个位置上,贝克的利益必须和整个政府的利益一致,说确切点,就是必须和里根总统的利益一致。而卡特却给了卡利法诺建立自己的独立王国的自主权。他不但没有给这样一个久经沙场、以固执著称以及还与官僚系统有很深渊源的阁僚以必要的限制和约束,反倒给了卡利法诺绝对的自由和权限,这毫无疑问助长了卡利法诺独断专行的作风,也使得到了最后,除了卡特总统本人的直接命令以外,已经没有任何东西可以约束他了。

当然,造成卡特这样放任自流的原因也不能全怪他,历史也负有部分的责任。为了避免在白宫再产生一个尼克松时代的"宫廷卫士",卡特事先就已经声明自己不需要幕僚来指导内阁。这样做的后果就是,他剥夺了自己对下属各行政部门的工作进行日常管理的权力,而那些行政部门本来就相对独立松散、缺乏总统本人的亲自检查和指挥。由于形势的发展经常使总统很难亲自介入下属部门的运作，在这种情况下，必然就会产生巨大的权力真空。

例如，在 1978 年 2 月的时候，当时负责与各行政部门联系的白宫助理杰克·沃森曾经打电话给卡利法诺，告诉他总统在北卡罗来纳州所面临的政治危险。杰克·沃森告诫说，卡利法诺倡导的禁烟运动以及反对北卡州大学制度的举措，将可能导致卡特在下次大选中败北，并且告诉他说卡特总统本人想和他就这个问题谈谈。

几天以后的三月初，副总统蒙代尔邀请卡利法诺共进午餐。但是在午餐桌上，就在蒙代尔刚提出禁烟运动这个话题的时候，卡利法诺打断了他的话。卡利法诺警告蒙代尔说自己不能向他保证这次谈话的内容会得到保密。他告诉蒙代尔说，已经有新闻媒体追问他白宫是否因他所提倡的禁烟运动而和他进行了谈话或者施加了压力，而他在这一问题上的回答只能是"迄今为止还没有"，至于以后可不能担保。蒙代尔听了这番话，不得不打消自己先前的试图劝他停止那场运动的念头。

就这样，卡特总统被自己的内阁部长们给架空了，他似乎成了一个已经没有权力的总统了。他的一个内阁部长告诫他说他就那些有争议的问题——比如说禁烟——所发表的任何评论，都有可能被用来反对他自己。卡特发现，如果自己呼吁卡利法诺放弃他的禁烟运动的话，他肯定会遭到媒体的公开羞辱和耻笑的，他因此不得不忍耐着。而与此同时，卡利法诺也猜到了卡特的难处，因此他就把卡特的沉默看做是对自己推行的改革运动的认可；只要卡特本人没有直接给他发一道命令，他就可以照着自己所定的日程自行其是。

当吉米·卡特 1976 年底赢得大选开始组阁的时候，他从来没有深思过如何对付像卡利法诺这样的硬球手。他当时想的只是要尽力避免第二次"水门事件"的发生。为了避免尼克松时代白宫权力高度集中的那种专横、可怕的事情——那时候的白宫主管是绰号叫"鲍勃"的 H·R·霍尔德曼，他在白宫拥有一种危险的权威——吉米·卡特却走向了另外一个极端。他管理政府的首要原则似乎是"百花齐放，而不是一枝独秀。"

当吉米·卡特起用卡利法诺的时候，他遵循的是林登·约翰逊在任命埃德加·胡佛为联邦调查局局长的时候援用过的至理名言："宁愿让你的敌人站在你的帐篷内往外面撒尿，也不能让他们站在外边往帐篷里头撒尿。"

但是，这位佐治亚州人却忽略了那个伟大的得克萨斯人所援用的名言中一个不可分离的必然推论：

> 紧紧地拥抱你的朋友，但是你必须更紧地拥抱你的敌人，抱得他们足够紧，使得他们连移动一下都不可能。

"紧紧地拥抱你的朋友，但是你必须更紧地

拥抱你的敌人，抱得他们足够紧，使得他们连移动一下都不可能。"

这一训诫不仅适用于政治，在所有的领域都是金科玉律。不论你是干什么的，如果你想雇用最棒的人，请你务必要留意你的那些最强有力的敌人和对手。请你务必记住：才智就是才智，它不分敌友，无论你们今天的竞争是多么残酷激烈，但你永远也不要忘记，也许有一天你会需要你的敌人的帮助的。实际上，如果你不能和你的对手顺便在别的什么地方做点交易的话，这才是令人不可思议的呢。此外，雇用你的对手还能显示你的胆量和魄力。它不仅能够增强你的名望和决断力，而且往往还能削弱你的对手的势力。

当然，我们的本能冲动会使我们竭力回避那些和自己作对的人。毕竟，生活是短暂的，谁又愿意天天看着一张自己所憎恶的面孔呢？对于那些其生活的首要目的就是要让自己过得尽可能地快乐、尽可能地无忧无虑的人来说，这样的一种回避敌人的态度当然是再好不过了。然而，这种态度只是逃避权力而不是争取权力的灵丹妙药。

如果一个商人不能和他的竞争对手坐到一起讨论事情，那么他肯定算不上是一个精明的商人，因为他白白扔掉了一些黄金般的机会，不仅丢掉了能帮自己扩大财富的宝贵财源，也因此错失了非常有用的人际交往。在你的对手的公司里感到不自在，这并不会大大伤害你的体面，如果你连谈判桌旁边都不去，你就很难进行交易了。

一个坚强有力的领导人是绝不会拒绝通向对手的道路的。他们不但不会回避自己的敌人，高傲地宣称"我是不会搭理那些家伙的！"，相反，他们会重用他们，这样才能密切注视他们的企图，揣摩他们的感情并在心理上震慑住他们。特德·索伦森就见过约翰·肯尼迪是如何用这一招对付那些对他说三道四的政治评论家的。"当有人想攻击他的时候，肯尼迪总是让他的对手知道自己已经知道他的意图了。"

当然，约翰·肯尼迪没有必要把这一套教给蒂普·奥尼尔，因为后者同样精于此道。

在 1984 年的时候，我曾亲眼目睹这条令人震撼的**"让你的敌人站在你的前面"**的策略，是如何展示其威力的，那精彩的一幕至今还留在我的脑海里。那一幕就发生在当时的众议长的办公室里，在每日例行的新闻发布会开始的时候。那天，就像往常一样，众议长奥尼尔坐在自己那巨大的旋转椅子里，和其他的民主党领导人在等待着那些采访国会的新闻记者们蜂拥地挤进门来。

当时，民主党正陷在一场特殊的混乱中。得到众议长全力信任和支持的沃尔特·蒙代尔代表民主党参与总统角逐，想将现任总统里根从宝座上拉下来,结果却被打得落花流水、惨败而归。这样一来,很多民主党国会议员的席位似乎将岌岌可危了。因此,一些议员开始试探性地发出了微弱的呼声,要求更换民主党国会领导人。

这些潜在的、可能成为奥尼尔的挑战者中的一位,现在就坐在离奥尼尔很近的地方。就在我们听到大批的新闻记者正在朝着众议长的办公室门口涌来的时候,奥尼尔突然站了起来,环顾了一下四周,然后朝着那个企图挑战自己地位的人质问道:"你想取代我吗?"

这句话就像一记重拳突然击在太阳穴上,那个蠢蠢欲动的挑战者一下就晕了。"不,"他语无伦次、喃喃而语道,"不,我没有这个打算。"

就这样,在那些记者涌进来以前,一切都已经搞定了。

第六章

不要疯狂,不要扯平,而要向前推进

> 我的高尔夫球杆总是扔向我前进的方向。
>
> ——罗纳德·里根

1994年4月的一天,我站在南非开普敦一块宽敞开阔的空地上,看到成千上万的选民秩序井然地排成一条长龙,那长长的队伍一直从地平线的这一端延伸到目不可及的那一端。选民们一大早就赶到了这儿,在没有食品和饮料的情况下要苦苦等候几个小时,目的只是为了在南非共和国有史以来第一次所有种族都参与的全民选举中投下自己庄严的一票。

这一激动人心的民主尝试是选民们即将选举出来的总统——纳尔逊·曼德拉,终身追求的事业和信仰的明证。在监狱里煎熬了漫长的27年之后,纳尔逊·曼德拉对建立一个消灭种族歧视

第六章 不要疯狂，不要扯平，而要向前推进

的南非共和国的信念更加坚定了，他的斗争技巧和政治手法也更为娴熟巧妙、出类拔萃。为了这一他曾做出罕见牺牲的目标的最终实现，他拒绝进行以牙还牙、以眼还眼的复仇。

"我们的人民在过去的凄惨境遇，是任何语言都无法形容的，"他在大选前夜对公众慷慨陈词，"但是，现在，我们历尽千难万阻、苦苦追求的那一天终于到来了。让我们忘掉那些不堪回首的过去。让我们的手紧紧地握在一起。"

这位南非的新任领袖不仅拒绝报复这个国家以前的统治者们，相反，他承诺要致力于实现所有种族之间的和解与团结。他邀请他在漫长的牢狱生活中结下友谊的白人看守出席自己的就职典礼，用人类灿烂的笑容来为自己的承诺作见证。

> 尽管政坛以无休无止的权谋诡诈而闻名于世，但明智的政治家都懂得与对手合作、同化并任用自己的敌人。

尽管政坛以无休无止的权谋诡诈而闻名于世，但明智的政治家都懂得与对手合作、同化并任用自己的敌人。当这一计策在实践中行不通时，他们同样会像结交同盟时那样冷静、坚定地向前推进，集中精力加强自己的力量来击败对手，而不是像无头苍蝇似的盲目发起攻击。他们不做"高高在上"、无援无助的孤家寡人，相反，他们懂得要更进一步深挖战壕，要更广泛地结交同盟。他们不是想方设法地要削弱敌人，而是千方百计地壮大自身的力量。那些最专

注于达到自身目标的人必然会获得一种珍贵的副产品——有更大的能量去伸张公平正义。像罗纳德·里根这个罕见的高尔夫球手一样，他们的眼睛专注地盯着球，全神贯注地瞄准自己的目标。当被激怒时，他们把手中的高尔夫球杆扔向自己前进的方向，这样他们就可以在通往球洞的路上再把它找回来。

下面我们将看到，扯平要比疯狂好，而向前推进要比扯平更好。

弗朗西斯·帕特里克·苏利文在他的朋友中，堪称是这方面的一个传奇人物。就跟埃德加·艾伦·坡（**美国诗人、小说家、文艺评论家，现代侦探小说的创始人**）的《白葡萄酒之盔》中那个被逼上梁山的主人公一样，他一直忍受着别人对自己的伤害，但是，当他的对手转而凌辱他的时候，他终于忍无可忍，发誓要报仇雪恨。

在许多年中，苏利文一直雄心勃勃地渴望在国会山谋得一个显赫的工作。他的问题主要在于他为此而选择的途径。他认为如果能够在国会山周边多如牛毛的小酒馆和夜总会里遇到前来消遣的国会议员的话，他肯定能够凭借自己精彩动听的言辞和含蓄巧妙的恭维赢得他们的欢心。

在他的这一策略中存在一个很大的障碍。职业政治家通常都

第六章 不要疯狂,不要扯平,而要向前推进

公私分明,不喜欢把自己的私生活和公事搅在一起。他们不会和自己的下属一起去

> 职业政治家通常都公私分明,不喜欢把自己的私生活和公事搅在一起。

喝酒狂欢。同样,他们不会雇用某个自己头天晚上在烟雾缭绕、弥漫着杜松子酒香气的酒馆里结识的人。一个尊贵的国会议员在国会山附近某个破旧凌乱的低档酒馆和苏利文共饮了几杯啤酒之后,是不会痛快地接纳他这个往日曾经刺眼的外场棒球手的。况且,苏利文还存在另一大障碍,他有满腔的怨恨,仅仅是酒过两杯之后,他的抱怨和委屈就一股脑儿涌到了嘴边。

时间回溯到1974年,当时他在国会山一展头角的绝佳良机终于来了。他在紧邻华盛顿市的波托马克河边负责一项旨在进军众议院的竞选活动,并取得了很大成功。到正式的选举日之前,他总共筹集了8万美金的竞选资金,并招募了2000名左右的志愿者。他对这些新招募的志愿者所发出的战斗宣言既有乐观昂扬的色彩,又颇有百折不挠的气势。"要敢于去赢,敢于成功,敢于伟大,"他慷慨激昂地在台上说,"让我们为赫比的成功而努力。"(赫比是苏利文的老板赫柏特的昵称)

现在,即便是苏利文也低声地承认"赫比"并不是什么了不起的人物。但是,让我们面对事实,迷惑苏利文的并不是"赫比"堂堂的仪表,而是他看似远大的前程。毫无疑问,苏利文认

139

为自己这次是和一个大赢家在一起。

而最终的结果也证明,至少从选举角度看,赫比也确实是一个赢家。水门事件为他提供了千载难逢的机会,他如愿以偿地获得了一个原本是共和党人的席位。但是,在选举结果揭晓的第二天早晨,他就上演了一场过河拆桥的好戏。帕特里克·苏利文被冷酷无情地告知,他并不适合到国会议员办公室工作。那个功成名就的候选人,那个被苏利文看成是自己的庇护者的忘恩负义者,冷冷地说他不得不帮助苏利文"另谋高就"。

这一消息对苏利文来说无疑是晴天霹雳。遭到一个他开始并不怎么尊敬的人的抛弃和背叛,这一打击令他很长时间都回不过劲来。几乎有将近两年的时间,他日日饮酒买醉,在酒精中麻醉自己,向任何一个自己遇到的人倾箱倒箧地敞开心扉,痛心疾首地控诉赫比的阴谋诡计。随着日子一天又一天地流逝,他心中的愤懑和忧伤简直达到了一种荒谬可笑的地步,他给那位踌躇满志的新任议员寄去了一张圣诞贺卡,上面写着他"正在享受失业以来的第三个月份"。

在相当长一段时间内,苏利文就像你们所遇到的许多失意落魄的政坛败将一样,一味沉溺于往日的创伤而无法自拔。而且,比起一般的郁郁不得志者来说,苏利文的表现要更是变本加厉。每逢赫比想要募集资金时,他的这位前竞选主管总是千方百计地从中作梗,从而使得他的打算泡汤落空。他甚至变换了自己所属

第六章 不要疯狂，不要扯平，而要向前推进

的党派。尽管竞选活动和候选人如同走马灯一样来来去去，没有定数，但他出现在共和党阵营里则是确定无疑的。

最终，经过了 6 年的痛苦徘徊之后，苏利文看到了他的机会。有一天，他在阅读一份当地的周报的时候，偶然在报纸的角落里发现了一位正在与赫比竞争议员席位的候选人发布的招募助手的广告。帕特里克·苏利文见到这个广告欣喜若狂，他认为自己漫长的、暗无天日的、凄凄惨惨的政治冬天即将过去，出头的机会终于就要来临了。

那个候选人提出的竞选纲领是要使关于大麻种植的法律更加宽松。对此，苏利文依据自己的知识和经验，向她提供了自己的建议和忠告。对于这场竞选来说，重要的并不是抓住这样一个问题，而是提出这个问题的原因。对于苏利文投靠的这个候选人来说，她的竞选纲领能打动的主要是一些居住在当地那些高耸入云的公寓里的年轻人以及独身者。

那场竞选发生在 1980 年，那也是一个有不少重大问题笼罩着整个国家的年代，但是苏利文知道自己协助的这个候选人所在选区的选民们真正关心的是什么。在那个选区里，如果你以一个鲜明的反主流派的形象出现，成千上万一贯支持思想开放的民主党候选人的选民就会临阵倒戈，转而把选票投给你。

如果没有苏利文的鼎力相助的话，这个"大麻候选人"是绝对不可能脱颖而出、掀起任何波浪的，因为她对政治一窍不通。

当苏利文找到她去自荐的时候，那个女候选人还在为收集她的选区以外的选民们的签名支持而奔忙。

正是苏利文的新近加盟，使她梦寐以求的候选人资格成为现实。她终于成功地使自己的名字写到了选票上，并且得到了6,000张选票，虽然这个数字不足以使她赢得选举的最后胜利，但却刚好足以毁掉那个已在劫难逃的赫比，因为赫比以94票之差输给了另一个候选人。但是，要想将赫比真正置之死地的话，苏利文还需要在他的政治棺材盖上再牢牢地钉上最后一颗钉子。

当下一次国会大选临近，赫比想东山再起的时候，苏利文又出场了，要借此机会给他致命的一击，让他永远都不得翻身。

对于一个民主党候选人来说，这一年本来应该是一个非常幸运的选举年，因为美国经济正在陷入衰退中。人们猛烈地攻击里根总统，因为他削减了社会福利。美国绝大部分地区的选民们都有不满情绪，最后的选举结果就体现了他们这种不满心态，民主党夺得了改选的国会席位中的26席。但是，对赫比来说，非常不幸的是，他并没有在过去曾属于他的选区胜出。他的死敌苏利文再次成功地扮演了掠夺者的角色，从赫比的手中夺走了大量年轻的自由派分子的选票，而民主党人本来以为那些人的票是非他们莫属的。

苏利文这一次紧跟时代的潮流，找到了一个反对核试验的活跃分子，这个家伙同时也是一个彻头彻尾的地球环保主义者、一

第六章 不要疯狂,不要扯平,而要向前推进

个极力反对捕鲸的世界主义者。但是苏利文这次辅佐的新的马前卒并没有取得以前那个"大麻候选人"那样的战绩,他只得到了3,000张选票,不过,他成功地使赫比损失了500张选票。泥土纷纷洒落在赫比政治棺材的盖子上。

到了最后关头,这个越来越绝望的、曾经抛弃了苏利文的忘恩负义者,还拼命地试图做困兽之斗。在选举的前夜,赫比已经变得快歇斯底里了。在离投票还差几个小时的时候,有人邀请赫比参加由一个非常重要的市民团体资助的辩论会。令他感到心惊胆战的是,当他到会场时发觉是一场三方辩论会:他本人,一位共和党候选人(八年前在苏利文的帮助下,他曾经击败过这个家伙),以及苏利文现在帮助的那个反核主义者。

"先生,我想知道帕特里克·苏利文现在是否在为你工作,"赫比失控地尖叫了起来,"如果他在为你工作的话,你就要倒霉了!"

但是,苏利文的目标就快实现了——在政界彻底铲除这个背叛自己的家伙。在1982年国会选举揭晓之夜,当这个国家的其他民主党人都在为胜利而弹冠相庆的时候,苏利文给那个已经被彻底击垮了的赫比写了最后一封信:

"亲爱的前议员先生……"

帕特里克·苏利文的复仇故事是令人无比痛惜的。虽然他最终斩杀了无情背叛自己的那只大白眼狼,在欢呼雀跃中举起了酒

杯，但苏利文本人最清楚整个事件对他自己所造成的难以弥补的创伤。"八年来，赫比的身影一直牢牢地印在我的脑海里，无时无刻不在折磨着我的神经，现在，是他该为在我的脑子里免费住了八年而付出代价的时候了，"苏利文后来这样说。

苏利文的故事表明，人们为自己遭受的痛苦和屈辱所激发的复仇力量，会可悲地与那些抢劫银行的非凡犯罪天才相媲美——他们的抢劫计划在创意和灵感方面，往往要远远超过那些银行家建造自己银行的方案。

如果你在国会议员衣帽间里问任何一个议员，他怎样看待这一古老的做法——"不要疯狂，但要扯平"（这句话可以追溯到伊利诺伊州的国会参议员艾弗雷特·M·德克森），你会听到大家都深有体会的回答，"太不值得了"、"代价太昂贵了"、"浪费时间"、"真他妈耗不起"等等。就如马里兰州前州长马文·曼德尔所说的那样，"不要浪费你的生命盯着汽车上的反光镜。"

伊利诺伊州的唐·罗斯腾克斯基后来角逐过显赫的众议院拨款委员会主席一职，他有一次曾被一个记忆力惊人的"小人"所算计。事情起因于1968年，那时罗斯基（罗斯腾克斯基的昵称）眼看就要当上众议长了。罗斯基当时才40岁，但在国会已经有了长达10年的资历，在他所代表的芝加哥北部地区，无人能对

第六章　不要疯狂，不要扯平，而要向前推进

他的席位构成挑战。这是一种显赫的政治资本，人们戏称他为"前途不可限量的小男孩之一"，认为他属于那种似乎注定还会更上一层楼的众议员。

1968年的夏天，当民主党人汇集在芝加哥举行那次臭名昭著的全国大会的时候，罗斯腾克斯基那条通往众议长宝座的快车道突然来了一个大转弯。当时越南战争正打得如火如荼，成了所有美国人关注的焦点。在民主党全国大会会场的外边，在格兰特公园和芝加哥城的所有大街上，无数学生正在进行着一场声势浩大的反战游行。芝加哥的警察动用了警棍、高压水龙头以及催泪瓦斯，来驱散会场外的学生。

而在举行大会的宽敞明亮的大厅内，该市的市长理查德·J·戴利，也是这次大会的"老板"，却想装作什么事也没有发生一样。他以为，他负责的是政治，而不是外交政策。他关心的是这次大会的议程是否能很好地反映芝加哥的利益。

戴利市长从来没有想到过电视会有如此巨大的影响力。尽管有警察的层层保护，这座大厅还是不可能与外面正在进行的暴力完全隔离开，大会代表们从电视上了解了外面的一切。于是，他们开始指责戴利市长和他所采取的那些对待游行学生的粗暴手段。来自康涅狄格州的参议员亚伯拉罕·A·里比科夫站到了大会的主席台上，义愤填膺地谴责"芝加哥大街上的盖世太保暴行"。

就在里比科夫参议员声色俱厉地谴责那些法西斯暴行的时

候,台下的戴利市长和那些支持他的人开始大声地吼叫起来。现在,外面进一步升级的骚乱发出的种种尖叫声、哭喊声、警笛声、喇叭声已经穿透了大厅的玻璃窗传到了大厅里边,就像催泪瓦斯穿透你蒙在自己鼻子前的潮湿的手巾而进入你的鼻孔那样。戴利大声地叫喊着想把里比科夫参议员从主席台轰下来,同时挥舞着自己的一只手,做了一个切割脖子的手势,从电视转播的戴利的嘴唇动作来分析可以看出,他是嘟囔着骂出了一些含有种族主义色彩的脏话:"去你妈的,你这个犹太婊子养的!你这个下贱的不要脸的东西!你去死吧!"

眼前上演的这丑陋的一幕不仅仅激怒了西斯佐纳,林登·约翰逊总统也从电视上看到了大会场上的这幕丑剧,他怒气冲冲地从白宫打来了电话。很明显的是,这次大会的懦弱的主席——来自俄克拉荷马州的众议院多数党领袖卡尔·艾伯特,并不是一个有能力恢复已经乱成一锅粥的会场秩序的人。因此,即将下台的"跛脚鸭总统"林登·约翰逊要求由一个更强有力的人物来控制住失控的会场秩序。

罗斯基清楚地记得艾伯特接到总统电话时的情景。"他尴尬地把头转向我,好像叫我接电话。"是总统在让罗斯基采取措施恢复会场秩序。于是,罗斯基对艾伯特说了一些客套话以后,就坐到大会主席的位置上开始主持会议了。但罗斯基为此付出的代价是失去了另一个他更向往的位置。

第六章　不要疯狂，不要扯平，而要向前推进

三年以后，卡尔·艾伯特当选为众议长并对罗斯基展开了报复。当新的众议院多数党领袖推荐罗斯腾克斯基出任本党的督导员，也就是民主党在国会的第三号人物时，艾伯特议长冷淡地拒绝了这个提议，尽管已轮到罗斯腾克斯基接替这个位置了。最后，艾伯特议长推荐了奥尼尔出任督导员。

但是，艾伯特并没有就此罢手。几天以后，罗斯腾克斯基在竞选连任众议院民主党核心领导小组的主席一职的时候，居然被比他晚进众议院、比他资历更浅的、被人称为"老虎"的得克萨斯州议员奥林·L·迪格击败了。原因很简单，迪格得到了艾伯特议长的全力支持。

就这样，唐·罗斯腾克斯基失去了他在众议院的领导阶梯上的位置。几年以后，当回顾1968年度民主党全国大会上那令人难忘的一幕时，罗斯腾克斯基的一位朋友不无惋惜地抱怨说，"如果罗斯基当时能够闭上他的嘴的话，他现在肯定已经是众议长了。"

在运用"向前推进"这一游戏法则方面，有的人要高明巧妙、卓有成效得多。在下面我即将讲述的一个故事中，你可以看到一个高明的政治棒球手，是如何把别人的怠慢与刁难经过老练的处理，从而转变成脱颖而出、大展宏图的动力的。

1948年，在康涅狄格州的州长竞选中，民主党的候选人切斯特·鲍尔斯，就像该党的总统候选人哈里·杜鲁门那样，上演了一出反败为胜的好戏。在这场精彩的好戏中，没有人能比民主党康涅狄格州主席约翰·贝利更兴奋了。在整个竞选过程中，鲍尔斯遵循的都是贝利为他制定的竞选战略，最后，当鲍尔斯赢得选举的时候，精疲力竭的贝利如释重负地说道："这就是我整整两年为之辛劳奋斗的东西。"

　　但屈辱紧跟着胜利而来。第二年，康涅狄格州的一个联邦参议员辞职了，从而给该州留下了一个空缺席位。贝利明确地表示希望任命自己填补这个空缺，他的全部要求只是在1950年选举之前暂时占住那个席位；等到挑选正式的竞选候选人的时刻来临的时候，贝利将会很高兴地拱手让人的，因为他所追求的只是暂时填补这个空缺所带来的荣誉，而不是真正想从事这个职业。我们可以理解，贝利多么希望鲍尔斯州长对自己的付出有所回报。然而，鲍尔斯却选择了威廉·本顿填补这个空缺，这个家伙在同鲍尔斯合伙做广告生意的时候发了大财，并且他的家族渊源能够追溯到"五月花号"（"五月花号"是1620年英国一批清教徒到美洲时所乘的船，那批清教徒是英国在北美的最早的殖民者），但这个家伙却从来没有为康尼狄格州的民主党组织做过任何事。

　　贝利是一个爱尔兰裔天主教徒，他虽然对州长的无情回绝和过河拆桥感到愤愤不平，但他却将自己的失望和愤怒深深地埋在

第六章 不要疯狂，不要扯平，而要向前推进

心底，不让人看出来。数年以后，贝利这样对人说道："我猜想他是担心密歇根州和华盛顿的人会指责和嘲笑他提名一个二流的政客出任美国参议员。"其他人认为贝利有权否决鲍尔斯对本顿的提名，但是，他不愿伤害自己辛辛苦苦建立起来的政党组织。贝利反而做工作维护党内的团结与安定，平息了民主党骨干分子对鲍尔斯提名本顿的反对意见。当新上任的本顿参议员访问哈特福德（康涅狄格州首府）的时候，贝利还邀请他到自己家里做客并住在自己的家中。在以后的岁月中，他也一如既往地这样主动息事宁人。最后，贝利家族和本顿家族成了好朋友。

1954年，又到了康涅狄格州的民主党人推选州长候选人的时候了。曾担任了4年州长、在1950年谋求连任时遭到惨败的鲍尔斯，这次又积极努力想东山再起。康涅狄格州民主党主席贝利开始到全州巡视，要求民主党的官员们把他们倾向的候选人写在选票上，然后把选票扔进自己随身携带的一个小黑盒子里。贝利也写下了他的选择——阿贝·里比科夫（即上文提到的亚伯拉罕·里比科夫）。多年以后，每当人们问起那次党内选举的情况时，贝利总是简单地回答说："喔，阿贝赢得了大量的选票！"里比科夫随后开始了一段辉煌灿烂的政治生涯。他在州长的任上干得棒极了，后来又进入总统的内阁当部长，接着当选为美国参议员。如果说他在自己的清教徒血统中可能有什么欠缺的话，他却得到了一个爱尔兰裔人的真诚友谊，而这已足以弥补他的先天不足。

四年以后，鲍尔斯在他参加的最后一次竞选中，这次是竞选参议员，还是惨遭败绩，这次击败他的人是托马斯·J·多德，后者的竞选活动由于贝利刚刚结交的新盟友——爱丽·格拉索夫人在党内提名大会上的倒戈而取得了压倒性的胜利。作为一个自由主义者，这位未来的州长——爱丽·格拉索夫人，在人们的眼里本来是应当和鲍尔斯站在同一条阵线的。但是，她公开声明自己坚决支持多德，她的立场也明白无误地向每个人表明了作为康涅狄格州民主党主席贝利的立场。三年以后，也就是1961年，约翰·贝利随着新当选的总统约翰·F·肯尼迪到华盛顿走马上任，担任民主党全国委员会主席。

　　当人们问起贝利早期的挫折对他有什么影响的时候，那些最接近贝利的人都异口同声地说，失掉那次出任参议员的机会是他曾经有过的最好的经历了。"如果他在40年代就得到那样高的荣誉的话，他现在可能早就不再努力了，"他的一个亲戚说道，"相反，在受到那次挫折以后，他为自己确立了一个更高的目标，这个目标也改变了他的整个人生。"

　　规则：你一定要时时刻刻盯着你的目标。不断地积蓄力量，这样，公正地补偿你所遭受到的不公平待遇的机遇才会降临到你的身上。

> 你一定要时时刻刻盯着你的目标。不断地积蓄力量，这样，公正地补偿你所遭受到的不公平待遇的机遇才会降临到你的身上。

当然，

这需要你花费无数的心血以及也是最重要的——时间。

作为一个非常高尚的人，约翰·贝利并没有心胸狭隘、费尽心机地报复自己的敌人，但是，他在如何与自己的敌人打交道方面却给我们上了非常精彩的一课。他不但没有被别人的不公正对待所削弱，反而被那种不公正对待所提升和壮大了。他没有苛刻地攻击和谩骂自己的敌人，只是远远地把他甩在后面并变得越来越比他强大。

对于权力场上的公平正义与睚眦必报之间的界线，约翰·肯尼迪也知道得十分清楚。

> 死于嫉妒的人要比死于癌症的人多。

当他第一次竞选公职的时候，他总是随身带着一本活页书，里头写满了形形色色的箴言和谚语。其中有一条就是他的父亲说的："死于嫉妒的人要比死于癌症的人多。"

约翰·肯尼迪从他的父亲那里学到了一种来之不易的智慧。"他也许会奖励自己的敌人，"特德·索伦森用一种讽刺的口吻回忆道，"但是他绝不会忘记1948年哪些百货公司的橱窗上不愿张贴他的海报。"

肯尼迪在国会中的继任者，蒂普·奥尼尔，也是精于此道的高手。1980年,一个名叫约翰·勒布蒂耶的富有的社会名流被选进国会,作为纽约长岛大盖茨比地区的代表。他之所以能赢得选举的胜利,有两样东西是功不可没的:当地的共和党竞选组织的鼎力相助和一大笔数目惊人的竞选基金。有了这些做后盾,勒布蒂耶似乎应该能够稳坐这个位子并更上一层楼了。

但是,在他任期的早些时候,他犯下了一个小小的错误。有一次,他在纽约州的一次共和党大会上作了一个演讲,他在演说中把众议院议长托马斯·蒂普·奥尼尔说成是一个"大腹便便、不可一世和无法控制的家伙,就像现在的联邦预算一样。"那天是星期六,通常来说这一天的消息总是传播得很慢的。但是,无孔不入的新闻记者们还是捕捉到了这一条消息。哥伦比亚广播公司的著名节目主持人鲍勃·谢弗甚至在CBS的新闻栏目中宣读了这一演讲。

这条消息传播开以后,许多人对勒布蒂耶这种公然侮辱议长、议长办公室以及由议长所主持的众议院的行为感到怒不可遏。可是,众议长本人对此却没有多说什么。当有人问起他对这个如此恶毒地公开讥讽他的人有什么想法的时候,他的话是那么冷静而不露形迹:"我本来是对他一无所知的。"

在这一事件发生两年后,民主党议员举行了一次讨论筹集竞选资金的会议来"加热"蒂普·奥尼尔。在会上发表讲话的人之一是罗伯特·J·姆拉泽克众议员,他在最近刚刚结束的选举中击败了勒布蒂耶。"有一段时间,我真不知道我们该去哪里弄那么一大笔钱来进行一次声势不凡的竞选,"他说道,"可是,离选举日只有三周的时候,不知道是什么原因,大笔大笔的钱就开始朝我们涌来,从芝加哥,从每一个地方,向我们涌来。"显然,那些捐款者中很多人以前从来没有听说过鲍勃·姆拉泽克。他们本来对他是一无所知的。他们给他捐款只是希望让一张信口雌黄、出言不逊的嘴闭上。

此后不久,一位显然很富有的年轻人独自一人在华盛顿的一家餐馆就餐。他发现众议长奥尼尔就坐在离他不远处的另一张餐桌旁,于是他让服务员给议长送去了一瓶葡萄酒,几分钟后,自己也走到了众议长的餐桌边。"我只是想向你问好,"他说,"我就是约翰·勒布蒂耶。我想,你比我原来想象的要受人欢迎得多。"

在运用或误用自己的愤怒这一学问方面,奥尼尔的继任者却尝到了一个比较苦涩的教训。

1995年底,比尔·克林顿陷入了与国会中的多数党——共和党进行的一场令人厌恶的拔河比赛中。这位民主党总统想要保住他的政党半个世纪以来一直苦心经营的社会福利"安全网",但是,新当选的众议长纽特·金里奇却不这么认为。

这场肮脏的拔河比赛最终导致了臭名昭著的"政府停工"（由于总统与众议院在新财政年度预算上陷入僵局，政府得不到拨款给雇员发工资，只好暂时停止工作）。联邦政府所有的雇员都被打发回家了。博物馆和其他公益建筑和场所也都被迫关闭了。而最为恼火的是那些已经退休的人，因为他们担心自己的社会保障金就要泡汤了。现在，摆在美国人民面前的最大问题是：他们到底该谴责谁，是指责主张削减联邦预算的共和党呢，还是谴责一边声称"我感受到了你们的痛苦"一边却挥舞否决权大棒的比尔·克林顿总统？

在一次同记者见面的早餐会上，金里奇议长自己揭开了这场拉锯战的谜底。他说出了他与总统对峙的个人动机。在不久前他们共同乘坐总统专机"空军一号"前往以色列参加遇刺身亡的以色列总理伊扎克·拉宾的葬礼时，克林顿总统显得很高傲，不搭理他，并且，更为可气的是，克林顿居然让他这个众议院议长从飞机的后部走下舷梯。

"他们最基本的礼貌到哪里去了？"金里奇对着那些喜欢添油加醋、嘴里正大嚼着腊肉和鸡蛋的记者愤愤不平地抱怨道，"他们难道就这么没有教养吗？"

正是由于金里奇这番话，第二天的报纸上对这次政府被迫关闭的原因就有了一个现成的解释。真是令人啼笑皆非，导致这个世界上最有活力的政府关闭的原因并不是什么意识形态的冲突，也不是因为什么财政政策，而是因为一个男人——众议长金里奇，出于自私心理对克林顿的私人报复。

"哭泣的宝贝！"《纽约每日新闻报》以头版头条发表了一篇著名的评论，标题的下面是一幅醒目的讽刺画：金里奇议长裹在尿布中，正在号啕大哭着。"纽特的愤怒：他之所以要关闭政府，是因为克林顿让他坐在了'空军一号'的后部。"

不要疯狂，不要扯平，而要向前推进！

第七章

对任何飞来之箭,都要一一反击

> 如果你对某个人找不出什么好听的话来说,那就坐到我的旁边来吧。
> ——爱丽丝·罗斯福·朗沃斯

1992年,比尔·克林顿在他的总统竞选政策中引入了一种"新式武器"——建立迎战委员会。这个机构的主要任务就是要迎接冲克林顿而来的各种攻击性炸弹,并一一反击。那些攻击性炸弹可能涉及各个方面,其中有的是针对他有逃避越战征兵的记录,有的是针对他曾经吸食大麻,还有的则是针对他桃色事件不断的历史而指控他最近与某位女子有染。

这个迎战委员会里年轻有为的司令官,正是鼎鼎有名的乔治·斯特凡诺普洛斯。他深知一个总统候选人如果老老实实地坐在那里,听凭他的政敌们在自己身上找出各种可怕的事情,肆意

第七章 对任何飞来之箭，都要一一反击

进行攻击，他是何等脆弱，何等易受伤害。

四年前的 1988 年，乔治·斯特凡诺普洛斯曾经在民主党提名的总统候选人迈克尔·杜卡基斯的竞选委员会中做助手。在那个乱糟糟的夏天，他的这个希腊裔美国同胞以美国政治舞台上一个最质朴的形象出现在美国人民面前。其他各州州长一直都认为他是他们之中最优秀的人，认为他从来都不像其他的共和党人或者民主党人那样喜欢高谈阔论，夸夸其谈；相反，他是一个坚定务实的温和派。在对内政策方面，人们一直认为他在财政政策上简直是一个守财奴，也就是波士顿人经常说的那种把钱当做下水道盖子，只有在非要不可的时候才拿去堵窟窿的人。这种在社会开支政策上脚踏实地的务实作风，正是帮助他 1978 年成功地击败自己的对手而连任州长的一个关键因素。

杜卡基斯作为一个充满干劲的实干家所赢得的巨大名声，为他参加 1988 年的全国竞选增加了很大的筹码。这一点让乔治·布什的顾问们大为震惊。在后来他面临的民主党总统候选人提名的激烈竞争中，他的名声又帮了他的大忙。每一个星期二，随着他在一场又一场的党内预选投票中击败杰西·杰克逊，这个第二代希腊裔美国人在那些举足轻重的美国选民眼中的形象越来越好。要知道，那一批选民正是在 1980 年和 1984 年投票给罗纳德·里根的民主党拥护者，他们大都属于中产阶级。

震惊之余，布什竞选委员会的人立刻剖析杜卡基斯现象，他

们研究的仔细程度一点都不亚于一个中学的生物课学生解剖一只青蛙。他们先是拉了一批保守的民主党选民,让他们组成一个"核心集团",聚集在新泽西州的帕拉姆斯镇。然后调查原因,问他们为什么原来是投罗纳德·里根的票的,而现在却转而准备投迈克尔·杜卡基斯的票了。竞选委员会的助手们听到的解释让他们震惊不已。因为那些"里根派民主党人"不但喜欢迈克尔·杜卡基斯,他们甚至认为他比共和党的乔治·布什更加保守。从任何一方面而言,无论是他们所听到的,还是他们所看到的,这个马萨诸塞州州长在控制毒品向相邻各州传播方面的手段比副总统更加强硬。

尽管选民们的这个裁决令人措手不及,布什的竞选班子还是不懈地进行努力,试图找到一线机会。他们又向这一批新泽西选民问了另外一个问题。你们对马萨诸塞州的一项特别政策熟悉吗?这项政策允许监狱囚犯有周末休假,连谋杀犯都有休假。你们是否知道,杜卡基斯作为一州之长,曾经拒绝签署一项旨在要求教师带领学生遵守宣誓效忠美国的法案?

帕拉姆斯"核心集团"的选民们脑袋里灌满了有关杜卡基斯过去的甜言蜜语,但他们中有一半的人立刻改变了主意。他们再也不可能支持这个马萨诸塞州的州长了,而在几分钟之前他们还把他当做一个脚踏实地的温和派。有一个妇女甚至当场就情不自禁地高喊道:"他是一个自由主义者!"

当看到这个有关新泽西"核心集团"情况的录像带时，布什一改自己刻板拘谨的形象，瞬间把自己变成了一个狂热的硬式棒球手，用一切手段达到自己的目的。顷刻之间，他才思泉涌，滔滔不绝地发表演讲，将一枚枚滚烫的炸弹扔向对手，极尽所能把对方刻画成一个滑稽的州长，那位州长站在监狱的门口，向所有的囚犯一一道别，并祝他们周末过得愉快。

这个方法非常奏效。布什的助手们利用杜卡基斯的囚犯休假政策和否决效忠法案事件，成功地改变了杜卡基斯原有的良好形象，使他由一个脚踏实地的实干家变成了一个极端的自由主义者。即便是那些从来都没有听说过监狱囚犯休假政策的人也立刻对威利·霍顿这个人耳熟能详，知道他是马萨诸塞州的谋杀犯，曾经利用该州的囚犯周末休假期间实施强奸并杀害了马里兰州的一对夫妇。

布什方面的力量正是借助了囚犯周末休假事件给公众一个印象，使得杜卡基斯显得在对付犯罪方面软弱无力，又通过效忠法案事件将他描绘成一个在国防方面软弱和不可靠的人。布什竞选委员会主席李·阿特沃特和媒体宣传策划人罗杰·艾尔斯达到了他们的目的，他们将民主党总统候选人定位为一个"与爱德华·肯尼迪和蒂普·奥尼尔同出一州的人，一个冷若冰霜、开支庞大、税收繁多的自由主义者。"

布什方面的攻击所产生的力量，甚至比他们预料的还更加具有颠覆性。迈克尔·杜卡基斯在人们的眼里不仅仅成了一个极端的自由主义者,而且是一个政治分裂分子。他被描绘成一个在政治主流文化中跟大多数美国人持完全不同价值观的人。《新闻周刊》在提及杜卡基斯的时候,总是将这位民主党候选人的负面定位称之为"迈克尔·杜卡基斯的非美国化"。

1988年总统选举进行的五天前,迈克尔·杜卡基斯在费城郊区一个中学的集会上发表演讲,当时有人要求杜卡基斯说一点政治方面的忠告。提问者是一个年仅九岁的学生,他说在不久将要进行的辩论中自己被指定要扮演杜卡基斯的角色,那么,作为一个真正的候选人,有什么建议吗?

这位绝望的候选人刻薄地反应道,"对别人的攻击立刻反击,不要给他们任何一丝成功的机会。"

> 对别人的攻击立刻反击,不要给他们任何一丝成功的机会。

这的确是一个非常有价值的忠告,它充分说明了几个月前杜卡基斯的策略失败的原因。

1988年6月,一位右翼批评家到处散布谣言,说杜卡基斯正在因为情绪低落接受治疗。杜卡基斯的本能反应是声称医生对病人的情况有拒绝泄露的权利,这样反而让人们觉得他躲躲闪闪,其中似乎有什么隐情。而当共和党人拿囚犯休假事件来攻击他的时候，他不合时宜地将这个过错推到了一个已经在 14 年前就离任的共和党前任身上去，所找的托词显得苍白无力。在布什方面的人将效忠法案事件弄得沸沸扬扬的时候，杜卡基斯却用法律条文来为自己辩解，他的一个助手称之为"像一年级法律专业学生引用条文一样"。

迈克尔·杜卡基斯完全低估了针对他的这些谴责所带来的对人们心理的影响力。直到事后，杜卡基斯竞选委员会的人才充分意识到自己的错误所在，知道自己为什么失败了。杜卡基斯州长最信任的助手约翰·萨索意识到竞选失败的全部原因已超出了策略的范围。几个月以后，约翰承认，他们真正的错误就在于没有认识到布什对杜卡基斯的攻击里面价值观所起的巨大作用。"许多事情所产生的影响远远超过了它们本身。任何事情都包含了某种信息，它们承载着个人的价值观、个人的信仰、力量、个人的性格，甚至承载了领导艺术的格调。我们的候选人就是在价值观这个问题上遭到了重创。迈克尔·杜卡基斯的父亲在说到对祖国的热爱时总是不禁热泪盈眶，谁会想到他的儿子居然会被认为缺乏爱国主义精神呢？这简直让人做梦都没有想到。"

对任何飞来之箭，都要一一反击。

在这场硬球比赛中，杜卡基斯为了打破固

> 对任何一个谎言如果置之不理的话，24 个小时之内它就会变成真理。

有规则付出了惨重的代价。威利·布朗曾经说过,"在这个疯狂的游戏中,对任何一个谎言如果置之不理的话,24个小时之内它就会变成了真理。至少在我们这个时代如此。"威利·布朗当时是加利福尼亚州议会议长,现在是旧金山市市长。

共和党媒体宣传策划人罗杰·艾尔斯曾经在理查德·尼克松和罗纳德·里根两届政府任过职。为了彻底结束杜卡基斯的政治生命,他精心策划了一系列的电视广告不断播放,给人们留下了深刻的印象。其中的一则商业广告是杜卡基斯录像带中的一个特写镜头,但是把它荒诞化了。广告中的这位民主党总统候选人头戴钢盔,在美国军队的坦克上游行抗议。这不禁让观众想起了史奴比(漫画家舒尔茨创作的小狗形象)装模作样冒充空战英雄红色男爵的情景。

但是艾尔斯的第二个广告就远没有这么幽默滑稽了。它采用了粒面的黑白电影胶片摄制,刻意模仿新闻纪录片形式,画面上是一群囚犯们一次又一次不停地穿过一个旋转门。

"迈克尔·杜卡基斯州长否决了要求强制判决毒品贩卖者的提案",选民们不断地听到这样严正的指控。"他还否决了执行死刑制度。他执行的'旋转门'监狱政策使得那些根本不适合假释的谋杀犯也有机会享受到了周末的休假。有268个罪犯因此而逃跑了。还有许多的罪犯仍然逍遥法外。这些罪犯在逃过程中,有许多又犯了其他的罪,强奸的,抢劫的,许多罪犯仍然不能绳之

第七章 对任何飞来之箭，都要一一反击

以法。现在，迈克尔·杜卡基斯还在说他希望把自己在马萨诸塞州的许多做法在全美国都推行。美国可冒不起这个险。"

尽管杜卡基斯的形象已经被描述成一个假慈悲的自由主义者，但是他本人拒绝反击这种做法，也没有为自己辩护。在与布什进行的最后一次电视辩论中，有人问杜卡基斯，如果有人强奸并且杀害了您的妻子的话，您是否会反过来支持恢复死刑制度呢？这位民主党的总统候选人给出了否定的回答后就再也没有理会这个话题。在众多的美国听众面前，他又一次加强了自己原有的形象。他是一个温和的精英人物，他所受的教育，使他这样的一个人是不会去惩罚坏人的。事实上，他的话听起来给人的感觉就是，他实在是一个好人，一定会给谋杀犯时间，让他们在周末的时候走出监狱去度假的。

乔治·斯特凡诺普洛斯已经注意到了杜卡基斯的对手对他所玩的一切花样，也完全看到了在1988年那个糟糕的夏天和秋天杜卡基斯的人是如何就这么眼睁睁地听之任之的。"在我到那里的时候，我们还比对方领先17个百分点。紧接着布什的夏季大进攻开始了。布什竞选委员会的人在李·阿特沃特的领导之下，开始了一场有计划的持久攻坚战，他们毫不留情地抨击杜卡基斯州长以前的执政记录，对他展开人身攻击，抨击他的性格缺陷。休假制度啦，宣誓效忠法案问题啦，国旗问题啦，等等，都成为他们攻击的目标。到了8月份共和党的党内提名大会时，我们原

来领先的百分点已经完全丧失了。我们的候选人已经成为讽刺漫画的一个主角，而整个竞选委员会人员的工作至此也就完全结束了。"在1988年11月8日，布什以54%对46%的成绩完全击败了杜卡基斯，选票比后者整整多出8个百分点。在选择谁作为美国的下一届总统时，有四分之一的选区改变了主意，改投了布什的票。

四年以后，在斯特凡诺普洛斯又为比尔·克林顿工作的时候，他已经充分认识到对于别人的任何指责如果置之不理的话，后果将会是多么致命。他后来解释道，"建立这个迎战委员会的主要目的不仅仅是为了回击来自共和党方面的攻击，它的目的是为了能够更快地进行回击，甚至在这些攻击的言论播出或者是出版之前，在这些所谓报道的导语还在记者的脑子里晃动，没有成为文字之前就迅速做出反应。我们的主要目标就是要确保没有任何指责会在我们置之不理的情况下就公布于众了。"

克劳德·佩珀出生于20世纪的第一个年头，一直在国会中任职到这个世纪末。这位美国国会中最老的议员也有不少的故事可讲。但不幸的是，他最令人惊讶的故事却是一个他以难忘的方式获得的教训。他是同杜卡基斯有着同样遭遇的政治家，同样通过自己的经历明白了对那些不真实的攻击性言语不理不睬有多么

第七章　对任何飞来之箭，都要一一反击

愚蠢，这个教训让他终生悔恨不已。

许多人在回忆起佩珀时，都认为他是一个为美国老年公民利益奔走的当代十字军战士。在"灰豹党人"（**美国老年人维护其权利的激进组织的俗称**）集会上和其他一些批判那些敢于篡改社会保险政策的人的美国老年公民聚会上，他那张饱经风霜的脸早就已经被人们所熟悉。里根总统的一个助手在《时代》周刊上发表评论时就曾经说过，能够真正让里根重视的人只有两个，"一个是蒂普·奥尼尔，另外一个就是那个来自佛罗里达的一直喋喋不休谈论社会保险政策的国会众议员。"

我仍然记得自己参加 1982 年一个招待会的情景。当时的那个招待会是专门为新当选的众议院议员召开的。就在那些眼睛闪着亮光的新当选议员手挽着自己的伴侣亲切交谈着，不停地在国会山的雷伯恩大厅里好奇地东张西望的时候，有的人却停下来恭敬地听一个跟他们打招呼的人的高谈阔论，要知道，这个人早在雷伯恩还没有就任美国参议院议长的时候就已经在美国国会中待了许多年了。克劳德·佩珀正在跟一个来自长岛的新议员谈论当年是如何采取措施让美国参与到第二次世界大战中去的。他在卖弄自己的经验。正是"佩珀计划"与美国当时的中立主义进行了调和和妥协，使得我们国家能够给予英国以直接的援助。

克劳德·佩珀在国会的政治生涯横跨了 30 多年。事实上他当时在国会中所从事的已经是他的第二份工作了。他的政治生涯

开始于1936年罗斯福新政时期，明显的结束时间是在1950年他失去参议院议员位子的时候。

回顾1950年佛罗里达州的民主党党内预选的时候，大部分政治家们一致认为那是历史上最为丑恶肮脏的一幕。那就是当时声名狼藉的"赤色佩珀"运动，在那个运动中依然身居要职的参议员佩珀被刻画成一个被斯大林愚弄了的傻瓜，是自由资本主义企业的敌人。尽管他被扣上了"赤色分子"的帽子被谴责，对手也仍然没有停止他们的攻击。这些话现在听起来有些荒谬，但是指责的理由却表明对手又多么地险恶。"整个华盛顿都知道佩珀是一个无耻的'吃里扒外者'""佩珀有一个姐姐以前曾经是演员"，"佩珀在结婚以前一直过着禁欲的生活"。诸如此类的话就如爆竹一般在整个国家中处处响起。

那一年，有7个美国参议员在竞选连任的时候遭到了失败。他们每一个人都是在对把自己涂成鲜红色的刷子还没有准备的时候，就已经身败名裂，整个政治生涯就终结了。佩珀是这一批人当中第一个被赶下来的，他在5月份的党内预选中就失败了，而他始终没有对攻击他的言论进行回击。这是他所记得的最为生动的例子和教训之一。他是被戴上赤色分子帽子而遭到陷害的第一个受害者，也是最没有准备、最没有任何预料和提防的一个。

坐在国会大厦第三层那间装饰着枝形吊灯的办公室里，佩珀跟我谈起了那场"赤色佩珀运动"。他谈到了那个时候自己的竞

第七章 对任何飞来之箭，都要一一反击

争对手乔治·A·斯马瑟斯以及他当时运用的策略。他情不自禁地再一次重复着自己当时对那些谴责应该做出怎样的反应。"我一次又一次地想起那场运动，经常想那个时候我本来应该做些什么来回击。"36年后他说起那场运动时，脸上露出的表情总是若有所思，如同福尔摩斯在绞尽脑汁破一个拖了很长时间的棘手的案子。

问题的大部分出在时机上。那个后来被称为麦卡锡主义的名词在当时的一次党内预选中首次被提了出来。那一年其他所有被选为参议员的人都无一例外地在最后的大选中受到了这个问题的挑战。事实上，"赤色佩珀运动"只是后来这些大崩溃的一个序幕，一个例子而已。

佩珀所碰到的对手又是一个意外。乔治·斯马瑟斯曾经在1938年佩珀的竞选委员会中负责过。而后来佩珀又帮助他成为其所在地区的一个助理律师。后来，到了1945年时，佩珀要求当时的司法部长汤姆·克拉克将斯马瑟斯提拔为助手。也正是这次任命，使得他从美国的海军陆战队中提前退伍。

斯马瑟斯为了得到这次提拔和任命曾想方设法活动，这些是他在为自己吹嘘时最不愿意提及的事情之一。佩珀还清楚地记得当时的情景。那是1945年的6月份，当时第二次世界大战的炮火仍然在太平洋上绵延不断，这个年轻人来找他了。"三个星期里他一次又一次地来纠缠不休，反复恳求我。他想离开军队，这

样的话汤姆·克拉克才会任命他为美国司法部长助理。后来斯马瑟斯最终如愿以偿从海军陆战队中退役的时候，他的妈妈写信给我说'感谢上帝，有克劳德·佩珀这样的人在。'"

佩珀作为斯马瑟斯的领路人，对后者的帮助还不仅仅是这些。在1946年斯马瑟斯竞选众议院议员时，他被认为是"佩珀式的候选人"，一个典型的保守派。当他问这位参议员面对谴责该如何应对时，佩珀忠告自己这位年轻的同事说："他们只是企图将胡椒粉撒到人们的眼睛里而已。"斯马瑟斯非常热切地接受了这个建议。

就在佩珀推动着斯马瑟斯往事业顶端走的时候，美国当时最有影响力的利益集团对佩珀越来越不满。因为这位议员支持最低工资立法法案，支持国家健康保险，反对当时被认为共和党议员应该提出的税收减免提案。那些利益集团正在酝酿着一场声势浩大的竞选战，以挫败正在争取1950年连任的佩珀。就在这个时候，他们找到了能够将这场运动发动起来的最佳人选——乔治·斯马瑟斯。

斯马瑟斯立刻就开始了攻击。"他们出其不意地攻击了我，这让我惊讶不已。"几乎是过了40多年以后，佩珀在回忆这件事情时仍然感慨不已。"我做梦都没有想到竞选活动的本质是这样的——胜利与否在于你说服别人的嘴皮能力。"即便在党内预选前两个月佩珀开始自己的竞选活动时，他还是没有意识到自己已

第七章 对任何飞来之箭，都要一一反击

经遭受了怎样的损失。"我当时仍然没有意识到问题的严重性，"佩珀后悔不已地说。

最终，佩珀自己也不知不觉地成为那场玩弄卑鄙手段的运动的帮凶。在当时的美国南方，还有一个更加致命的武器，对于任何人而言，这个武器只不过是一个怎样拿来武装自己和在什么恰当的时候引爆的问题。

一天晚上，佩珀参议员刚刚在利兹堡发表完演讲，他正从户外的演讲台上走下来，那个演讲台是他的支持者们为他搭建的。就在这个时候，有一个男子从人群中拼命地挤出来，伸出手来握住他的手。这张他同这个男子握手的照片很快就在第二天的《奥兰多守卫者》报纸上刊登出来，占了报纸整整半个版面，原因很简单，那个男子是一名黑人。当时的佛罗里达州还在实行种族隔离政策，这样一张反映一个重要的白人政治家同黑人支持者握手的照片在当时相当于一张宣布他的政治生命终结的判决书。"那张照片非常致命，"佩珀回忆说。直到后来他才知道，那个人是当地一家剧院的看门人，有人雇用他来故意站在那里，等待机会当参议员从演讲台上走下来的时候去握住他的手，他要尽可能长时间地握住他的手，一直到照相机的闪光灯亮了以后才放手。

但是真正给他致命一击的是对他有亲布尔什维克倾向的指控。党内初选即将进行的前三天是一个星期天，这位在任的议员意识到了这一天在他政治生涯中的分量。就在他刚刚走出教堂的时候，一位妇女递给他一本小册子看，这是她那天早上刚刚在教堂门口收到的。上面的大题目是：佩珀议员的赤色记录。此后的几个小时里，成千上万份这样的宣传册子被用卡车拉着散发到了全国各地。等到佩珀的竞选委员会意识到发生了什么事情的时候，已经太迟了，局面已经无法挽回了。

在回首往事的时候，佩珀认为自己的整个竞选政策都有漏洞，认为自己的竞选委员会"犯的每一个错误都让对手有机可乘"。

第一个错误就在于，对于每一个针对他的指控，他们没有针锋相对地予以反击。"我一直遵守着这样的规则，在抨击对方时，从来不提到对手的名字。在竞选中我的策略就跟去应聘一份工作一样，总是明明白白地告诉人们我的想法，告诉他们我将来一定会胜任这份工作，而从来不正面提及其他的竞争对手。"问题在于，虽然佩珀从来不讲自己竞争对手的任何坏话，但是选民们却从他的竞争对手和他的政敌那里听到了太多有关他的坏话。就是因为拒绝对所有对他的指控进行反击，也没有去攻击那些指控他的人自身的信誉度，他给了那些长期支持他的选民一个错误的印象和错误的看法。

佩珀现在已经意识到，他当时最好的策略就是应该先下手为强，把他所知道的有关斯马瑟斯的一切对选民和盘托出，给他致命一击。在他的竞争对手对他发出"叛国者"的指控时，他就应该对这个自己以前的受保护人进行回击，揭露他说的是谎言，告诉人们他是一个怎样忘恩负义的小人。"我当时就应该说，'如果他能够这样出卖一个朋友，他将来也一定会同样出卖你。'"佩珀相信，如果当时自己把斯马瑟斯是如何为了在战后的政治舞台上占有一席之地不择手段从海军陆战队退役以获取司法部职位的事情公布于众，告诉人们这个无耻的竞争对手才是一个超级叛国者，斯马瑟斯一定会因此而身败名裂。

当时佩珀对毁灭他的指控哪怕是稍微进行一下回击的话，那场所谓的"赤色佩珀"的运动就不可能得逞。然而，不幸的是，佩珀没有任何反击。这场运动成为一个模式，一个例子，尤其是对于美洲大陆另一端的那些雄心勃勃的候选人而言，这种运动成为一个最好的攻击手段。

1950年下半年，形势越来越明显了。加利福尼亚的一名年轻的国会议员仔细研究了斯马瑟斯发起的这场运动，并将这一手段进一步完善后付诸实施。理查德·尼克松授予他的竞争对手众议员海伦·G·道格拉斯一个新的称号"粉红色夫人"。尼克松竞选委员会的人印发了一份宣传小册子，在上面将道格拉斯的选票记录与纽约市激进的众议员维多·马尔坎托尼奥的选票记录相提并论。几年以后，这份被称为"粉红色传单"的文件使得尼克松在全国的自由派中为人所不齿。但是像在佛罗里达州6个月前一样，这样的攻击产生了作用。而尼克松也因此开始了他的议员生涯。

如果有人作出了不公正的指责，被指责的受害者就应该承担起为自己洗刷罪名

> 大多数人都会认为，如果出现了一个故事，而没有任何人对此作出反击的话，这个故事就一定是真的。

的责任。要知道，在当今这个存在着 24 小时新闻直播的时代，一则诋毁人的小道消息有可能在几分钟之内就传得沸沸扬扬。任何消息和故事，尤其是那些有关一个人非正面的消息，都会变成一场电子风暴，以光一样的速度向四面八方传播开来。经验告诉我们，大多数人都会认为，如果出现了一个故事，而没有任何人对此作出反击的话，这个故事就一定是真的。

幸运的是，有多少种攻击的手段，就有多少种进行防御和反击的策略。只要你有足够的勇气和幽默感，就一定能让那些对你尖刻地评头论足的人望而却步，后悔自己当初不该放出这些子弹，还是让它们老老实实待在枪膛里的好。

第一种方法：在他们撒谎的时候毫不犹豫地当场揭穿

许多历史上让人难以忘记的运动，都是以被诽谤者的胜利而告终的。在每一个例子中，能够以排山倒海之势赢得竞选的一个原因，就在于能够成功地进行反击，在于被诽谤者能够聪明地向

第七章 对任何飞来之箭,都要一一反击

对手喊:"你使用卑鄙手段了。"

1970年,犹他州参议员弗兰克·莫斯被他的共和党竞争对手指控支持学生进行反对越南战争的暴力示威游行。莫斯立刻对这个指控进行了反击。他在报纸上用了整整一个版面展示了当时他写给学生的那封信。在信中他的确是支持学生实现他们的目标,但是规劝他们不要使用暴力。在整个版面的上方写着一个大标题:"这就是那封著名的信"。这一举动使他成功地赢得了竞选。

还有一个类似的例子是1982年纽约州的参议员竞选活动。

在那一年的上半年,参加竞选的种子选手是仍旧在职的丹尼尔·帕特里克·莫伊尼汉,他当时获胜的希望看来似乎并不太大。刚刚从1980年竞选中获得压倒性胜利的共和党人准备提名一位极具吸引力的年轻候选人参加竞争。这位年轻人以能够猛烈抨击自由主义当权派,尤其是当时的众议院议长奥尼尔而在整个众议院享有一定的声誉。这个年轻的共和党激进派并不把资深的政治家们看在眼里,他似乎喜欢抨击那些站在权力阶梯最顶端的人。对于一个渴望建立政绩的政治强手来说,这些人恰好成为他练手的最佳靶子。

莫伊尼汉作为学问渊博的老学究,自然成为所有靶子中最佳的选择。他在哈佛大学的校园里受过熏陶,而他的自由主义作风则来自"地狱的厨房"(指纽约市曼哈顿区西头)。对于共和党人

而言，他是世界上最糟糕的人选，一个有自由派倾向的知识分子，又是一个来自大都市的民主党人，对自己政党中选民越来越高的要求总是非常在意。

但是莫伊尼汉也的确有一定的政治资产。其中之一就是他的人事主管兼新闻秘书蒂姆西·罗赛特。此人坚信，在受到别人的指控时，比如像现在参议院被指控对苏联人太手软的情况，最好的办法就是抓住指控者在另一个场合中撒谎的情景。在仔细调查了对手在1982年竞选活动中的表现后，罗赛特注意到这位挑战的共和党快车尽管受到了良好的训练，知道怎么进行政治的攻击，但是对于自己的过去总是含糊其辞，躲躲闪闪。问题就围绕着他在战争中的记录展开了。

这位年轻的主角对于有关自己在军队服役情况的说法开始出现了自我矛盾的地方。作为70年代的国会议员候选人，他一直强调自己在五角大楼所做的文案工作，强调自己是一个天才的策划家，他的策划在国家向和平时期经济战略转型中起了重要作用。他把自己同越战后的过渡时期紧密相连，似乎他自己就是使战争本身能够得以平息下来的一个主要人物。

到了好战的强硬派当权的80年代，他在自己的"自画像"里又增添了一丝别样的色彩。现在整个国家正被伊朗的人质事件搞得晕头转向。全国弥漫着一片好战情绪，而这位年轻的"老兵"又走在了时代潮流的最前面。顷刻之间有关他的所有文章都

第七章 对任何飞来之箭，都要——反击

不再把他描述成为一个在五角大楼耍笔杆子的人了，而是摇身一变，成了一个活生生的战士，而且还是一个可能曾经在越南战争中手上也沾过敌人鲜血的战士。

罗赛特开始将这位候选人的所有演讲、新闻稿和新闻剪辑进行分类。他把自己找到的一切都写在黄色的书写本子上，将所有有关这位年轻候选人的文章上的每一个事实都一一记下来，最后他发现了一个不争的事实。这个在五角大楼工作过的知识分子原来只不过是一个地地道道的文字表演天才而已。事实的真相与他一开始的自我描述比较接近。他绝不是自己所标榜的所谓什么正式军官，这位再生的好战的老兵在当时只不过被任命为国防部的一个文职官员而已。

罗赛特竞选委员会发布的新闻稿开始反复强调这位候选人在自己言语中出现的自相矛盾的地方。"连他自己对自己在军队中经历的描述在每一篇文章中都各不相同。"最后，他们精心安排了一次采访，让新闻记者们跟这位年轻的共和党挑战者共进午餐，然后将经过仔细斟酌整理的新闻剪报散发给了新闻记者们。

等记者们坐下来进行午餐采访时，这位候选人在讲话中提到的第一件事情就是自己在越南服役时的情况。那些由罗赛特安排采取行动的新闻记者们立刻将这位候选人自我吹嘘的虚假情况同他的真实情况一并报道了出来。最终，这位候选人不得不退出了竞选。而莫伊尼汉则以纽约州历史上超过对手票数最多的参议员

候选人而名声大振。

1986年9月,约瑟夫·P·肯尼迪三世在马萨诸塞州的一次国会众议员的党内预选活动中,也运用了同样尖锐的回击,将自己的竞争对手击落而当选。在一次电视直播的辩论中,咄咄逼人的竞争对手激烈抨击他,声称这位年轻的肯尼迪所经营的非营利性石油进口公司在跟利比亚的恐怖主义政府做交易。"让我坦率地问您一个问题吧,卡扎菲欠过您什么债吗?"肯尼迪面对咄咄逼人的对手并不慌张,也正是他这种绝对的冷静与对手脸红脖子粗的愤怒形成了鲜明的对比,为他后来争得了大量的选票。"还是让我来向您讲一下有关利比亚的一点事实吧。在我的父亲(*即罗伯特·肯尼迪,1968年遇刺于洛杉矶*)被西尔汉刺杀以后,利比亚政府为西尔汉提供了避难所,您如果略为思考一下就会明白,如果您认为我的能源公司或者是开发公司同产自利比亚的石油有任何一丝联系的话,那简直是大错特错了。"这场辩论就此告终。

第二种方法:奚落对方

1944年,富兰克林·罗斯福竞选第四次总统连任。他的竞争对手是咄咄逼人的纽约州州长托马斯·E·杜威。杜威曾经以一个敢于劈头盖脸声讨对方的起诉人的形象为自己赢得了名声。

第七章 对任何飞来之箭，都要——反击

但是，老罗斯福更加难以对付。即便他在自己生命的最后几个月里，他也依然清醒地知道自己该如何扭转大局。他放弃了原来超脱于争斗之上的姿态，转而集中火力针对杜威对他的一项指控进行反击，从而让杜威丢盔弃甲，一败涂地。

共和党人声称，罗斯福滥用自己的职权。其中有一件事就是在一次去阿拉斯加的旅行中，他将自己的爱犬丢在了那里，后来他派了一艘驱逐舰执行紧急任务去找回自己的那只小狗。在由卡车司机联合会在华盛顿举办的一次正式宴会上，罗斯福站起来说了几句话，虽然言辞不多，却颇为经典。他没有对共和党的攻击表现出极端的愤慨，而是针对这起事件上演了一幕单人滑稽剧。他娓娓而谈，"共和党的领导人并不满足于单单攻击我的妻子和孩子们，不，他们对此绝对不满足，所以，现在他们把我们家可怜的小狗法拉也列入攻击对象之内。"说到这里时，台下开始传来观众的低声轻笑。

"当然啦，我本人并不反对别人对我进行抨击，我的家人也不在乎这些，但是，法拉却非常讨厌别人这么抨击它。"罗斯福继续说道，这时候台下听众的轻笑变成了哄堂大笑。"大家都知道，我的法拉原籍苏格兰。作为一只苏格兰狗，如果它知道共和党的编著家们曾经虚构过一个这样的故事，说我居然曾经把它丢在了阿留申群岛，后来还派了一艘驱逐舰去把它找回来，花了纳税人高达200万或300万甚至是800万到2000万美元的代价，

它那颗苏格兰的心一定会暴怒不已。"罗斯福的声音里满是讽刺性的悲伤。最后总统结束了自己的讲话:"自此以后它再也不是原来的那条狗了。"

共和党本来的意图是希望能够把罗斯福从白宫里拉出来,让他跟杜威面对面地进行较量。但是总统用半开玩笑的方式回击了他们的指控,他们的策略因此便无法进行下去了。正如民主党全国委员会在这次著名的"法拉演讲"之后所称的那样,"这次竞选变成了总统的狗与杜威的山羊之间的较量。"

1944年当选总统之后,在写给当选的女国会议员海伦·道格拉斯的一封信中,罗斯福生动地描述了自己如何看待杜威处心积虑的攻击以及他对自己在政治上所采取的硬球策略是如何的得意:

> "所有的一切很快又恢复了原来的老样子,尽管我仍然对这个小人耿耿于怀,并且以后还会对这件事念念不忘。我想这对我没有什么坏处。这是我34年来所遇到的最卑鄙最糟糕的竞选活动,但是我的策略起作用了。在9月25日的卡车司机联合会宴会上,我作了一番别出心裁的演讲,当时的主要目的就是让杜威州长暴怒。这样做果然有效。他变得越来越暴怒,他越是这样,在竞选中丧失的选票就越多。"

第三种方法：柔道防身术

这种以借助对方攻击的力量来击败对方的方法是由杰夫·格林菲尔德命名的。杰夫是美国有线新闻网的资深记者，曾任罗伯特·肯尼迪的演讲撰稿人。

我要举的最典型的例子是弗吉尼亚州参议员约瑟夫·加特兰1975年竞选连任的活动。

那一年加特兰的竞争对手对公共汽车事件大肆渲染。当时的宪法修正案决定终止用公共汽车运送学生去学校的做法以结束种族隔离，而加特兰没有支持这项修正案。对手紧紧咬住此事不放。这是因为如果这一修正案被大多数州批准的话，就会被写进美国宪法中，成为一个禁令，即禁止用公共汽车将学生从一个地区运送到另一个地区中去。

在大多数学生是白人并且都上公立学校的地方，公共汽车问题成为一个非常敏感的话题。弗吉尼亚北部居民并不是全部都热切希望让自己的孩子乘坐公共汽车去市中心上学。民意测验表明，现任议员的支持率在不断降低，在民主党传统的支持人群——工人阶级中尤为如此。就在选举前的几天里，情形看上去对加特兰非常不妙，他的政治生涯也许就此结束了。

紧接着，在选举进行前的星期五，他的顾问阿诺德·本尼特精心策划了一张竞选活动使用的传单，这张传单可以称得上是一件艺术品。其实这只是一张普通的胶印纸,上面是一幅画,画上是华盛顿纪念碑,一辆学校的公共汽车正冲着它开过去。这幅画击中了共和党对手的要害:"约翰·沃金斯认为用公共汽车把你的孩子一直运送到华盛顿去也是符合宪法的。"

这种描述取得了惊人的效果,而且,从某种程度上来说,这种描述也是十分准确的。沃金斯以前也的确说过有必要对宪法进行修订,阻止学校的公共汽车跨地区行驶。他甚至声称如果没有一项这样的修正案,法院就不可能有效阻止用校车运送学生。事实上他这是在暗示,"将你的孩子运送到华盛顿去"很可能会被判定为并没有违宪。

通过运用这种大胆的逆转思维,这位现任议员紧紧抓住了极具爆炸力的指控,并把这个大火球按原路扔回给点燃它的人。他把这个问题进行细分,只是针对其中工人阶级的四邻们——在这些选民中公共汽车运送是一个非常敏感的政治问题,而避免了激怒那些用自己的沃尔沃汽车接送孩子上学的自由派选民。他在选举即将举行的前三天内进行回击,使得对手毫无反攻的时间和机会。

有的时候,更加直接的方法是最佳的选择。

1952年,一位来自东部得克萨斯的年轻人杰克·布鲁克斯第一次参加竞选美国众议院议员。他当时还不到30岁,也被扣上了"赤色分子"的帽子,成了被攻击的靶子。类似佩珀曾经受到过的各种指控铺天盖地向他涌来。然而，跟佩珀不同的是，他没有刻意去装作好像那些攻击从来都没有发生。在一次大型的选民集会上发表演讲时，他调侃起了这些针对他的指控，并表明了自己对指控的态度。"我曾经在第二次世界大战中与法西斯战斗了整整 5 年；我在家里拥有机关枪，谁要是胆敢说我是一个共产主义者，我会毫不客气地请他吃我的枪子儿。"

这肯定是得克萨斯气派，同时那些子虚乌有的指控很快就烟消云散了，布鲁克斯因此在华盛顿作为本地区的代表继续任职四年。

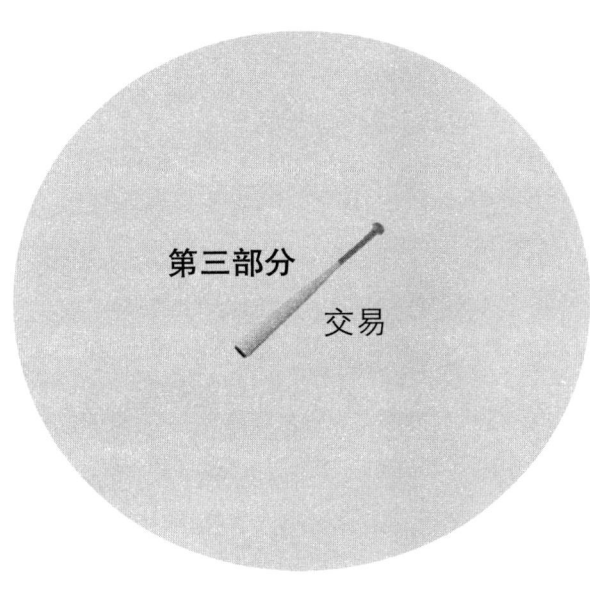

第三部分

交易

第八章

说话是为了更好地沉默

> 沉默是最佳的权力武器。
>
> ——查理·戴高乐

"今天听到什么消息了吗?"

这是 80 年代的大部分时间里,每天早上我见到蒂普·奥尼尔时听到的第一句话。

要是我在家里给他打个电话,听到的第一句话也必定是"早上好,克里斯。今天听到什么消息了吗?"要是我打电话给他时,恰逢他在去国会山的路上,要去参加一个有关尼加拉瓜的正式辩论会或者是要去国家机场,到克里夫兰的某一个募捐聚会发表演讲,我听到的第一句也必定是这样的话。

每一次当我踏进他的密室时,他也一定会打开真空吸尘器,然后问:"今天听到什么消息了吗?有什么特别的消息吗?"接下来就是一阵沉默,一段长时间的沉默在早晨的空气中弥漫开来。

这种沉默是一个信号。为他工作的人会坐在那里,像比赛前的职业拳击手一样焦躁不安,随时准备将这种沉默击个粉碎。我们紧接着会七嘴八舌地向他讲述大家所听到的一切,报纸上看到的每一段摘录,整个早上以及整个周末所看到的都无一遗漏。我会对采访中或者访谈录中出现的每一个有趣的要点——进行评论,对这个国家里专栏作家们的观点进行分析。如果总统曾经做过一些什么事情或者是我刚刚听说白宫可能会有某些动作,所有这些都会立刻就从嘴里流出来。

紧接着是内部新闻,无意间听到的闲话;衣帽间里听到的抱怨;某个会议上对领导政策的抨击;所有可能听到的有关共和党人动向的花边新闻。这个世界的历史这么短,说完了这些还有什么可说的呢?

接下来又是一阵长时间残酷的沉默。最终我感到自己仿佛在被一大堆的事实真相啦、人物啦、流言蜚语啦等等使劲推拉着。"还有什么我该知道的吗?"

要是这个时候有另外一个助手走进来,不管他是总顾问还是最近新来的实习生,他立刻就得接受这个挑战。"科克,有什么特别消息吗?""你听到什么消息了,杰克?"

作为 50 次直接投票的获胜者,从未受到过任何挑战的马萨诸塞州立法机构的议长,10 年中无人敢挑战的美国众议院议长,

第八章 说话是为了更好地沉默

蒂普·奥尼尔每天早上的生活都是这样开始的。在这样一个对于银行而言信息就是金钱的世界里,这位强硬的老议长就这样日复一日地为他那只大手所能抓到的每一分钱进行马拉松式的交涉。

蒂普·奥尼尔万分重视信息的作用。那些没有任何信息的人会被毫不犹豫地解雇掉。在谈到一个被解雇掉的毫不知情的可怜虫时,奥尼尔解释说:"这个家伙居然问我在一个法定人数会议上该怎么投票。"尽管奥尼尔非常尊重他的雇员们,甚至以有我们这些雇员而自豪,但是有一个缺点是他万万不能容忍的,那就是消息不灵通。对于一个领导人和他的下属来说,不知道"党员们"在干什么简直无异于在全国范围内犯了一个天大的政治错误,等同于跟自己所代表的选区内的选民失去了任何联系。对于领导层而言,议院就是自己所代表的选区。

看看蒂普·奥尼尔在会议上是怎样专心倾听的或者他是如何用自己沉默的方式吓倒自己的雇员的,你就会明白沉默真的是一门艺术。这个喜欢发号施令的庞然大物仅仅发出几个音节来,就立刻引起别人潮涌般的话,他们会争先恐后地拼命说话来填补沉默的空白。

那些在大型组织和机构中处于权力顶端的人,无论他们是男是女,无论他们所在的机构是一个公职机构还是一个私有机构、一个政治机构还是一个公司,都是因为能够对整个机构和其中的成员有深刻的了解才得以成功的。他们的成功不是依靠演讲得来的，而是依靠倾听；不是依靠颐指气使地指挥和下命令实现的，而是依靠用正确的方式向下属们提出恰当的问题。

在我多年的工作生涯中，我同各种各样的政客打过交道。有的人正直；有的人狡诈；有的人彬彬有礼；有的人野蛮粗鲁。他们通过不同的方式运用沉默这一武器。从事政治这个职业决定了他们需要用言语来为自己做广告来宣传自己，扩大自己的知名度，同时也需要他们能够巧妙地运用沉默这个工具在最为关键的事件中发挥作用。每一个工作日的早晨，蒂普·奥尼尔口中都叼着一根雪茄，用这种方式逼迫着他的雇员们像一个乐队那样相互配合，发出声响。比如，在格雷丝·艾伦和乔治·博恩斯之间。"跟他们说一说你的老哥，格雷丝。"乔治会这么说，紧接着余下的"演奏"就是艾伦的任务了，乔治还得耐着性子"伴奏"。

很多年以来，我一直都认为，我原来的上司拒绝同意对各种各样有趣的事情进行电视报道，这既是对变化采取的一种顽固的抵抗，又是一个愚蠢的决定，因为放弃报道就意味着放弃了一个巨大的日常机会。在我看来，如果他允许电子传媒定期进行早间报道，那么蒂普·奥尼尔这个名字本来是可以在华盛顿的日常报道中占有更大的一席之地的，他会成为首都变化莫测的政治舞台上更加叱咤风云的人物。

正是后来的继任者自取灭亡的经历教给我一个道理，让我明白了原来的上司是多么明智。当纽特·金里奇在1995年当上议长时，我当时认为他是一个最出色的议长。在他掌管工作的时期，所有的记者招待会都被允许进行电视报道。他从来都不会把自己的才华严严实实地密封在一个大口袋里，相反地，每一次只要他张开嘴，就必定会有大群的记者侧耳倾听。

但是，紧接着灾难就不可避免地出现了。每一天议长的新闻发布会一结束，所有对准他的媒体镜头都会带着当天各种各样的新闻满载而归。对这一天早些时候发生过的任何事情，无论是什么，是一场龙卷风还是自己同事发表了一通让人遗憾的讲话，抑或是一起丑闻，记者们都不会放过他，紧追不舍地问他对此有何看法和评论。没过多久，纽特·金里奇在人们头脑中的印象就已经和坏消息紧紧联系在一起了，他似乎已经成为一个坏消息的代名词。最终，由于他具有的用自己的言论来引起人们的注意的爱好（枪打出头鸟），人们都希望金里奇这个名字就是坏消息了。最后的结果是，由于他非常不受欢迎，很快就从新闻中消失了，同时也从他原来议长的位子上永久消失了。在他离开的那一年，他在众议院发表讲话时承认："从某种意义上来说，我的确是有些太过鲁莽，太过于自信，太爱出风头了。我为此而道歉。"

迪克·格普哈特这位众议院领袖人物，跟蒂普·奥尼尔一样，从来不像纽特·金里奇那样喜欢说话，相反，他知道让别人有说话机会的价值。他之所以能够从众议院中自己众多的同事里脱颖而出，很大一部分原因就是因为他愿意做一个听众，倾听他们的高谈阔论。在他们一本正经地谆谆教导的时候，在他们开着玩笑的时候，格普哈特都能够认真地倾听，跟他们一起哈哈大笑，分享他们的情感。他成了研究自己同事的专家，他知道他们的想法，知道他们关心什么、在意什么，知道什么会激怒他们。他成了众议院最好的计票能手，在最终的投票结果中他几乎可以列举出所有投票的人当中是谁投了反对票，谁投了赞成票，误差往往不超过三票。

林登·约翰逊过去经常说："专心倾听别人的谈话，我从来都不会一无所获。"这一句老掉牙的政治格言也一直引导着像迪克·格普哈特这样的后起之秀。在工作方面谦恭有礼永远都不会过分。这位来自密苏里州的国会议员善于倾听的能力是大多数政治家无论如何努力都望尘莫及的。

沉默不仅仅能够帮你赢得常人难以具有的才智，而且还会促使事情朝着你所希

> 有的时候沉默是一种比伶牙俐齿更为有效的武器，吵闹喧嚣很少等同于真正的行动。

望的方向发展。真正能够掌握国会山权力的人是那些懂得使用沉默作为武器的人，他们深深明白有的时候沉默是一种比伶牙俐齿更为有效的武器，吵闹喧嚣很少等同于真正的行动。不要让那些高不可及的天棚顶和枝形吊灯迷惑、愚弄了你。要记住，在那些貌似和平的谈判桌上要进行的事情只有两件——制定法律和玩弄手法。

第八章　说话是为了更好地沉默

正是在这样一个藏龙卧虎之地，来自缅因州的参议员埃德蒙·马斯基不动声色地为自己在议员中赢得了一个立法者应有的声誉。

马斯基最初为人们所知是在 1972 年作为总统候选人竞选失败以后。那次失败一个重要的原因在于他的固执。他拒绝向人们许诺将来的马斯基政府会采取什么样的措施来结束越南战争。这样就使得乔治·麦戈文有机会挪到他的左侧，在这个问题上从侧面包抄他。要知道在那个竞选年度，越战问题对于民主党的选民们来说是一个至关重要的问题。其次，他有一个擂桌子的坏脾气，一旦暴怒起来就会不可控制，他在那一年 2 月份一个下雪的下午就在新罕布什尔州发作过一次。事情的起因是当时作为《曼彻斯特联合导报》这份报纸编辑的右翼分子威廉·洛布取笑马斯基妻子的举止，结果他没有控制住自己的情绪，拍案而起。

然而，正是这两种在当时看来对他竞选总统极端不利的品质在他成为一个负责制定法律的参议员以后变成了他最宝贵的财富。

大多数参议员等法律草案已经实际制定出来以后，都老老实实地盼望着召开委员会终审会议。但是这中间的过程极为缓慢。还要把大量的时间浪费在众多的数据和核实具体细节方面，有时候甚至要为一些极其微小的漏洞不惜时间地查漏补缺。华盛顿的那些新闻军团们自然还有比这更加精彩的报道，他们不愿意等着看16个中年立法者就开支预算进行的慢吞吞的讨论。而马斯基就不同了。他像一个孩子打开他的莱昂内尔火车设计图为圣诞节做准备一样，只是静下决心，耐心等待。他很清楚，只要自己做一点点工作，肯花一点点时间，就一定会得到自己预料之中的回报。

事实证明，马斯基对立法细节的极大兴趣和他蜗牛般的速度以及对同事的极大耐心有了回报。这位来自缅因州的参议员在制定几个具有里程碑意义的联邦立法的最后一个环节中起了关键的作用。这些立法包括：1972年制定的洁净水法，要求美国所有工业都自此开始避免污染这个国家中的河流和湖泊；1974年制定的控制预算法，使国会在必要的时候能够通过某些方法控制联邦预算；还有1977年通过的洁净空气法，这项法令给当时强大的汽车工业造成一个极大的挑战。

我曾经在参议院预算委员会中做过两年的助手，亲眼目睹了马斯基以什么样的方式赢得胜利。我在最近的距离内看到了一个政客是怎样达到自己的目的的。他不是像街头行凶抢劫的路匪一样依靠暴力，而是像一个熟练老道的扒手一样以不为人知的方式秘密达到目的。

马斯基的步骤是这样进行的，在委员会召开会议的那一天，马斯基会在10点钟前几分钟到达会场，然后在桌子的最前面就坐。紧接着，他的同事们一个接一个的进来了。议员们相互客套

第八章 说话是为了更好地沉默

地寒暄着。这个时候专门供刊登在《华盛顿邮报》和《纽约时代周刊》以及其他媒体上的照片也已经拍好了。

"有什么声明要宣布的吗？"主席在这个时候一般都这么问。

其他的议员都会抓住这个时机把自己的观点公开发表出来。所有的宣言都在这个时候被宣读了出来。摄像机镜头急速旋转着。大家对许多观点和态度不断地点头称是，称赞附和着。这些都是马斯基的同事们最乐此不疲的事情。英俊帅气的南卡罗来纳参议员欧内斯特·霍林斯会对这一个或是那一个目标不断说一些揶揄的话，话中总是不无讽刺。他那富有磁性的男中音总是带来一片窃笑，即使他的妙语还未结束，就已经让大家控制不住地笑成一片。来自明尼苏达州的参议员沃尔特·蒙代尔会高声地宣布自己的意见，申明为某一个儿童发展项目提供充分资金的重要性。来自加利福尼亚的参议员艾伦·克兰斯顿声色俱厉地抨击中央情报局的庞大开支，一再重申有必要要求中情局说明开支的主要用途。而参议员鲍勃·多尔则总是姗姗来迟，最后一个到达会议现场，坐定之后便找某一个易受攻击的自由派分子进行冷嘲热讽，沃尔特·蒙代尔一般是他的习惯性目标。来自特拉华州的参议员小约瑟夫·拜登总是眼睛一眨不眨地将几天前刚刚在同一个委员会会议室里对同一群观众讲过的一个笑话再次重复一遍。

终于，整个会场情形来了个180度的大转变。所有的摄像机三脚架都被收了起来。然后，一切如人所料，参议员们开始三三

两两地离开会场,有的去跟自己选区的选民们见面,有的去参加他们早就已经"许诺参加"的午宴并在那里发表演讲,还有的则去参加另外一个委员会的会议。

整个终审会议期间,马斯基都没有离开过自己的椅子一步。会议议程有条不紊地进行着,几个小时过去了。这个时候,他的同事们的胃开始骨碌碌地抗议起来了,但是会议主席还是坚守着自己的椅子不动。

"还有人要说什么吗?"主席这个时候会问,极有耐心地一个接一个地问周围那些已经走神的同事们。时间一分一秒地过去,时针已经指向1点多了,这个时候主席的左手边已经积攒了一小摞纸条。这些都是那些已经先行离开的同事的授权证明书。每一张小纸条都稍微不同,上面写的虽然都是这些参议员们自己的倾向性意见,但是他们的观点都是以这样或那样的方式反映了主席先生的观点。"还有人要说什么吗?"他会极有耐心地继续问,一边慢吞吞地将那些折叠的小纸片一张一张地整理着。"还有没有人要说什么?"他仍旧耐心十足。等整个屋子都空了的时候,主席先生的口袋里就已经塞满了授权证明书。

能够在立法决策中获胜的参议员很少是那些有着"新想法"的人,大多数情况下是那些有着坚韧毅力能够忍受漫长的整个会议过程的人。埃德蒙·马斯基之所以能够成功,并不是因为他是整个会议室中最聪明的人,尽管他可能是一个比较聪明的人,而

第八章　说话是为了更好地沉默

是因为他愿意坚持成为在整个会议中最后一个离开的人。

马斯基的策略极其简单明显——**说话是为了更好地沉默**。让立法按照自己的意愿通过，不仅仅是题目符合自己的要求，而是每一行每一个字都是自己意志的结果，这是马斯基一直念念不忘的事。在别人摆出自己的姿态，说明自己立场和态度的时候，他总是认真倾听，只有自己最钟情的项目受到了威胁时才发表自己的意见。在他的同事们已经烦躁不安的时候，他还在耐心等待着。他等待时表现出来的耐心让人惊讶，所以同事们送了他一个"铁裤子"的绰号（*英语中说某人不耐烦的时候表达方式为"厌烦得裤子都掉了"*）。在他看来，最为重要的不是辩论的要点，不是有关自己立场和态度的宣言，也不在于媒体的关注如何，而是法律议案本身。

时间对于马斯基就像是灵魂的孪生兄弟一样宝贵。他参议院的同僚们在3天之内就能够写就一份预算计划，而马斯基的委员会做同样的事情需要几个星期的时间才能完成。他所写就的每一份有关环境的出色法案都花了两年时间才变成法律，正好是一届国会的时间。水清洁法花了整整55天的时间才结束委员会终审，在众议院和参议院会议上又花了54天才最后得以通过。

在一次讨论空气清洁法议案的辩论中，马斯基让人看上去似乎已经准备要让全美国的汽车工业全部关门了。按照现行的法律，出于环境因素的考虑，所有的流水线都应当停止使用，除非国会出台一个补救性法令。当时马斯基的反对方是来自密歇根州的国会议员约翰·D·丁格尔，这位议员一直以热心于支持汽车工业而著称。当马斯基听说如果不能够跟众议院达成一致协议就意味着所有汽车工业必须关门时，马斯基立刻做出了简短有力的回答："在缅因州根本就没有汽车工业。"（马斯基是代表缅因州的参议员）这句反击的话后来一直为人称道。

马斯基众人皆知的坏脾气在跟众议院交换观点的过程中也起了很大的压力作用。一个谈判高手最珍贵的财富就在于他有着"难缠"的名声。一般情况下，马斯基的面部表情跟拉什莫尔山上那几尊著名的总统头像一样，总是满脸严肃，不苟言笑。但是一旦他想让自己变得激动起来的话，他的脾气会分几个步骤爆发出来。首先是轻微的颤动，然后是一阵更大的爆发力散发出来，紧接着就发展成为里氏 12 级的大地震，不可遏制地爆发出来。没有几个人希望见到他发怒的整个过程。三个世纪以前，洛舍夫科尔曾经写过一份毁坏情况评估，用来形容马斯基简直是再贴切不过了。"命运有时候会利用我们自己所犯的错误来促进我们的发展和进步，"他写道，"有些人讨厌之极，要不是我们拼命想办法摆脱他们，他们的所有优点是不会被人注意并给予回报的。"

一天早上，我跟马斯基议员刚刚参加完哥伦比亚广播公司的 7 点钟的一个实况转播，正在急急忙忙往回赶。当时我要挤在早晨的交通高峰期中赶往国会山，自己心里很是过意不去，仿佛整

第八章　说话是为了更好地沉默

个拥挤的交通都是由我造成的一般。我脑子里产生了巨大的紧迫感，恨不能立刻从车里跳出来，挤到我面前的每一辆车前面大声喊："嗨，让开点好不好，拜托了，你们让马斯基议员的冲天怒气快要爆发出来了。"

想象一下吧，跟这样的一个人坐在一起，在沉闷的国会山中一个小会议室里待上整整几个星期是什么样的感觉。无怪乎人们总是这么轻易就向他妥协了。我也同时明白了，为什么人们在走进这个仿佛无休无止的漫长会议中去，希望从中得到一点什么的时候，总是把眼光放得很低，而在这里哪怕是一个小小的成功也会不可思议地被形容成一个大的胜利。有的人离开的时候非常开心，因为他们已经非常艰难地，几乎是难以想象的艰难地达到了他们原来既定的目标。而另外一些人之所以高兴则是庆幸他们终于能够离开这里了。

埃德蒙·马斯基是一个能够非常冷静看待自己成功的人。在我从他那里卸任前的最后一天，我跟他说，如果我们的国家是一个议会制国家的话，他一定会成为这个国家的首相的。跟林登·约翰逊和休伯特·汉弗莱一样，他也是一个出色的立法者。在这样一个立法领导人就相当于政府首脑的国家里，这位从缅因州来的成就非凡的参议员最终在最高层确立了自己牢固的位置。

在我说这句话的时候，马斯基非常耐心地听着，他看了看我，然后说："可是我们的国家不是议会制，不是吗？"那声音非常地冷静，冷静得如同缅因州悬崖上的岩石一般。

马斯基从来不做投机的事情。在跟美国参议院讨价还价的过程中他始终把自己的目光集中在参议院实实在在的事务中，保持着自己的反抗力和忍耐力。对他而言，连自己火山般的脾气也是自己"风格的一部分"。无论任何事情，一旦出现了危急情况，他的义愤总是不可遏抑，源源不断地爆发出来。"为什么我必须妥协？"他会大声地咆哮道，"我根本就不需要这么糟糕的一个法案。"

正如政治家们对他的评论一样，马斯基是一个不可忽视的重量级人物，尽管他有不少的缺点。由于他对参议院内事务的注意达到了近乎疯狂的程度，加上他那令人可怕而他自己又能够加以正确运用来造成有利结果的脾气，使得他成为"参议员中的参议员"。

法国政治学家亚历克斯·德·托克维尔是美国民主政体伟大的编年史著作者。他注意到了像马斯基这样的人所会发挥的巨大政治影响。"在那些要求人们具有积极品质的企业和组织中，我们会非常成功，但是在那些能够认识到并充分利用我们的缺点产生积极作用的企业和组织中，我们会更加出色。"

这是非常重要的一条经验。在任何一个谈判中，双方的竞争和比赛很少是在短

> 那些始终能够让自己枪里的火药安静待着的谈判者通常会获得决定性的优势。

第八章　说话是为了更好地沉默

时间内飞速完成的。国会也极少会按照它原来的计划完成每一年应当完成的事务，因为某些重要的成员意识到他们可以凭借耐心的等候来拖延时间，知道一旦对手不耐烦了自己就能够胜利达到目的。那些始终能够让自己枪里的火药安静待着的谈判者通常会获得决定性的优势。

说话是为了更好地沉默，这一原则在 20 世纪的历史中起到了极其重要的作用。

在使用我们的语言的人当中，有两位伟大的演说家。一位是温斯顿·丘吉尔，另外一位则是比他年轻一些，远不及他老练的约翰·F·肯尼迪。然而，这两位依靠自己的语言达到行动目的的人，在他们的生活中，命运最为关键的时刻是在他们收住自己的舌头缄口不言之时。

1940 年 5 月 4 日，这是英国历史上最恐怖的一天。希特勒刚刚侵占了荷兰和比利时。当时的首相内维尔·张伯伦所推行的绥靖政策土崩瓦解。温斯顿·丘吉尔在当天晚上 11 点钟被紧急要求去内阁会议室，他仔细听着张伯伦的话，张伯伦正在继任问题上做命运攸关的决定。他那岌岌可危的政府已经不可能赢得议会的信任，也已经无法留住英国人民的心了。张伯伦此时不得不承认现实，更换首相和更替政府已经成为不可避免的事情。最佳

的人选是丘吉尔,当时他是英国海军大臣。10年以来他就一直主张必须向希特勒挑战,向当时主张绥靖政策的外交大臣哈利法克斯勋爵挑战。

现在这三个人就坐在内阁会议室中。当天晚些时候,张伯伦就会向当时的国王乔治六世提交自己的辞职报告,或许还会提交他对继任者候选人的建议。乔治六世当时比较喜欢哈利法克斯。

"温斯顿,"首相发话问道,"你知道为什么现在身为贵族的人不能成为首相吗?"

"一般情况下我比较喜欢说话,总是滔滔不绝,但是在这种情况下我一直沉默着。由于我一直没有说话,后来屋子里出现了很长时间的沉默。接着,哈利法克斯说话了。他说,'自己身为贵族,又不是下院议员,这样的一种身份使我很难在这样的一次战争中履行一个首相的责任。'他说了很长一段时间。等他把话说完了,整个局面就已经很清楚了,这个重任肯定会落到而且事实上已经完全落到我身上了。在这个时候,这场决定性的谈话就结束了。"

温斯顿·丘吉尔,这个即将用自己的声音让不列颠这头雄狮在炮火硝烟中咆哮的人,在这个时候却一个字都没有说。他只是一言不发地盯着窗外，看着下面的街道。第二天，不列颠历史上最伟大的首相上任了。

约翰·肯尼迪在整整一代人的时间之后，也用同样的方式利用了沉默这个武器。

1962年10月，美国再次确认了一个信息：苏联正在古巴岛上部署中程导弹。这个发现使得两个超级大国之间的关系处于一个陡峭的滑坡上，眼看就要滑入到第三次世界大战的泥潭里去。

在古巴导弹危机刚刚发生后最为关键、最让人心力交瘁的那几天里，肯尼迪总统先后收到了苏联总书记赫鲁晓夫发来的两个自相矛盾的电报。第一封电报是提出妥协的。上面说，只要美国承诺今后不再支持与前一年所发生的猪湾事件类似的侵略企图，苏联就会将导弹从古巴岛上撤走。刚刚过了半天，第二封电报便发来了。这是一封充满火药味的挑战信。上面提出了交换条件，苏联可以将导弹从古巴撤走，但前提是美国也要将自己的导弹从土耳其撤回。

肯尼迪仔细权衡着他最终的策略该怎样进行，同时美国的战斗机也做好了袭击古巴导弹基地的准备。肯尼迪在听取了弟弟，当时的司法部长罗伯特·肯尼迪的建议以后，决定不理会赫鲁晓夫发来的第二封电报，只对第一封电报做出反应，巧妙地避开了土耳其导弹基地问题。

精心策划的这一着棋立刻见效了。第二天早上从克里姆林宫传来消息,在古巴部署的导弹很快就会被装箱撤回到苏联去。世界上第一次核武器危机终于消除了。约翰·肯尼迪这位将自己的话语镌刻在阿灵顿国家公墓墓碑上的人最终在关键时刻为自己的国家做出了最为出色的贡献,这正是因为在那个时刻他和他的顾问们能够沉着冷静,始终缄口不言,因而最终为自己赢得了机会。

我还看到这个策略在秘密交易中被原封不动地再一次使用过。

1974年2月,一位出身豪门的年轻国会众议员候选人刚刚跟当时的布鲁克林民主党党魁米德·埃斯帕斯托会过面后回到家中。"简直太不可思议了,"他兴奋地说道,一边轻快地关上了身后的门,"我简直无法相信事情会进行得这么顺利。"

在屋子对面,政坛老将保罗·考宾正光着膀子坐在电话机旁。他当时正待在圣瑞吉斯,捣弄着电话。考宾以前经常教导年轻的罗伯特·肯尼迪,对纽约的政客们一定要保持高度的警惕,而他自己也一直保持了这个习惯。

"他说什么了,山姆?"

"简直是太不可思议了。真难以相信,埃斯帕斯托从一开始就非常地友好。他说他听说过很多称赞我的话,他那里的人都说,如果这个区有我做代表的话,是一件好事。保罗,你不知道,真见鬼,他居然……居然这么支持我。"

这时,这个候选人的讲述里出现了第一个大问号。"山姆,他到底说什么了,真见鬼。他到底有没有说他一定支持这样的话?"

这位初涉政界的年轻人的热情开始消退了,话也支支吾吾起来。"准确地说,关键不在于他说什么了,关键在于他是用什么方式来表达这个意思的。反正就只能这么理解了。我无法准确地跟你描述他的意思有多么肯定。"

"那他到底说什么了,山姆?"

"他什么都没说。"

"这就对了,山姆,他可是什么都没说啊。"

1974年,我刚刚开始筹备在宾夕法尼亚州竞选国会众议员时,遇到了邻近地区的一个国会众议员,我问他会不会支持我。他非常真诚地望着我的脸说:"不会在公开场合公开支持。"

这样一来,他的回答并没有伤害我的感情。相反,我把他的话当成是用另一种方法在说:"那当然,我私下一定会支持你的。"但是他所说的"不会在公开场合下支持"并不等于那种说动大批选民倒向我、支持我的承诺。就当时的政治潮流和动向来看,那时还不是表态的时候。但是,在那样的时刻,一个国会议员这样不带任何承诺意味的话对于我却是意义重大。因为这句话暗示了他当时正在为我鼓劲,在全力支持我。说出那样的话对于他自己而言没有任何损失。如果我成功了，赢得了竞选，他可以自认为很早就曾经为我打过气，我相信他当时的确是为我打了气。而如果我失败了，他也可以找到为自己开脱的借口，毕竟，他当时说的是"不在公开场合"啊。

你经历得越多，你就会越精于此道。对你的一个支持者说希望他能够帮你一个忙，他一定会反问你一个这样的问题："你怎么不早一点跟我说呀？"这个暗示很明显是正面的。这句反问一方面包含了一定程度的亲和力，另一方面也含有轻微的责备口气。该受到责备的不是他，而是你。在跟一个政客打交道的时候，最经常容易犯的一个大错误就是把他事实上根本没有亲口说出来的话，事实上根本就没有亲口做的承诺当成是真的，当成了极其重要的金玉良言。

参议员沃伦·马格纳森曾经在罗斯福政府时期度过了一个个难熬的夜晚。但是他有一个不错的办法来对付自己选区内选民们各种刁难性的问题。每一次当他穿过人群的时候，人们总是在他身边拥来挤去，纷纷提问。"对于税收提案，您有什么打算？""您能谈一谈那个保护消费者协会吗？""您在控制枪支这个问题上是什么态度？"对于所有这些问题，他都会非常有技巧地回答同一句话："不用担心我。在这个问题上我没有问题。"

第九章
永远对原则问题表示赞同

> 如果法西斯主义进入美国，它会被命名为反法西斯主义的。
>
> ——休伊·朗

斯威士兰是非洲南部的一个独立小国。我曾经作为美国和平外援队的一名志愿人员在那里待过。一天早上，我坐在一间政府办公室里，等待着和该国的商务大臣西蒙·祖马罗进行每月一次的例会。跟我一道围坐在圆桌边的还有一大群人，其中有政府官员、联合国驻该国的顾问人员以及为数不少的美国志愿者，所有的人都参与了这个国家鼓励小企业发展的一个项目。

大家的士气都相当低落，政府部门似乎对项目的进展缓慢颇为失望，而我们中的一些志愿者则被繁重的工作搞得筋疲力尽，文化背景上的巨大差异以及与政府高层之间的有效沟通的缺乏更

是令我们焦头烂额、沮丧之极。看来情况必须得有所改变了。

姗姗来迟的商务大臣总算在主位上就座了,他那双鹰似的眼睛锐利地扫过在座的英国人、美国人和斯威士兰人。跟往常一样,他那短而粗的脖子紧紧地被箍在雪白的衬领里,仿佛被勒住了一般。

随后他开口说话了,其用词的娴熟圆滑足以证明,政治家那一套工于辞令、虚虚实实的本事是没有国界的。"在座的所有各位至少在某一点上是共同的,"他说道,眼睛的余光扫过一张又一张显露着无奈的脸,并且在每张脸上都停留了那么一会儿,刚好足以让人注意到。

"那就是我们都很不满意。"

接着,他开始一一列举这个项目所遇到的重重挫折,语气时轻时重、时缓时急,中间夹杂着他的人民急于让国家强大的雄心壮志和迫切心理。

这就是聪明灵活的政治策略。不是徒劳地否认弥漫在空气中的不满气氛,而是开诚布公地把它指了出来;不是回避批评和指责,而是巧妙地加入抗议者的行列。在这种看似需要他解释和辩护的情境中,他却游刃有余地扮演起了控诉者的角色。是的,我们都感到很不满意;是的,我们都有点垂头丧气,因为我们所有人都参与了这一努力,希望这个国家能更加强盛的努力。

他那动人心弦的最后一句无疑是反弹球。因为如果我们的沮丧不是因为无力为斯威士兰人民做点什么的话，那么，我们势必会联想到诸如我们自身的利益和方便等等这样一些私人因素，而这是我们中的任何一个都不会或不愿承认的。

作为斯威士兰国的商业、工业和煤矿大臣，西蒙·祖马罗给那些前来向他传授经济发展诀窍的人们上了至关重要的一堂政治课。在众多的情境和氛围中，达到目标的最佳途径就是在挑战和争论面前让步。"是的，"他说道，"你们都对项目的进展、对我们这里的办事方式感到不安。知道吗？我的感觉跟你们完全一样。"

跟他们的政府大楼灰蒙蒙的单调建筑一样，**永远对原则问题表示赞同**是大英帝国政策中的一项老遗产了。举个例子就可以说明其具体实施技巧。面对亚洲或非洲各殖民地风起云涌、无法遏止的争取独立的浪潮，帝国利益的捍卫者们想方设法地一拖再拖，直到为自由而抗争的呼声响彻云霄、不可逆转为止。然后，英国政府会以一系列让步为条件，给予殖民地梦寐以求的独立。结果是，民族主义者如愿以偿地在他们的国土上飘起了自己的国旗，而英国人依旧拥有他们对重要港口和发电站的控制权。

"对他人的品位表示适当的尊敬和顺从，"爱德华·布尔沃·利顿（英国19世纪外交家）在1835年写道，"通常意味着他会

在你的利益问题上投桃报李。"再也没有比罗纳德·里根更谙熟这一古老的保守党

> 对他人的品位表示适当的尊敬和顺从，通常意味着他会在你的利益问题上投桃报李。

交易规则的人了。作为这一规则的炉火纯青的实践者，他在这方面是当之无愧的最佳导师，通过告诉别人他们爱听的东西而从他们那里获得他自己想要的东西。

1983年春天，里根成功地向国会推销了他的MX导弹计划，这也堪称他展示自己能力的经典之作。就跟一个久经风霜、经验丰富的老船长一样，里根巧妙地借风使力，将反对者的反对声浪转变成了自己乘风破浪的助力。

为了更好地欣赏这一成果，不妨先回想一下第二次世界大战期间所有扔在欧洲的炸弹，回顾一下从闪电战开始的所有新闻影片的镜头，发生在诺曼底的惨烈战斗和席卷法国的激烈角逐，东部战线的枪林弹雨、血雨腥风，德国毁灭式的地毯轰炸，科隆和得累斯顿的残木断片、满目疮痍。现在，把所有这些在脑海里浮现的画面定格为一次能量空前的大爆炸，这次大爆炸的毁灭性力量是由美国空军、英国皇家空军和德国空军所扔的所有炸弹的能量的总和。

如此威猛的力量就是一枚MX导弹所拥有的能量。

然而，这种武器的缺陷也是致命的。由于其20万磅的庞大身躯,想要把它藏起来是根本不可能的。如此一来,在导弹配置并准备好发射之前,苏联的人造卫星早就已经拍摄到了它的踪迹并将其置于瞄准器之下。

这个无法克服的弱点赋予 MX 导弹不成功便成仁的特性。如果首先开火,它的 10 个分弹头能够摧毁 10 个目标。毫无疑问,在一场核军备竞赛的游戏中,它将成为对手优先打击的目标。这也意味着,一个苏联的核弹头在一次攻击中就可以摧毁美国的 10 个核弹头。

部署这样一种武器的后果正如斯特奇洛甫博士所言,为了确保有效性,诸如 MX 之类的导弹必须在收到第一次来袭警告后数分钟内发射升空,射向对方,否则就只能被摧毁在地下发射井里。这也是过去人们在西方常说的,控制核按钮的手指总是发痒。

对 MX 导弹最早和最严厉的批判并不是来自那些作为政治上极左派的道德说教者,而是来自那些认为国家的核战略能力应该建立在更为稳健基础上的温和派。他们认为美国应该部署更小、更轻并且能够安装在移动发射架上的核导弹,以避开苏联卫星的监测,而不应该部署像 MX 这类庞大笨重、不能机动的导弹系统。除了具有首先攻击的优势之外,这些 MX 导弹将使美国核导弹体系所希望的微型化、多功能化以及更强的机动性目标变得不切实际。然而,一个在整个国家领土范围内秘密部署了大量这类导弹的国家可以实施静态核威慑,从而能够遏制对手的核攻击。

面对这些众说纷纭的争论，里根总统发动了一场捍卫MX导弹的运动。国会参众两院议员被邀请到白宫看一个关于它的高科技简报。总统本人亲自出马，借助于先进的图像技术在电视台的黄金时间绘声绘色地向人们介绍了这个庞然大物。他告诉人们尽可以高枕无忧，压根不用担心MX导弹的这个潜在的巨大危险，因为专家们已经解决了这个问题。为了避免陷入不成功便成仁的尴尬境地，他会将所有的100枚MX导弹都部署在彼此很靠近的地方，对其中任何一枚的攻击都会导致一个大爆炸，这个爆炸可以摧毁进入这个区域的任何苏联核导弹。他将此称之为"密集包装"。

这个演讲起到了抛砖引玉的作用。人们开始探讨"密集包装"策略。一些批评者说，现在苏联人所需做的就只是给他们的导弹安装一个定时器，因为所有核弹头都将汇集在MX导弹上并同时引爆。他们认为，为了减少那些针对MX导弹像一只蹲着的鸭子的批评，总统想出来的对策居然就是向敌人提供一群蹲在同一个窝里的鸭子。

里根的批评者们这下子可乐坏了，例如众议员爱德华·马基就是如此。"在这个国家的每一个美容室和理发室里，人们都津津乐道，'我总算明白了密集包装是什么意思，这是我听到过的最愚蠢的想法'"。

国会也认同了这样的观点。在一个由总统召集的讨论如何解

第九章 永远对原则问题表示赞同

决那些因得不到政府津贴而无法维持的企业问题的会议上,白宫决定推迟 MX 导弹的部署,等到下一年的春天再作考虑。跛脚鸭代替了蹲着的鸭。

但是总统并不准备就此放弃。由于无法使人们认同 MX 导弹的优点,他转变了策略。现在,他选择加入了批评者的行列,而不是同他们继续战斗。

是的,军备竞赛必须结束了。美国和苏联都应该减少自己部署的核武器,而不是继续部署更多的核导弹。实际上,我们应该致力于彻底消除这些武器。

是的,批评者关于 MX 导弹的缺陷的批判是正确的。应该用较小的、能够安装在机动发射架上的单弹头导弹替代像 MX 这样的巨大的多弹头导弹。

以布伦特·斯考克罗夫特将军为首的总统战略武装委员会提交的一份报告展示了里根的这一让步,该报告承认确实有必要对多弹头导弹进行改革。这个报告指出,侏儒导弹由于其能在第一次核攻击后生存下来的特性,因而是未来发展的方向。实际上,请注意这一点,MX 导弹的部署是完成这种转变的一个必需的催化剂。为了得到侏儒导弹,我们需要部署 MX 作为中间替代物,以便在同苏联的谈判中取得筹码,苏联正在追求部署更多具有更强生存能力的导弹。

在做出这种姿态之后,毫无疑问,里根的日子好过多了。国会的中间派为他们的成功狂喜不已,在他们看来,既然他们已经成功地"教育"总统将眼光投向了有着更高生命力的侏儒导弹,他们在 MX 导弹这一问题上向他表示一下屈服似乎也未尝不可。

以威斯康星州的莱斯·阿斯平和田纳西州的艾伯特·戈尔为代表的一些国会议员为他们在武器政策上的老谋深算洋洋自得,就这样,面对总统设下的诱饵,他们在不知不觉中上了钩。以在将来部署侏儒导弹这一有策略的让步为交换条件,总统的人马赢得了谈判桌上的成功。然而,仅仅在几个月之后,事情就变得明朗化了,那就是,总统的行政班子并没有打算实施改革者提出的任何建议。当削减军备的会谈开始后,总统的谈判小组早已是心知肚明,那就是能够安装在机动发射架上的单弹头导弹将成为第一批被削减的对象。

最终的结果是相当令人尴尬的。在为是否部署 MX 导弹而进行投票时,国会的核心成员在通过一项削减庞大笨重、不能机动的多弹头导弹的政策的同时,又采纳了一项立即部署它们的提议。50 枚 MX 导弹(每一枚导弹所拥有的巨大能量足以把广岛毁灭 200 次)将被部署在俄怀明州朔风疾吹的广袤的平原上,随时准备接受发射命令。

舆论普遍认为,罗纳德·里根总统是一个直到最后 1 分钟才妥协的人,他有足够的耐心坚守到谈判的第 11 小时才勉强同意对方的要求。事实上,这种妥协很难说是有形的,它并不是在某

第九章 永远对原则问题表示赞同

一具体事项上的让步,而是在原则上的让步,通过迎合反对者的口味并投其所好,他给人留下了一个妥协者的印象。而在很多情况下,他只不过是借反对者的话语将自己的意志改头换面,重新表达出来而已。

通过寻找在一系列原则问题上的共识,罗纳德·里根顺利地反败为胜,将1982年末的劣势扭转成了1983年春天的胜利。借助于将自己的观点用反对派的语言和逻辑包装起来的手段,他的执政一帆风顺。

在这方面还有一个具有典型意义的例子,那就是里根为了给尼加拉瓜对抗共产党政权的叛军提供军事援助而对国会进行的游说活动。

媒体经常把里根在1981年发动的削减税收运动看成是他的重大胜利之一。常识应当早就告诉他们,削减税收的难度无疑与在一次酷热炎炎的棒球比赛上指望有人派送免费啤酒一样不相上下。然而,说服国会同意卷入中美洲某国的黑暗内战就是另一回事了。在这里,总统所需要与之打交道的并不是渴望能够在4月15日喘一口气的美国人民,而是公众越来越强烈地要求警惕尼加拉瓜变成另一个越南的危机意识,以及一支装备落后而行动乏力的游击队伍,后者的事业与早期的索摩查家族的独裁统治势力密切相关。里根获得成功的这一事实（尽管成功是暂时的、昙花一现的），是他那聪明灵活的妥协策略的明证。

如同在 MX 导弹的个案中的做法一样，总统领导下的行政部门一开始尝试的是强行推销。在 1986 年春天，白宫对外联络主任帕特里克·布坎南对那些在尼加拉瓜问题上反对总统政见的民主党人连续进行了严厉谴责。在刊登于《华盛顿邮报》的一篇文章中，他毫不客气地给他们贴上了"北美的勃列日涅夫主义的共同担保人"的标签，换言之，他们在他眼里都站到了莫斯科同盟一边，从敌人那里接过了口号。

这篇文章铸成了大错。它并没有起到凝聚舆论的作用，而是使得争论更加两极化。国会中的民主党议员坚持他们的主张并否决了里根的尼加拉瓜提案。许多人在这样做时都恼怒地引用了布坎南尖酸刻薄的攻击之词。里根所发起的这场争取军事援助的运动似乎正在走向失败。

到 6 月份，总统分析了一下形势，并且，正如在 MX 导弹个案中的做法一样，他改变了策略。他停止了发表要求对尼加拉瓜的反政府武装给予军事援助的言论，转而开始以这项政策的批评者的姿态出现。在一次关键的国会投票前夕发表的电视讲话中，他再次在原则问题上表现出赞同和妥协。

是的，美国在这一地区的历史很令人遗憾。"我首先要呼吁的是牢记我们在中美洲的历史，只有这样，我们才能从过去的错误中学习。应当承认,在以往的岁月中,在很多时候,美国的立场没有能够同中美洲人民争取自由和更美好的生活的期望与努力保持一致。"

是的,叛乱所带来的后果中有着残忍和血腥。"我知道国会的成员以及许多美国人民都被对武装抵抗力量领袖滥用武力的指控而困扰不已。我在这一点上完全跟你们一样。即便这些指控中的某些内容属于桑地诺分子(尼加拉瓜当时执政的桑地诺民族解放阵线的成员)的恶意捏造,我也确信类似的丑恶在过去的确发生过,并且是令人难以容忍的。"

是的,我们必须终结索摩查家族在尼加拉瓜无孔不入的纽带。"作为美国总统,我坚持对所有的军事力量实施和平控制,坚持任何对人权的践踏行为都应得到惩罚。我认为任何形式的腐败都必须彻底根除。美国的援助只能用于那些真正的民主事业和民主目标。美国人民决不会允许这一民主革命遭到颠覆和扼杀,同样地,他们也决不允许索摩查独裁政权令人厌恶的专制统治卷土重来。"

是的,我的批评者都是满怀爱国热情的。"我知道,即便国会中对白宫的批评措辞最为严厉的议员也压根不相信桑地诺主义。我知道,国会中没有任何成员希望看到尼加拉瓜变成苏联的一个军事基地。"

这篇演讲的措辞、结构及口吻明明白白地表明,在尼加拉瓜

事件上,无论是赞成者还是反对者,双方都是有着良好意愿的。许多聆听了这篇演说的人都觉得,从用词及语言风格来判断,这篇演说更像是出自一个民主党人之手。

事实真相是,起草这篇稿子的人是伯纳德·阿伦森,他也曾经是沃尔特·蒙代尔和吉米·卡特的演讲撰稿人。用布坎南的话来说,总统和他的下属极为明智地选择了用这一方法来赢得他们的目标,即便那意味着不得不用反对者的言论来包装他们自己的主张。这一策略的确奏效了。有 30 个议员转变了他们的立场,投票赞成向叛军提供援助。

通过对**原则问题表示赞同**,里根成功地操纵了他的批评者,并将他们最终纳入他自己的政策框架。

的确是精明之举。

传统的观点认为,政治家都喜欢维护自己的主张并且不驳倒对手誓不罢休。

> 比较聪明的那种人懂得不一味纠缠于原则问题而更注重具体切实的目标的达成。

实际上,他们经常有着其他的偏好。比较聪明的那种人懂得不一味纠缠于原则问题而更注重具体切实的目标的达成。当坐下来讨价还价的时候,他们总会把原则问题与具体事项分开,然后,在洋溢着浓厚戏剧味道的氛围中,他们在原则问题上表示了自己的赞同和妥协,并收获了自己所想望的果实。

正如马基雅维利在《君主论》中所言，成功的领导人必须同时是凶猛的狮子和狡猾的狐狸。在削减税收这个案例中，里根所热衷的是扮演狮子的角色，而在为卷入一场非同寻常的战争而努力的那些年中，他的表现完全证明，他也可以同时成功扮演狡猾的狐狸的角色。

> 成功的领导人必须同时是凶猛的狮子和狡猾的狐狸。

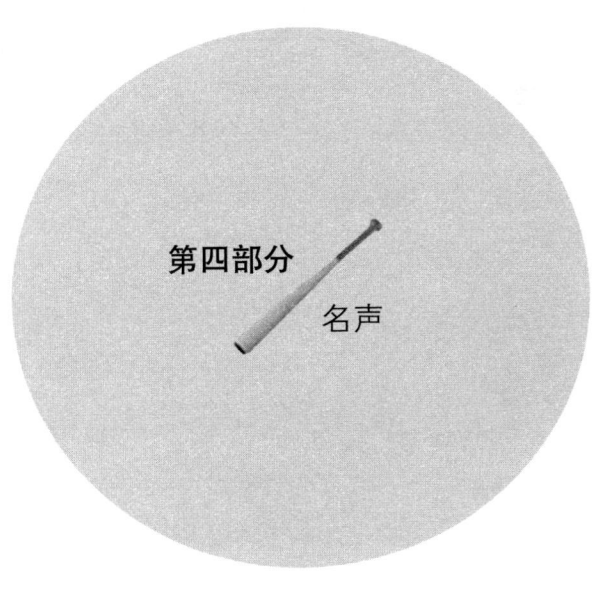

第四部分

名声

第十章

举灯照亮你的问题

> 吉米·卡特。吉米·卡特?怎么可能呢?我甚至都不知道吉米·卡特是谁,并且,据我所知,我的朋友中也没有认识他的。
>
> ——W·艾夫里尔·哈里曼

1974年是吉米·卡特担任佐治亚州州长任期的最后一年。一天晚上,当和新闻顾问杰拉尔德·拉夫肖恩在州长官邸共饮啤酒时,卡特的心情突然变得沉重起来。他将话题从他们刚才正在讨论的私人问题转移到了远景规划上。

"我们的确是有必要开始考虑这次总统竞选可以在什么问题上做文章了。我想我已经把它们都想好了,"拉夫肖恩记得卡特这样说道。然后,在一张长长的黄色便笺纸上,卡特把他认为是

自己财富的东西都写了下来。

> 不是一个律师
>
> 南方人
>
> 农场主
>
> 一年有 300 天的时间参与竞选（将很快离任）
>
> 有道德操守
>
> 不属于华盛顿熟面孔中的一部分
>
> 虔诚信教

在那个晚上以及此后的许多个月里，拉夫肖恩以及卡特小规模的工作班子里的其他核心成员都开玩笑说，绝大多数人都会把列在黄色便笺纸上的那几点彻底看成是卡特的劣势，而不是他的优势。"但是我认为我们可以把它们转变成强项，"州长在那个晚上就这样说了，日后的实践证明了这一点。

在常人看来，卡特背景中的这些因素是不利于竞选总统的，但他没有遮遮掩掩，而是选择了自曝其短。在通往白宫之路的两年的竞选过程中，他的陈述越来越臻于完美。"我并不是一个律师，尽管我对他们怀着极大的敬意，并且，我的儿子就是一名律师。我从来没有在华盛顿工作过。我既没有当选过参议员也没有当选过众议员。我从来没有和一位民主党总统会过面。"他甚至

第十章 举灯照亮你的问题

将自己描述为一匹政治上的黑马来与听众逗乐,绘声绘色地介绍了最近一次民意测验的结果,该测验要求人们将他们心目中有可能成为总统候选人的那些大名鼎鼎的民主党人的名字一一列举出来。接着,卡特会故意板着一张扑克脸,拖腔带调地念那一长串熠熠生辉的名字:参议员休伯特·汉弗莱,参议员亨利·杰克逊,印第安纳州的参议员伯奇·贝赫,纽约州州长休·L·凯里,加利福尼亚州州长杰里·布朗。

"哦,这张单子上甚至还有一个佐治亚州人呢,他在民意测验中得到了1%的支持率,"他微笑着补充道,并稍微停顿一下,"他的名字就是——朱利安·邦德。"

卡特完全知道,在传统的眼光看来一个总统候选人应当是怎么样的——律师,担任过参议员或者州长,在对外政策方面富有经验。他同时也认识到,公众的态度是有着很大灵活性的。人们完全有可能接受一个在内政外交上与前任有着截然不同主张的候选人。重要的是候选人本人如何向公众解释他那不是那么符合普遍看法的履历。

卡特的继任者罗纳德·里根同样坚信这一政治原则——做

> 做你自己的不幸消息的送信者,总比让别人来传播你的坏消息更好。

你自己的不幸消息的送信者，总比让别人来传播你的坏消息更好。

当里根在1984年的第一场总统竞选辩论中遭遇沃尔特·蒙代尔时，他的差强人意的表现引起了人们对他的执政能力的质疑。最大的障碍就是他的关于社会保障并不是联邦赤字的一部分的论点。

但是，导致他落败的并不是他在首轮回合中没能抓住某一特定事实这一令人失望的表现，让人们议论纷纷的是他的整体表现。譬如《新闻周刊》就说他显得"虚弱不堪"，到底是年龄不饶人，这位73岁的总统应该让路了。紧接着的几天，"早安，星期一"节目的主持人也幸灾乐祸地将里根奚落了一番。即便是某些忠实的追随者当时也转变了态度，语气中明显地含讥带讽。作为共和党在参议院的领袖，小霍华德·H·贝克就这样告诉记者："你们在辩论中所看到的也就是你们会在内阁会议和首脑会议中所看到的。"他的批评并没有点到为止。"如果这件事的意义是让你们得到了一个突破了表面的印象，那么我得说，你们在今天晚上所得到的要比我在各种公众场合所得到的罗纳德·里根的所有印象还要多。"

一旦共和党内部乱了阵脚，一再升温的反对声浪也就压抑不住了。大名鼎鼎的众议长蒂普·奥尼尔不失时机地煽风点火、添油加醋，"白宫的人们希望尽快地恢复旧日的威严，"他在记者招

第十章 举灯照亮你的问题

待会上这样说道。另一个民主党人可就没有这么含蓄了，他直截了当地说总统在辩论中"昏话连篇"。

几天之后，发表在《华尔街日报》第一版的一篇文章把公众对里根的愤怒之情推向了顶峰。标题是"美国年纪最大的总统现在是否已老迈昏庸？""里根在辩论中的表现导致了人们对他的执政能力的公开猜疑。"

民主党人嗅到了空气中漂浮的胜利气息。自从竞选开始之后，他们第一次感觉到了沃尔特·蒙代尔击败有着良好舆论基础的现任总统的可能性。如果里根在他们第二个回合的较量中继续犯错的话，毫无疑问，相当部分公众的眼光将会投向年富力强的沃尔特·蒙代尔。

里根的竞选班子的焦虑是不言而喻的。白宫总管詹姆斯·贝克公布了总统最近的健康检查报告，以便说明他仍旧"处于良好的精神状态"的事实。他的核心顾问之一李·阿特沃特制订出了一个应急计划，以备总统在第二次辩论中的表现和第一次一样糟糕的情况下实施，那就是大肆渲染蒙代尔对社会大福利计划的支持以及对新武器系统的反对态度，对此进行不遗余力的攻击。

阿特沃特的备忘录同时还号召里根的支持者指责竞选辩论为"古怪的仪式"，这种古怪的仪式在按照文明规则选择总统的过程中不应当有立足之地。一旦他们所担心的里根的失败真的发生，这一事实将被用"烟雾制造机"遮掩起来。备忘录中继续写道：

"如果总统的表现真的很糟,那么我们的工作就是模糊这一结果。'烟雾制造机'的唯一的也是最重要的使命就是将人们的注意力转移到蒙代尔身上,并尽可能地突出对他的负面评价。"

与此同时,经过了紧锣密鼓准备的第二次辩论开始了。至关重要的问题只有一个,年龄。人们关注的焦点也只有一个,罗纳德·里根是否显示了"思维混乱"的任何迹象。

亨利·特里惠特是《巴尔的摩太阳报》的记者,作为辩论现场的一员,他的问题直切主题。在举了1962年的古巴导弹危机为例后,他提醒观众,没有哪位总统确切地知道自己在什么时候可能不得不面对高度压力的考验,这种考验通常要求领袖具有充沛的精力和高度迅捷的判断力。里根总统觉得他自己"足以在类似的情境中担当起大任吗?"

里根对此显然早有准备。他以一种假装的严肃口吻回答道:"我在这次竞选中不会把我的年龄作为一个因素。我不想为了政治目的而利用我的竞选对手太年轻、还缺乏经验的弱点。"辩论结束了。即便是蒙代尔也不得不报以一笑,尽管他知道,在充斥他周围的笑声和雷鸣般的掌声中,他在竞选中曾经拥有的机会已经转瞬即逝了。

里根的重振雄风为当地和全国的新闻网络提供了一个最佳题材,所有的新闻广播都在回放那10秒钟的"原声摘要",并且在此后的日子里一播再播。他自己的民意测验专家则从电视观众那里获得了一个积极的反馈。一句话，这位来自好莱坞的老演员成功地搬掉了有可能阻碍他连任的唯一的绊脚石。

在消除年龄障碍时，里根同时也展示了一个重要的政治策略，那就是如果你个人背景中的某个问题被公开提起，你需要自己来解答这个问题。

你在面对面地向别人推销自己和向一大群人推销自己这两种情况下，"**举灯照亮你的问题**"的解决途径起到的作用是相同的。无论是通过"零售"还是"批发"推销自己，持久的真理都是：当陷入疑云时，尽快地从中解脱出来。如果你做了某件你的老板不喜欢看到的事情，最好的办法就是你自己把这个坏消息告诉他。这会给他一个极好的松弛紧张情绪的机会。因为你的行动表明，你没有想方设法地对他隐瞒什么。更重要的是，这样做可以防止他因为从其他什么人那里得到消息而出现震惊或者极度尴尬的现象。

> 如果你做了某件你的老板不喜欢看到的事情，最好的办法就是你自己把这个坏消息告诉他。

坏消息都有着自动传播的特性。与其坐等别人对你做出不利的安排，不如主动认错受罚。

1960年，民主党的总统候选人肯尼迪因为他的罗马天主教信仰而受到持续攻击。许多人认为，在肯尼迪对国家的忠诚和他对教会的虔敬之间，将不可避免地发生冲突。在这个新教徒占据了统治地位的国家，选民过去从来没有允许过一个天主教徒荣登总统宝座。公众舆论沸沸扬扬，那就是无论教育政策还是对外政策，约翰·F·肯尼迪肯定会对梵蒂冈的指令俯首帖耳。

为了消除反对者对他的敌意，肯尼迪开始了努力。他前往一个由一群新教牧师在休斯敦召开的会议，那个会议备受公众瞩目。这一安排是至关重要的，在秋季竞选活动开始后的第一周便到得克萨斯，以一个等待评判的被告的姿态出现，主动接受那些被认为对他持最强烈怀疑态度的人们的评判。

为了重点突出此次旅行的"大卫—歌利亚"（后者是《圣经·旧约》中记载的非利士族巨人，为大卫所杀）性质，肯尼迪的竞选班子做出了两项决定。首先，总统候选人将单枪匹马地前往休斯敦。其次，正如策划这次活动的罗伯特·斯特劳斯所回忆的，他接到林登·约翰逊的命令，在第一时间连篇累牍地报道那些得克萨斯传教士们"最为卑鄙、最为肮脏无耻的一面"。这样，全国的电视观众在决定将选票投向谁时就不会有丝毫犹豫了。

肯尼迪传递的信息明晰透彻而又振奋人心。他把美国描述为这样一个国家，"没有任何天主教的高级教士会在这个国度里对总统指手画脚、发号施令。如果他是一个天主教徒的话，并且，也不会有任何新教的牧师告诉他所在教区的选民应当投票给谁。"

第十章 举灯照亮你的问题

在这个国家，他说道，"宗教自由是如此重要的一个组成部分，以至于针对某一教会的任何一个恶意举动，都会被看做是针对所有人的恶意举动。"

最后，他总结说，一旦他发觉自己的良心与整个国家的利益发生冲突时，他将辞去总统职务。这一奇特的承诺起到了关键的作用。因为对于相当部分公众来说，他们对一个天主教总统的担忧并不是基于任何内在的偏执，而是基于很容易想象的一些紧张压力，诸如在离婚、生育控制、死刑等这样一些问题上，总统会在他的世俗事务和宗教信仰之间摇摆不定、无法抉择。而肯尼迪所做的这个承诺，使这一问题可以迎刃而解了。

通过在休斯敦的传教士们面前出现并一一回答所有合情合理的问题，肯尼迪留给他的反对者的是这样一些不合情理的疑问，诸如，美国真的需要一个天主教总统吗？现在，任何基于宗教理由而反对他的人都被看成了顽固不化者。山姆·雷伯恩在休斯敦会议前是对肯尼迪持强烈怀疑态度者中的一员，在这次会面后，他感觉肯尼迪就像一个孤身深入虎穴的角斗士，不仅避免了被吃掉的厄运，还成功地驯服了凶猛的野兽。"正如我们在得克萨斯会议上所说的，他征服了我们。"

肯尼迪聪明地"**举灯照亮自己的问题。**"他建立了自身将受到评判的规则，自己为自己确定了审判日期，并主动召集了评判者。借助于一种古怪而巧妙的方式，他个性中的大胆无畏注定了休斯敦审判的结果只能是无罪判决。

肯尼迪家族很快再一次运用上述法则。当总统最小的弟弟爱德华·穆尔·肯尼迪于1962年参与参议员的角逐时,他在一次电视辩论中被对手攻击为"无所事事、游手好闲",这无疑是对他的候选人资格的致命一击。"如果你的名字是爱德华·穆尔,你甚至都不具备成为候选人的资格,"他的对手在电视辩论停止转播的最后一刻这样说道。打击是巨大的,肯尼迪如芒在脊、坐卧不安。

第二天早上,命运之神,或者说策略干预了。在剩下的竞选时间里,爱德华·穆尔将不遗余力地向选民讲述这个故事。当他在工厂门口兜圈子时,一个老工人走近他并问道,"嗨,肯尼迪,你就是那个他们在昨天晚上说的从来没有工作过一天的家伙吗?"

在确认他的眼力没错的情况下,饱经风霜的码头工人对容光焕发、神采奕奕的年轻候选人说:"哦,让我告诉你一件事,你没有错过任何东西。"

这个故事和两年前肯尼迪的竞选班子为他在西弗吉尼亚的总统竞选活动所制造的宣传攻势异曲同工,这样的故事总是能引起广大工人阶层的共鸣并使得他们开怀大笑。这个小故事成功地将公众的注意力从候选人的资格条件——这在当时是关注的焦点,转移到相对不是那么薄弱的环节即财富问题上。难道任何人应当为他们的富裕而受到谴责吗?难道不是所有人都渴望致富吗?通

第十章 举灯照亮你的问题

过直面问题,爱德华·穆尔·肯尼迪顺利地扭转了颓势。富可敌国不再是一种障碍,而是公众认可的优势。

一代人之后,同样的策略被另一个家财万贯、声名显赫的美国人再次运用。

约翰·D·洛克菲勒是一个拥有一笔比肯尼迪家族更为庞大的财产的继承者,这使他所面对的"富裕而无能的富家子"的问题注定会更加棘手。他不仅仅是一个通过继承而变得极其富有的人,他在日常生活中还显示了一种趋向,那就是为了当选他会逼迫家族贡献出最后一个美元。他在西弗吉尼亚附近连续4年的大肆挥霍,在华盛顿记者中间已经传为一桩丑闻。

1985年,洛克菲勒抵达华盛顿,开始一场通向参议院席位的势均力敌的激烈角逐。首都媒体中的任何一个新闻记者都清楚地知道他是如何获胜的。在刚刚过去的整个秋季,他的商业广告一直在华盛顿电视台上轮番轰炸,目的很简单,就是要让首都的媒体熟悉西弗吉尼亚那块狭长的土地。为了赢得小镇哈波斯菲利的选票,他不惜花费巨资占领昂贵的新闻市场。华盛顿的市民只能猜测他在他所在的州到底投入了多少来争取更为广大的电视观众,毫无疑问,那肯定是一个天文数字。出现在观众面前的是这样一个人,他早就当选过州秘书长,曾经两次当选为州长,现在

231

又重金出击来赢取一个参议院的席位。因此,当风度翩翩的年轻参议员出现在华盛顿媒体基金会的年度半正式宴会上时,他并不像在家乡一样是大家的一个宠儿。大厅里的一个普通记者一年能赚 4 万美元就算是相当幸运的了,他们梦寐以求的就是在退休时年薪能达到 6 万美元。然而,在那个晚上,约翰·洛克菲勒,这个来自查尔斯顿和乔治城的有钱的乡下人,巧妙地消除了人们对他的反感和敌意。事实上,他让他们都喜欢上了他。

在轮到他致辞时,洛克菲勒一语惊人,令人久久难忘。"在座的各位中如果有谁不得不掏出 75 美元来购买这次宴会门票,请你想开一点。要知道,我今晚能坐在这儿的代价可是 1200 万美元。"

洛克菲勒验证了那条古老的法则。新闻媒体所需要的就是,这个站在他们面前的神气活现的人自己承认,他所获得的一切既不是因为辛苦的劳动,也不是由于出众的才智。他没有宣称自己有丝毫优越于他们的地方。通过这样一番表白,他被接受进了这个团体,为他在华盛顿的生涯打开了一条路。

1958 年,还有一个西弗吉尼亚州人也运用过这个策略,不过,他所面临的困难要大得多。作为美国矿工一贯的支持者,众议员罗伯特·C·伯德在角逐参议院席位时,对获得矿工团体的认可这一点可谓胸有成竹。不过,事情好像并非如此。他出乎意料地得到通知,在竞选中有着举足轻重地位的美国矿工联合会的一个代表约翰·L·路易斯想要跟他会面。他隐隐约约地猜测到，这肯定不是一个好消息，结果真的如此。在双方见面的宾馆里，他获得的消息有如晴天霹雳。路易斯和他那势力强大的组织将支持前州长威廉·马林竞选参议院席位。至于伯德，他们打算支持他重新当选众议员。

伯德一言不发地听完了这个决定，第二天就召开了一个记者招待会发布声明。首先，他将作为候选人角逐参议院的席位。其次，威廉·马林也将参与竞选。第三，约翰·L·路易斯打算支持马林参选。

这一举动的成效是难以估量的。如果他对路易斯的决定保持沉默的话，他肯定会被巨大的压力击败。而如果他发布的声明只涉及自己，那么在马林也发布声明的情况下，他的声明肯定会黯然失色。现在，通过同时为马林和路易斯发布声明，他的移花接木之计大获成功。最终的结果是，马林决定退出这场特殊的角逐，而约翰·L·路易斯则宣布支持伯德。

"**举灯照亮你的问题**"的法则并不仅仅适用于政治选举领域。在申请任何位高权重的工作时，你都不妨借鉴一下另一位华盛顿人非同寻常的成功经验，尽管他可能不是那么出名。

在20世纪70年代，道格拉斯·贝内特曾经先后是密苏里州的托马斯·F·伊格尔顿参议员和康涅狄格州的亚伯拉罕·A·里比科夫参议员的高级助理。由于贝内特展示他自身缺陷的功夫是如此老道，以至于很多时候人们都低估了他的实力。

当参议院预算委员会于1974年创建时，贝内特申请了其中的主管一职。在他写给委员会主席缅因州的埃德蒙·S·马斯基的申请信中，他坦率地承认自己既没有经济学方面的学位，并且在预算事务方面也没有任何经验。不过，他继续解释道，这个新成立的委员会尤其是它的主席所面临的最大挑战，是如何说服其他的参议员接受委员会的存在并支持它削减和消灭非必要花费的工作。毫无疑问，委员会将雇佣管理和预算办公室的大量经济学家和数字专家。但是，马斯基班子所最需要的并不是这些专家，而是一个清楚地知道如何在参议院内部寻求和培养一批委员会的支持者的主管。委员会需要有这样一个人，他与参议员们熟悉并握有关于他们的倾向偏好的第一手资料。譬如，曾经担任过参议员的高级私人助理的人就是恰当的人选。

贝内特如愿以偿地得到了这份工作，并且表现出色、游刃有余。

几年之后，国内公用无线电台在经历了一段时间混乱的财务管理后，宣布说它聘请了一个新的总裁。《华盛顿邮报》对这个千挑万选出来的佼佼者进行了专访。道格拉斯·贝内特解释了自己能荣任这个职位的可能原因。

第十章 举灯照亮你的问题

他承认他在广播或新闻方面都没有什么背景。他说他知道国内公用无线电台早就已经拥有大量有着丰富广播经验的人才和众多的资深新闻记者。国内公用无线电台总裁的职位，需要的是一个精通预算管理并能够在国会很好地发挥作用从而争取到足够财政资助的人。

"**举灯照亮你的问题**"的法则在实际生活中的应用是不胜枚举的。例如，身体有着明显残疾的人通常会令其他人在与之交往时拘束不安，然而，如果能以一种实事求是的平和心态甚至轻松的口吻主动谈及这一点，对方的心情也会随即放松下来。

巴巴拉·A·米库尔斯基是第一个获得参议院议席的民主党妇女，她在1986年凭着自己的能力而不是作为某个政要的遗孀或女儿当选。这位来自巴尔的摩的活跃的前市议会女议员终于赢得了成功，尽管她的反对者曾经以她是否有损参议院的"形象"这个问题大做文章。成为指责把柄的不仅仅是她普普通通的政治背景，同时还有她的身高。米库尔斯基身高仅为4英尺11英寸（1.49米）。

她在政治竞选活动中抛头露面时的标准道具是一个两边为波纹状的铝质的小手提箱。她把这作为自己的讲台。当别人以极其简单明了的方式将她介绍给听众时，她的话就像从机关枪里射出来一样又快又急:"这个介绍和我的身材一样短小。"

　　凡是从事过公共关系工作的人都会深有体会,那就是不论涉及的是你的客户还是某件产品,主动承认问题都会更加有助于事态的解决。泰莱诺尔的制造商在因瓶子事件成为牺牲品之后,深刻地认识到了这一原则蕴涵的智慧。通过公开坦荡地直面问题而不是遮遮掩掩,他们赢得了公众的同情和尊敬,股票价值几乎没有受到任何影响。由于管理层在明知自己的利益会受到损害的情况下仍旧对公众报以诚信,实事求是地介绍存在的隐患,他们及他们的产品在公众中树立了极其良好的形象。

　　吉米·卡特的新闻秘书乔迪·鲍威尔在其白宫岁月结束之后这样写道:"放弃你个人一厢情愿的想法,主动提供那些注定只能给你带来麻烦的消息,这当然是违反人类天性的。"但是,正如鲍威尔在伊朗人质事件以及其他危机事件中所学到的,这也是事实证明的唯一可行的缓和并解决问题的途径。"不论事态在一开始有多么糟糕,一味拖延的结果只能使它变得更糟。"

　　遗憾的是,罗纳德·里根并没有从他的前任们那里学到这一原则。当1986年底伊朗门事件在公众面前曝光,媒体揭露了他的代理人曾经秘密向伊朗伊斯兰教什叶派领袖霍梅尼出售武器的事实时,里根的第一反应是尽量进行遮掩,然后他又把责任推到他的国家安全助理头上,接着,他又把责任推卸给白宫办公厅主任唐纳德·T·里甘。最终,4个月之后,在民意测验显示他的支持率降低 20 个百分点的情况下，他才承认了错误。

事实上，他早该从历史上学到这方面的经验教训。在约翰·F·肯尼迪执政时期，他在全国民意测验中得到的支持率从来没有像在他为猪湾事件独自承担起全部责任后的那一段时期那么高过。形成鲜明对照的是，里根的畏首畏尾导致他在数个月中惨遭媒体围攻，并由此导致了国会调查，而肯尼迪主动承担责任以便减小损失的果断举动则使他的支持率大大飙升。"通过把责任全部揽到自己身上，"他的助手特德·索伦森这样写道，"他同时赢得了专业人员和公众的尊敬，避免了党派性的调查和攻击，并由此阻止了进一步的指控。"

由于在谁应当为向伊朗出售武器承担责任这个问题上含糊其辞、躲闪推诿，罗纳德·里根自己为自己挖下了陷阱。一点一点地，内幕被逐渐揭开；一点一点地，总统的信誉日益下降。为了对他如何缓慢地在羞辱中回归诚实这个过程有一个整体的了解，不妨来比较一下下面两份对公众发表的声明，它们都是里根在国家电视台的黄金时段公布的。

1986 年 11 月 13 日："指控认为，美国将武器用船只秘密运送到伊朗，作为释放美国在黎巴嫩的人质的赎换条件，美国出卖了他的盟友并违反了禁止与恐怖分子进行非法交易的政策。这些指控都是彻头彻尾的谎言。"

1987 年 3 月 4 日："几个月之前，我告诉美国人民我没有为了人质而出售武器。我的内心和我最良好的意愿仍旧告诉我这是真的,但是,事实和证据告诉我并非如此。现在,当你犯了错误时应该是这样做,你承担起责任,从教训中学习,然后继续前进。"

5个月之后,总统恢复了正常。有趣的是,他的第二篇演说稿出自兰登·帕文之手。在6年前,同样是这位演讲稿撰写人曾经帮助南希·里根解决了一个严重的公共关系问题。

在她入住白宫的第一年,里根夫人曾经被媒体描绘成一个玛丽·安托瓦内特(**法国国王路易十六的王后**)式的人物,对设计师设计的时装的关注远胜于对她的国家的关注。

里根夫人在一个灯火辉煌的夜晚破除了外界对她的消极印象,当时她出现在一个云集了华盛顿所有著名记者的正式晚宴上。由兰登·帕文亲自为她谱写歌词,她声情并茂地高歌的一曲经过改编的"二手玫瑰",赢得了满堂喝彩和如雷的掌声。就这样,这个因为抱怨白宫瓷器质量而备受指责的女人,这个被认为是只对时装感兴趣的女人,证明了自己并非贝弗利希尔斯(**好莱坞影星集聚地**)孤僻冷漠、高不可攀的女王,那是她一贯被媒体描绘成的形象。

在此后里根总统的任期里,她的支持率持续攀升并一直居高不下。

已故的罗伯特·F·肯尼迪习惯于通过将自己说成是一个

"无情的人"从而消除听众的敌意,南希·里根也像他一样,学会了举灯照亮她的问题。

几年之后,一个很有希望的民主党总统候选人采取了跟南希同样的策略。作为1988年民主党全国大会的主要发言人,阿肯色州长比尔·克林顿抵达了亚特兰大。当他大步走向讲台时,乐队正在演奏昂扬激越的《烈火战车》的主题曲。与周围热烈的气氛相反,比尔·克林顿的心却在越来越往下沉。从最初的几分钟开始,他就知道没有人在听他的演说。在煎熬了可怕的32分钟之后,他总算获得了台下的第一片掌声,他当时说的是:"最后……"

第二天晚上,约翰尼·卡森就用这个有着不可思议的煽动性的词(指"最后")作为他的独角戏的开场白。他顺便还借题发挥,开玩笑说美国卫生局局长已经同意把克林顿在亚特兰大的演说作为一种"非处方安眠药"。

第二个星期,克林顿举灯照亮了他的问题。帕尔斯·哈里·托马森和他的妻子琳达·布拉德沃斯·托马森用计让他在"今夜演播"中做了一回客串。他技艺娴熟地演奏了萨克斯管,讲了几个关于他自己的笑话,一下子使公众形象大为改观。正如传记作家大卫·马拉尼斯所指出的,并且克林顿本人也表示赞同,更多的人是从他对卡森的对应动作而不是从亚特兰大的演说中认识他的。

第十一章

旋转你的角色

> 你将和总统共进午餐。菜单上的主食就是屈辱。你将低声下气、忍辱含羞地把它们吃得一干二净。你将是有史以来最为懊悔不迭的浑蛋。
>
> ——詹姆斯·A·贝克三世

1992年新罕布什尔州总统预选结束后的那天早上，我跟我的"早安，美国"节目的辩论搭档比尔·贝内特一起坐在美国广播公司四面绿色的房间里。突然，一个穿着蓝色套装的身影出现在我们面前，原来是神采飞扬一脸自信的比尔·克林顿。他随手抓起一个油炸圈饼，然后开始轻松随意地和贝内特侃侃而谈，很显然他们是一对老朋友了。过了一会儿之后，一个态度谦和的人从同一个入口进来了。走近我的时候，他很有礼貌地问我他是否

第十一章 旋转你的角色

能从刚才比尔·克林顿拿油炸圈饼的盘子里拿一个饼。他的肩膀上斜挎了一个大学男生常用的书包，从外表上看，一点都不像是刚刚赢得了新罕布什尔州的总统预选。

与此相应，比尔·克林顿的表现也一点不像是刚输掉了预选。他有什么必要垂头丧气呢？通过表现出一副大获全胜的样子，克林顿让其他人也保持高昂的精神状态，彻底忘掉了保罗·聪格斯——那个挎着书包的家伙曾经以整整8个百分点的优势击败了他。在第二个回合的较量中，他为自己打出了"卷土重来的孩子"的旗号，并一举扭转劣势，以大比分胜出。通过在他的问题上挂一盏灯，包括逃避兵役的证据和女歌手珍妮弗·弗劳尔斯发表的关于两人之间长期非正常关系的公开声明，他重新将自己塑造成了一个赢家。

和华尔街上的任何一个分析师谈话，你都会听到大量故事，讲述公司如何不计时间、精力和花费，竭尽所能地调节人们对他们的业绩的期望心理以及相关反应。当他们的股票价格上扬时，固然是好消息，当股票价格下跌时，则意味着见利抛售或见利补进，所以同样是好消息！

政治家把这种策略称之为**旋转你的角色，让对手退场**。

1984年，作为候选人的沃尔特·蒙代尔在民主党内的提名竞争领先。他的支持者发动了一场谨慎的运动，旨在加强他的领先地位并使他的提名成为定局。在艾奥瓦州举行的党内领导人会议上，在第一回合真刀实枪的较量中，蒙代尔以49％对16％的绝对优势击败了科罗拉多州参议员加里·哈特。

但是，当年轻、没有经验的新生代候选人哈特在新罕布什尔州的较量中取得压倒性胜利后，局势发生了变化。一周以后，在缅因州的党内领导人会议上，哈特再次超越蒙代尔。

这时距离超级星期二，也就是1984年的民主党内预选大会举行的日子——这也是蒙代尔计划赢得党内总统候选人提名的日子——还有两天。但是，哈特正在把他当做早餐逐渐蚕食，在马萨诸塞州和佛罗里达州的角逐中，哈特都是一路遥遥领先。即使是戴德郡也打算在投票中反对这位来自明尼苏达州的竞争者，尽管他是休伯特·汉弗莱所维护的对象。如果蒙代尔能够赢得阿拉巴马州和佐治亚州的胜利并最终在党内预选大会上胜出，那只能说明他太幸运了。

蒙代尔的竞选主管罗伯特·贝克尔清楚地知道，佐治亚州的失败将是灾难性的。曾经担任过吉米·卡特的副总统的蒙代尔在吉米·卡特的家乡竞选遭到失败，会是无法解释的。

贝克尔应用了旋转的策略，这也是"举灯照亮你的问题"那一策略的狡猾、聪明的延伸。首先，你得承认你遇到了危机。其次，当公众还买你的账的时候，迅速利用这一有利形势把烫手的

第十一章 旋转你的角色

山芋扔给对手。

下面就是贝克尔在超级星期二中运用的策略。如果佐治亚州的失败意味着导致全国的失败，那么反过来也一样，佐治亚州的胜利也可以认为是全国的胜利。如果蒙代尔赢得了佐治亚州的胜利，那将意味着他打通了通向白宫的道路。

在民主党预选大会前的36小时内，贝克尔向每一个愿意倾听的记者传递着这样一条信息——为了赢得竞选，蒙代尔必须拿下佐治亚州。如果他失去了佐治亚州，他就完蛋了，但如果他赢了，他就能击败哈特。

为了超级星期二民主党预选大会，贝克尔还准备了另一个方案。也许蒙代尔在会前处于劣势，也许他在那些对大会结果有着至关重要影响的州缺乏支持，但是，媒体仍然需要预选大会的新闻，尤其是全美广播公司专门安排了一个在东部标准时间晚上10点钟报告超级星期二最新结果的一个小时长的特别节目。

贝克尔想要确保这些新闻报道看起来对蒙代尔十分有利。虽然他的候选人在那几个主要州可能得不到足够的选票，但贝克尔仍然能在首都召集足够多的、能够引起媒体关注的人参加大会。他给大华盛顿地区每一个他所认识的蒙代尔的支持者打电话，以确信他们能在预选大会当晚赶到希尔顿国会大厦。他告诉他们："你们和弗雷兹站在一起，这是一个他需要你们的夜晚。赶到那里去吧，成败就靠你们了。"

一大群数量可观的"蒙代尔支持者"聚集到了一起。每一个专职的竞选工作者、每一个正在寻找业务的华盛顿律师、每一个所能找到的民主党支持者都集中在大厅熠熠闪光的媒体聚光灯下。

这个蒙代尔的智囊（指贝克尔）采用了杰里·布鲁诺曾经运用过的策略，这一策略曾经在1960年成功地造就了著名的约翰·肯尼迪。具体而言，就是使用隔墙把房间分割得尽可能小。贝克尔后来说："我们建起了一道围墙，使房间的面积只有大厅的三分之一，整个房间简直拥挤得无立锥之地。在他妈的这么狭窄的地方，你动也别想动。"

为了这个可能是历史上最了不起的选举夜晚，还专门搭起了音像舞台。蒙代尔输掉了9轮角逐中的7场，但这仅仅是机械的数字而已。当10点刚过去几分钟的时候，竞选主管罗伯特·贝克尔走进这个看起来像一个拥挤的舞厅的地方，告诉那些忠实的支持者说蒙代尔刚刚拿下了佐治亚州。对那些国家广播公司的听众来说，这真像一个胜利宣言。

贝克尔的旋转策略运用得极其成功。超级星期二之后的第二天早晨，当他去参加一个叫"今日"的直播采访节目的时候，贝克尔受到了布赖恩特·甘贝尔的热烈祝贺。这位神采飞扬的客人高兴地说："是的，我们又赢得了优势。"

贝克尔通过两个步骤实现了这个新闻策划的奇迹：通过公开

承认所面临的困境,他建立了自己的媒体信任度;通过用尽可能最有利的方式来说明这些事件,他建立了短暂的真实性。通过告知媒体佐治亚州的失败会导致蒙代尔的彻底完蛋,他就能够在他的候选人仅仅在一个事先被忽略的预选州取得胜利后,宣布他的候选人取得了超级星期二的胜利。

通过提前一步跨越最后的结局,到处都可以运用旋转策略。一旦用"举灯照亮你的问题"的策略把自己塑造成一个诚实的游戏者,你就能利用这种可信度了。

旋转策略在政治中并不新奇。多年前一个焦头烂额的年轻政治家用它实现了一个更为戏剧性的逆转。

1952年9月22日,一个39岁的参议员(理查德·尼克松)正乘坐美国航空公司的航班,由波兰飞往洛杉矶。第二天夜里他将要发表他职业生涯中的一个重要演说。从他前面的坐椅背后,他抽出一叠明信片,开始在上面勾画他的计划。

"西洋跳棋……帕特的布外套……"

这个年轻人正准备捍卫自己如日东升的事业,驳斥对自己腐败的指控。正如一个聪明的政治家能够仅仅通过承认自己面临困境从而控制局势一样,这个狡猾的年轻人学会了迅速地实现把这种承认转变成优势的战略转变,从而把人们的视线转移到完全不同的地方上去。

如果说有人需要旋转策略,这个人就是理查德·尼克松。早在 6 年前,他靠攻击他的政敌和美国左翼联盟,顺利地进入了众议院。他揭露了阿尔格·希斯的共产主义情结,并在 1950 年通过给人扣上"赤色主义"的帽子进一步挺进参议院。两年后,他被提名为共和党副总统候选人,和美国二战英雄德怀特·艾森豪威尔搭档竞选总统。现在尼克松正处在一个政治风暴的中心。4 天前,那时还是自由主义报纸的《纽约邮报》打出了醒目的两行标题:"神秘富翁的信托基金使尼克松的所得远远超出他的薪水"。

最初这个年轻的加利福尼亚人感觉自己很迷茫、无助。当他的竞选列车被剧烈的批评者围攻的时候,他拼命地试图将这次基金丑闻归因于早些时候自己在攻破西斯案上取得的成功。"自从我做了这件事之后,共产主义者和左翼联盟总是想抓住任何无中生有的污点来攻击我。"

人们很可以理解尼克松没有保持冷静。首先,遭到质疑的尼克松的基金问题和其他政治家的并没有什么本质的不同。而且,他没有把该基金中的一分钱装入个人腰包。但是,这些理由在这时候似乎都无关紧要了。这个总是通过制造混乱、乘机浑水摸鱼而发迹的政治家,现在发现自己正处在政治风暴的中心。

在随后的几天内,要求尼克松放弃竞选的压力日益增大,公众的抗议声浪一波高过一波。在周六,也就是 9 月 20 号,共和

第十一章 旋转你的角色

党的主要媒体《纽约先驱论坛报》发表了刺目的评论："在这件丑闻中，参议员尼克松唯一能做的就是发表正式声明，退出竞选。"

无论走到哪里尼克松都能看到类似于这样的标语：艾森豪威尔希望他退出竞选。同一天，艾森豪威尔的竞选班子邀请参议员威廉姆斯·F·诺兰加入竞选阵营，他也是加利福尼亚州人，也以反共著称。至此，尼克松的接替者已昭然若揭。当媒体问艾森豪威尔，尼克松是否会继续参加竞选时，他告诉媒体说他的竞选搭档必须是和"猎犬的牙齿一样清白无辜的"。

到了星期天，更多的坏消息接踵而来。一个在共和党内有着举足轻重地位的人物哈罗德·史塔生，给尼克松发了一个电报，催促他赶紧声明退出竞选。

作为艾森豪威尔竞选班子的幕后关键人物，州长托马斯·杜威给了尼克松一个建议。他认为副总统候选人应该在全美广播公司新闻播报节目中请求美国人民的原谅。如果他这样做的结果是60%的人支持他而40%的人反对他，那就意味着形势不妙。"但是，如果有90%的人支持你，而反对者只有10%，你就应当继续坚持。"尼克松预感到自己似乎快要完蛋了。稍后一点，艾森豪威尔本人又打电话来说："告诉人们你想说的一切，告诉他们从你政治生涯开始你所能记得的一切，告诉他们你曾经收到的每一分钱。"艾森豪威尔坚持道。

"将军阁下,你是否认为在这次电视节目之后,事情会有可能朝着完全不同的方向发展?"尼克松问艾森豪威尔。

"也许是吧。"后者回答说。

尼克松看着天花板说:"在这种情形下,结果就是这样,要么你占着马桶,要么就马上滚蛋。"

艾森豪威尔从他还是一个低级军官的时候就不喜欢听如此粗俗的言语,马上不高兴了。"请闭上你的臭嘴。"他说道。

尼克松花了整整一天的时间来准备演说。当离节目开始还有4个小时时,他就打算离开饭店了。此前他一直在和他的长期竞选总管默里·乔蒂纳以及他未来的国务卿威廉·P·罗杰斯商讨如何才能动员听众来支持他,从而赢得党内提名的胜利。正在这时电话响了,是一个叫"查普曼先生"的人打来的,尼克松知道这是杜威州长的别名,勉强拿起了话筒。

杜威:"艾森豪威尔的所有高级顾问们已经召开了一个会议,他们让我转告你,在他们看来,你应该在转播结束时向艾森豪威尔递交退出辞呈。"

尼克松没有答话。

杜威:"喂,你在听电话么?"

尼克松:"艾森豪威尔本人的意见怎么样?"

杜威:"我应该告诉他们你准备怎么做。"

尼克松:"你就告诉他们我对自己将要如何做还没有一丝头

绪，如果他们想知道结果的话，让他们收听广播好啦！并且转告他们，我是懂得政治的。"

那天夜晚，在有史以来数量最多的电视观众，据估计有 5800 万人面前，尼克松让他的政敌们大吃了一惊。

站在一张桌子前面，他开始了他的演讲：

"亲爱的美国同胞们，我今天晚上以副总统候选人的身份出现在你们面前，同时，我也是作为一个正直和诚实受到质疑的人出现在你们面前。"

接着，他向他的巨大、狂热的观众们交代了他的"彻底的财产账"。尼克松把观众带回了他的年轻时代，并列举了他的所有财产。

    一辆 1950 年产的老式汽车

    他在加利福尼亚州价值 3000 美元的房子一所，目前他的父母居住在那里

    一套在华盛顿价值 2 万美元的住宅

    没有任何股票，没有任何证券以及其他任何东西

在他富有感染力的极其戏剧性的演说中，尼克松很得体地展示了自己。当时的美国家庭仍然把自己的财产状况看成是一种秘不可宣的个人隐私，而尼克松实实在在地告诉美国人民他所拥有

的全部财产。在那个抵押被看做是很丢人的事情的年代,尼克松在电视上公布了他所有的债务。历史学家威廉·曼彻斯特对此曾经有过精彩的描述:"很显然,那些跟他一样为如何矫正孩子们的牙齿、更换壁炉以及偿还分期债务而忧心忡忡的观众,那些深有同感的人们,他们彻底被他征服了。"

尼克松同时还应用了旋转策略。他毫不避讳他需要外界的帮助,也承认仅靠自己的力量他很难办好任何事。如果能像民主党候选人伊利诺伊州州长阿德雷·E·斯蒂文森那样,从父亲那里继承了一大笔财产来竞选公职,那当然是再好不过了。但是,在美国这样一个民主社会里,任何一个出身平常、没有万贯家财的人也应该能够参加角逐。通过向人们坦白自己微薄的财产,尼克松成功地将人们的注意力从讨论人的诚实与否转移到了阶层出身上。在向人们公布了自己的整个财政状况后,尼克松说:"我们的钱并不多,但帕特(尼克松的妻子)和我感到很满足,因为每一分钱都确确实实是我们自己的。我想我还得说说这个,帕特虽然没有貂皮外套,但她却有一件让人尊重的共和党布外套。"

尼克松恢复生机了。他描述了有人如何送给他的女儿特里西娅一只英国小猎犬,并且特里西娅如何给它起了一个名字叫西洋跳棋。"现在我只想这样对大家说,无论他们说些什么,我们都将坚持到底。"

这些仅仅是初步的动作。那些以为自己记住了"西洋跳棋的演说"的人们却忘记了接下来所发生的。在无所顾忌地展示了自己的灵魂以后,现在这个饱受批评的候选人终于可以利用他所赢得的大众信任度了。他要开始猛烈地反击了。他没有仅仅停留在被动的防守上,他咄咄逼人的言词直指那些指责者。

"现在我要给那些吹毛求疵者一些建议。首先,你们已经读过关于其他基金的文章。斯蒂文森先生目前有两个这样的基金,我认为斯蒂文森先生应该做的就是和我一样,站到美国人民面前来,把那些向该基金捐赠过金钱的人们的名字告诉他们,把那些一边把这些金钱中饱私囊一边又从美国政府获得资助的人的名字告诉他们,同时让我们看看,他们用这些钱给我们带来了什么好处,如果有什么好处的话。"

接着他又开始攻击他竞选副总统的对手。"对于斯帕克曼先生(阿拉巴马州的约翰·J·斯帕克曼参议员),我也建议他做同样的事。他把他老婆弄进了拿薪水的名册中,我并不想为此而谴责他。但是,我想他也应该站到美国人民的前面来,向他们解释清楚他所有收入中的那些外来部分是怎么回事。"

尼克松把话题从候选人的行为不当转移到了他们是否愿意自我揭露、自我检讨。通过公开那些有辱身份的丑闻,他为官员们建立起了一个标准,那就是要公开自己的财政状况。在这场竞争中,尼克松在其他人还没有离开起跑线的时候就已经冲过了终点线。

旋转策略现在达到了顶峰。"在目前这样的情形下,我建议斯帕克曼先生和斯蒂文森先生都应当站到美国人民面前来,就像我所做的那样,向美国人民讲清楚他们的财政状况。如果他们不这样做,就意味着他们有什么见不得人的事需要隐瞒。"

有什么见不得人的事需要隐瞒!当听到这一点的时候,艾森豪威尔将军正在克里夫兰收看电视直播,由于震惊,他居然把正在做笔记用的铅笔猛地插入坐椅的垫子中。尼克松所说的似乎直指自己。如果人们要求候选人将他们的纳税情况以及其他材料公开,这将包括艾森豪威尔自己本人的秘密基金,特别是那些国会已经立法禁止使用、但自己仍从中接受金钱的战争纪念基金会。

第二天早晨,这个大人物(艾森豪威尔将军)在西弗吉尼亚州会见了他这个以全新面目出现的老谋深算的朋友,并向他大声叫嚷:"你真是好样的!"

这段西洋跳棋似的插曲表明:一旦你提高了大众信任度,你就能够控制局势并随心所欲、随时随地应用旋转策略。

> 一旦你提高了大众信任度,你就能够控制局势并随心所欲、随时随地应用旋转策略。

就旋转策略而言,再也没有人能够比里根总统第一个辉煌的

第十一章 旋转你的角色

任期内的媒体专家戴维·A·斯托克曼运用得更加得心应手了。一个典型的例子就是 1981 年的戴维·A·斯托克曼事件。

整整一年中，新上任的总统行政班子都在致力于驳斥民主党的攻击，后者指责总统的财政政策将给政府带来巨额赤字，以及政府的税收政策向富人倾斜。作为反击，12 月份的《大西洋月刊》刊登了一篇采访戴维·A·斯托克曼的长篇文章，在该文章中，这位里根的预算主管承认民主党的攻击实际上是正确的。下面就是这位总统的首席财政顾问亲口所说的。1981 年度的税收削减政策和五角大楼庞大的军费开支之间"并不是那么一致"。"这些事件是独立运作的，税收政策决定着政府的财政来源，而国防政策，它仅仅是写在纸上的计划而已。"斯托克曼这样跟采访者威廉·格雷德说。

斯托克曼大胆地承认，通过在账面上的瞒天过海——管理与预算办公室的小伙子喜欢将这称之为"神奇的星号"，整个预算草案事实上只不过是一张废纸。换句话说，总统的行政班子认为财政赤字可能减小的唯一原因是：预算主管的记录表明总统将在日后的某个时间宣布削减预算。也可以这么说，现在只管花，以后补上就行。事实是，预算主管对如何削减赤字压根就是一筹莫展，"没有人真正知道所有这些数字将发生什么变化。"

对于这届"保守的"行政班子的财政赤字的可信度，这些话无疑是猛烈的攻击。

斯托克曼对税收政策的曝光就更令人尴尬了。几个月以来，总统一直强调他的减税政策是非常公平的，该政策的目的是使普通纳税者能挣得更多。但是当人们发现税收政策是向富人们倾斜时，对它的抨击声就像连珠炮一样的不绝于耳。现在，斯托克曼的一番话语显然使得攻击的火力更猛了。斯托克曼指出，总统的税收政策的意图是：将高收入者的税率从70%调整为50%。为了"把这道美味做成政治糕饼"，该政策也将降低中等收入者的纳税率。整个纳税政策就像一个"把富人们的纳税率降下来的特洛伊木马"。

正是最后一个比喻将整个国家的注意力转移到了随后公布的政策上。

为了控制政府公众形象的破坏程度，白宫主管詹姆斯·贝克精心设计了一个了不起的旋转策略。该策略还是使用通常惯用的两部曲。首先，承认你遇到了麻烦，以便建立大众信任。然后运用这个已经增强的大众信任度，以一种可以将政治危害减少到最小的方式来处理你所遇到的麻烦。

正是斯托克曼本人给这个旋转策略进行了必要的包装。根据这位预算主管的备忘录的记载，他被叫进贝克的办公室，并被告知他有一个可以保住他职位的机会。"你将和总统共进午餐。菜单上的主食就是屈辱。你将低声下气、忍辱含羞地把它们吃得一干二净。你将是有史以来最为懊悔不迭的浑蛋。"

最重要的是，斯托克曼将要向白宫的新闻媒体展示这种悲哀的姿态。"当你经过椭圆形办公室的门口时，我想看到你这个蠢驴摔倒在地毯上。"

作为里根行政班子的核心人物之一，斯托克曼清楚总统的顾问们赋予这样一个比喻的重要性。他知道正是由于他使用了"特洛伊木马"这个比喻，给原先的故事注入了新的生命力。由于在这次发言中给自己带来了麻烦，现在他不得不遵循同样的规则走出困境。

当他还是明尼苏达州一个乡村农场的小孩子的时候，他手头就经常有一些聪明的比喻。"如果他们（里根总统的公共关系顾问）不知道现实和一个比喻之间的区别，我会把那些他们所需要的告诉他们。一个反喻。一次令人颜面扫地的训斥。一个自找的公开的侮辱。"斯托克曼告诉媒体说，他曾经被他的老板兼教父，也就是美利坚合众国总统声色俱厉地训斥过、羞辱过。

整个华盛顿地区的媒体沸沸扬扬的风言风语由此告终。就如同是一个很小但很细致铺排的戏剧，白宫的公共关系顾问们通过利用斯托克曼提出的这个顽皮孩子常用的比喻，成功地把整个媒体的关注焦点转移了，从对不健全的财政政策毫不留情地揭露转移到了一幕小肥皂剧：一个大有前途的年轻人是如何出卖一贯对他信任有加的老板和精神导师的。

旋转策略的基本原理是引人注目的。针对媒体的揭露引起的尴尬处境,唯一的途径就是矢口否认。但斯托克曼拒绝这样的矢口否认,他的发言被飞速地传了出去。因此,把媒体关注的焦点从预算审定转移到背叛出卖,这是至关重要的。解决背叛问题的办法就是进行补救,由此也就有了斯托克曼被严词训斥的自白。对大量不知内情而又不加分析的公众们来说,道德的比喻总是比科学的事实更有趣,更吸引人。

采访白宫的记者们迅速落入了圈套。有人向佩特·奥莉芬特和她的公司提供了一个可用作社论卡通的极好的题材,他们采纳了它。一个乡村小男孩,也就是小戴维·斯托克曼,泪流满面地从一幢丑陋的小建筑物里小心翼翼地走了出来,旁边站着一个冷酷的大人,他正在挥舞手中用于惩罚小戴维·斯托克曼的工具。读者的目光都被醒目的标题所吸引——"惩罚之旅"。

仅仅在数天内,白宫的旋转策略就完全控制住了局势。当然,这中间不乏一些关于斯托克曼所揭露的事实的经济意义的流言蜚语,但这些都被隐藏到政府的财政计划中去了。电视晚间新闻和报纸的头版头条所津津乐道的是那个关于被严词训斥的滑稽的卡通剧。斯托克曼的恶作剧意味着他承认严重违反了他对工作应有的忠诚——在这一点上并没有太多的承认——通过这一手法里根的顾问小组成功地将人们的视线转移到一个他们能够应付的事件上。他们甚至将总统塑造成一个既威严又仁慈的形象,从而成功地使他在人们心目中得分不少。现在这个可怜的回头浪子又

第十一章 旋转你的角色

开始重新为这个老头工作了,他感到一些羞辱,可心里对总统仁慈的品性又有那么一点点感激。背叛给自己带来的首先是惩罚,随后是懊悔,最后是赦免。

在面对危机的时候,几乎所有的人和几乎任何组织都可以运用这种旋转策略。如果用法律术语来表达,对某事运用旋转策略就相当于是认罪辨诉协议(**检察官与刑事被告或被告律师达成的由被告承认轻罪以便减轻处罚**)的一次练习。当面对指控的时候,律师们总是告诉他们的当事人向法庭认罪,但要求法庭从轻量刑。在斯托克曼这个特殊的案例里,我们被告知犯罪是个人所为,而并非国家所为。他所犯的错误是对他的政治导师,也就是里根总统的信任的背叛,他的所作所为是应当受到适当的惩罚的。

事实上,在人们的生活中,对于那些指责者来说,在任何时间里,他们的脑子里只可能有一个想法,他们试图证明你有罪,但又担心你在法庭上永远都不会受到类似于我们在有关司法审判的电影戏剧里看到的那种斩钉截铁的严厉谴责。似乎只有在《佩里·梅森》这部戏剧里头,罪犯才自己在法庭里站起来,大声承认自己的罪恶。

使用旋转策略的乐趣在于告诉指控者他非常正确,从而使指控者认为他所指控的都是对的,由此在洋洋自得中获得自我满足感。

在1987年,杰西·杰克逊就是这么干的。

在华盛顿特区一次精英云集的正式的筹款会议上,他向来自新泽西州的参议员比尔·布莱德利大献殷勤。杰克逊说布莱德利是他最崇拜的几个英雄之一,因为布莱德利致力于反对种族歧视的种种陈词滥调。他克服了种种困难,成为一名职业篮球明星。尽管受到种族困扰和家庭背景的影响,他还是努力实现了这些目标。我们所有人都知道比尔·布莱德利的故事,这个年轻的白人是如何顶住世俗和舆论的压力,并最终成为一个职业篮球运动员的。

"他的邻居们都看不起他,他的朋友们也耻笑他,但他顶住了各方面的压力,坚持了下来。比尔是注定要成功的,直到最后他终于打破了种族观念的枷锁,并成为美国职业篮球界最伟大的球星之一。"原本还摸不着头脑的听众在听了杰克逊这一番讲话后,开始发出雷鸣般的掌声。

"当比尔第一次大声地向人们说出他的梦想的时候,他学校的指导顾问们竭力试图打击和挖苦他,他们想通过这样的方式让他知难而退。最后,他的一个指导顾问把他叫到一边,告诉了他生活中的事实。'比尔,你必须接受这个事实,这和你的能力没有任何关系。不管你每场比赛能得多少分,不管你能得到多么惊

第十一章 旋转你的角色

人的喝彩,但你终究不能成为一个顶级运动员的,因为你是一个白人。'"

当杰克逊以坦率直白的语气说出最后一段话时,在场的民主党听众都陷入了深深的沉默。但杰西·杰克逊已经极富戏剧性地达到了自己的目的。作为下一届总统的角逐者,杰西·杰克逊承认自己在竞争的过程中遇到了巨大的阻碍。但是,他简洁清晰地指出,问题并不在于他激进的政治立场或者他设计的竞选观点,而仅仅在于他的种族出身。

这正是一个旋转策略应用的得意之作。当那些衣冠楚楚的听众走出希尔顿国会大厦的时候,他们所想到的仅是杰西·杰克逊用讽刺的语调给他们讲了一个好玩的笑话。但实际上,杰克逊所做的远不止此,他已经为他的第二次总统竞选活动打下了一个坚实的基础。是的,作为一个总统候选人,他是有弱点的,但他——杰西·杰克逊,却不会因为这个弱点而受到指责。

在如雷的掌声和连绵不绝的笑声背后,人们开始为自己的怀疑而负疚——因为总统候选人是对的。

第十二章

记者就是敌人

> 我说得没错,我在这一点上就是偏执多疑,最好是应该偏执多疑。
>
> ——威廉·萨菲尔

1991年的秋天,比尔·克林顿和内布拉斯加州参议员约翰·克里将要在美国新罕布什尔州的一次民主党筹款大会上发表演说,但离开会还有些时间,因此双方闲聊以消磨时间。每一方都试图用自己最新、最搞笑的笑话来压倒对方。克里参议员是一个受过多次伤,并且留下残疾的越战退伍老兵,他讲了一个关于他俩共同的对手杰瑞·布朗的笑话,杰瑞·布朗在他两度担任加利福尼亚州州长期间,因不和其他人保持正常联络而出名。

这个笑话讲述布朗有一次走进一家酒吧,并注意到有两个迷人的女人也坐在这个酒吧里。当布朗要向那两个女人走过去的时

第十二章 记者就是敌人

候,酒吧里的男招待警告他不要企图去骚扰她们,并告诉他那两个女人是同性恋。这个笑话的后半部分并没有这件事的前半部分精彩,因为一个暗藏的麦克风正在录制克里说的每一句话。

震惊于事件的本身,并确信那段被录音的话被四处传播只是一个早晚的时间问题,我核实了这个故事并把它编进了第二天的《旧金山观察》的最后一版。

我的报道所没有反映的部分(因为我并不知道)是:那天晚上,两个候选人,即克林顿和克里都讲了这样粗俗的笑话。虽然克里的新闻秘书迈克·麦克柯里拼命地劝说他把事实真相公之于众,然而,为了保住自己仅存的荣誉和大众信任度,克里宁愿永远保守这个秘密并守口如瓶。麦克柯里未来的老板,也就是比尔·克林顿,任由他的竞争对手为自己所说的同性恋笑话付出惨重代价,在秋天的寒风中瑟瑟发抖,可是,对于自己在整个事件中的不光彩角色,克林顿却不置一词。

从来自阿肯色州的那个家伙后来的情况看(指克林顿日后的性丑闻),这次事件对克里这个内布拉斯加州人的说明还不如对后者多,但它的确毁掉了克里的竞选活动,特别是在克林顿竞选班子接下来便说他"毫无品位、粗俗不堪"之后。

永远不要忘记,新闻记者们是在黑夜的桌子上度过他们的学徒生涯的。当一起耸人听闻的凶杀案或者一起惨绝人寰的车祸发生时,都是这些野心勃勃的初出茅庐的新闻记者,这些行动敏捷、善于捕风捉影的杰米·奥尔森类型的记者,驱车赶到刚遭不幸的死者家中,向其亲属索求"近期照片"。在提出这个非常令人讨厌的要求之后,他们会漠然地无动于衷地站在走廊里,等候逝去的亡魂的照片从家庭影集册里拿出来。

对于这些低级的新闻记者,你必须要记住的第一件事是:你与之打交道的这些人刚刚从这一行业的训练营里出来,事业才开始起步。这些刚从事新闻工作、地位卑微、对自己的行业一知半解的新闻记者对采访都非常饥渴,为了所谓的扬名立业他们不惜绞尽脑汁、辛苦钻营。

虽然这样说显得有点刻薄,但事实就是如此。这本书不是为新闻系的学生们编写的,它是为那些一旦抛头露面就会被跟踪盯梢的公众人物写的。

你也许是那些自以为是的人群中的一员,这些人看着一些商业人士在《60分钟》节目里被主持人犀利尖锐的问题弄得焦头烂额、洋相百出,不禁在心头纳闷,为什么这些有着比飞蛾更大的脑子的人会愿意接受采访呢?他们想不明白的是:为什么这些聪明得足够使自己在生意场上如鱼得水的人,这些在大规模的商业交易中运筹帷幄的人,愿意到这里来栽这样的跟斗呢?我在这一点上对他们有着更多的同情。我一直在问自己,在最后切中要害的有力反击前,为了活跃气氛,这些受害者不知道要浪费多少制作者的磁带,回答多少无聊的问题,浪费多少宝贵的时间和这些所谓的新朋友们——麦克或艾德或戴安娜们闲聊以进行热身呢?

事实是:你的生意做得越好,你的位置越高,你就必须花更多的时间在媒体前面站着装瞎子。每天,你必须品尝那些难以忍受的、难以下咽的苦果,就如同政治家们每天所必须做的一样。

在这一点上,政治家们肯定是能教给我们很多东西的。作为一群随时都可能由

> 那些善于应付媒体的政治家们想必永远不会忘记,新闻媒体对他们的职业生涯的破坏远远要甚于对他们职业生涯的造就。

于自身的公众形象而丢掉饭碗的人们,那些善于应付媒体的政治家们想必永远不会忘记,新闻媒体对他们的职业生涯的破坏远远要甚于对他们的职业生涯的造就。正如我们在本书前面的章节中所看到的那样,"机枪手·乔"麦卡锡变成了一个现代的美国政治煽动家,他与采访希尔顿大厦的那些新闻记者像牛皮糖一样难缠的习性和紧张、激烈的角逐一唱一和,配合默契。罗纳德·里根也是利用媒体的大师。但是,正如人们在许多晚间新闻节目中所看到的一样,里根同时也坚信另一条铁一样的原则——"说话只是为了更好地沉默"。当他富有戏剧性地大步穿过白宫南草坪的时候,不会没注意到那一大群新闻记者和摄影师。然而,他一边职业性地笑着,一边把手弯在他完全敏锐的耳朵上,装作在尽力听清楚远方的记者们到底在问些什么。当直升机的螺旋桨声音

变得震耳欲聋的时候，他一边故作遗憾地摇着头，一边向新闻记者和摄影师们作出"对不起，伙计们，我得走了"的遗憾表示，然后大摇大摆地登上了直升机，飞向戴维营或圣巴巴拉，成功地摆脱了新闻记者们的纠缠。

对于很多人来说，当他们在职业上取得了一定的成就和地位时，他们的职责要求他们必须迎合新闻媒体，但是，并不是每一个人都拥有直升机的螺旋桨可以掩护他们轻松地逃脱媒体的纠缠。为此，他们必须记住这个虽然曲折但很有用的定律，它因理查德·尼克松而著名——**记者就是敌人**。

可能有一些人会觉得这话说得太刺耳了，那就让我用一种更加委婉的方式来表述吧，要时刻记住，这些人是靠什么谋生的。他们的使命和任务就是编造好听的故事，并且，在他们这一行里，通常的规律是只有坏消息才能够上报纸的头版头条。失败、不幸、灾难，只有这些东西最能刺激一个新闻记者的职业神经，而这些故事往往是要伤害人的。

请看看下面这些触目惊心的个案吧。

1986年7月，白宫主管唐纳德·里甘正在就政府对南非的政策召开简短的新闻发布会。这是一个相当敏感的话题，好几个月以来，政府一直在顽强地抵抗来自国会和公众的压力，坚决反

第十二章 记者就是敌人

对对比勒陀利亚（南非首都）实行经济制裁。唐纳德·里甘千方百计地试图向人们传达这样一条信息：禁运会给我们的国家带来多种难以意料的后果。他问道："难道所有的美国妇女都准备好放弃她们所有的首饰珠宝了么？"

唐纳德·里甘显然不是傻子。他极其有策略地向人们指出了禁运可能会给这个国家带来的诸多还没有公开的经济影响。并且，这次新闻发布会是受到一套严格的幕后规则约束的。这个白宫主管的新闻发言被清楚地定位为"背景情况介绍会"（所介绍的情况允许发表，但不得提到来源）。参加发布会的新闻记者们可以泛泛地把这些评论归结于某些"政府官员们"所说，但不得提到唐纳德·里甘先生本人。

但是，对于这个来自美林证券公司里的里甘先生来说，不幸的是，这些幕后规则并不是铁板钉钉的。无论规章制度建立得多么完善，它们总存在一些漏洞，允许时不时的例外发生，一个记者完全可以声称他不必受这些规则的约束。

新闻发布会后的第二天早晨，《洛杉矶时报》记者卡伦·塔马尔来到我位于国会大厦宽大的众议长办公室内的办公桌前，给我读了合众国际新闻社报道的唐纳德·里甘在新闻发布会上的那一段话，并对我说，依据这个报道中后面提及的参考资料，每个人都可以轻易猜到这些话究竟是出自哪个"政府高级官员"之口。在报道里看到了白宫主管惯用的诸如"男士的更衣间"之类

的用语后,我说道:"这听起来像是钻石唐·里甘的发言。"

气氛变得有点血腥了。海伦·托马斯——合众国际新闻社的老资格记者,很快就将她报道中的用词从所谓的"政府高级官员"转变成了"唐·里甘"。说实话,事态发展到这个时候,要求一个新闻记者严格服从那些幕后规则已经没有意义,特别是在当她并没有亲自参加那次新闻发布会的情况下。

对于这几个月来一直以美国政坛上呼风唤雨的显赫人物自居的唐纳德·里甘来说,"钻石唐"这个绰号现在已经变成了一顶套在他头上的荆棘遍布的皇冠。那些对他男性至上主义和种族歧视的指责仅仅是一场风暴的开始。加里·特鲁多的滑稽戏剧《唐尼的葬礼》,使得"钻石唐"成为一个标志性人物。

像唐·里甘这样一个精明的商人出身的人如何会陷入媒体的圈套而备受奚落呢?其中的原因当然很多。第一,负责报道华尔街的新闻媒体远比那些收集政府官员们的日常缺点并进行大肆渲染的媒体更为恭顺,特别是在里甘春风得意的辉煌时期更是如此,这使得他没有具备足够的警惕心。第二,捅出这个故事的记者并没有参加唐·里甘关于南非政策的新闻发布会,因此也就不受那些幕后规则的制约。她仅仅只是听说了这个发布会的消息,知道是谁作了发言,并读了相关的报道。此外,这些幕后规则之所以被人置之不顾,可能还有下面这个原因。从在场的任何记者的个人判断来看,唐·里甘那些关于妇女只关注"她们的珠宝"

的评论本身是带有非常强烈的男性至上主义色彩的。在这样的情形下，很多记者当然倾向于置游戏规则于不顾。

不管你为记者制定了多么复杂或多么深思熟虑的幕后规则，只有在双方利益一致的情形下，他们才会遵守它，并没有任何法律规定记者必须遵守这样的幕后规则。如果要报道的消息有足够的轰动效应，记者们总能找到避开这些约定的方法。借助于"不供发表"的承诺，一个记者经常能够找到替代性的消息来源。正如资深的参议院助手、多次民主党竞选活动的参与者斯文·赫尔姆斯所说："如果所发布的消息是供发表的，它就会出现在第二天的报纸上。如果它是不供发表的，那么一周以后它也会见之报端。"

任何人如果对这一点表示怀疑，请你们想想那些你们听到的、一个焦头烂额的公众人物为了一次不妥当的公众发言而竭力捍卫自己的时候吧。他们常常声明说："但是这是不供发表的。"这种"不供发表"的声明就像在一宗盗窃案里，被告声称自己中了别人圈套从而企图逃避惩罚一样。对任何门外汉来说，他们都能听出其中的认罪意味。完全可以把这种声明理解为：好啦，的确是我说的，可我没有想到有人会把它公之于众。

没有人能够垄断媒体源源不绝的电波发射。

1986年，就在加里·哈特宣布竞选总统的前一周，《新闻周刊》援引了他的一个主要助手对于哈特本人的私生活的评论，"如果他不能穿好自己的裤子，他就总会有被揭发出桃色事件的危险。"

当哈特的这个助手打电话给位于科罗拉多州的哈特竞选总部，试图解释他的这些言论的时候，他无意中听到哈特的妻子在旁边说："让他滚蛋吧。"接下来的那个星期，《新闻周刊》以"关于哈特事件的澄清"为标题，刊登了这个郁郁不乐的人的一封信。这个助手在信的开头就说，他知道这个给自己带来痛苦的采访是不供发表的。他接着又说："被引用的那几句话是记者从一段纯粹是猜测和虚构的谈话中抽出来的，它们和我所知道的关于哈特的事实完全相反。"但是，无论对候选人还是对候选人与这位助手间的关系而言，伤害已经产生了。更糟的是，当哈特被发现已处于他的助手所担心的那种伤人的境地时，就意味着伤害更严重了。

总的来说，仅有两种能够从容应付媒体的政治家，一种是那些天生就害怕新闻媒体并敬而远之的人，另一种就是那些通过惨痛的教训真正知道媒体厉害的政治家。

> 仅有两种能够从容应付媒体的政治家，一种是那些天生就害怕新闻媒体并敬而远之的人，另一种就是那些通过惨痛的教训真正知道媒体厉害的政治家。

第十二章 记者就是敌人

在这里我还要给大家讲一个个案,一个非常具有讽刺意味的故事——"厄尔是如何成为自己所说的笑话的牺牲品的"。

在1976年的共和党全国大会数天后,福特总统的农业部长正向西飞行,去参观位于墨西哥的一个专门制造能够杀死蚊子幼虫的灭虫剂的工厂,事后表明这似乎是一个绝对正确的目的地。在坐上了一个商业航班的头等舱后,厄尔·巴茨发现自己和歌星帕特·布恩及桑尼·博诺在同一个机舱,此外,同行的还有前白宫顾问约翰·迪安——他也是水门事件的泄密者,作为《滚石》杂志的记者,迪安最近刚刚采访和报道了共和党全国大会。

在经过了一番介绍寒暄之后,他们谈论的话题转到了政治上,帕特·布恩问农业部长为什么很少有黑人被吸收加入共和党。

巴茨回答道:"在现实生活中,黑人们所追求的东西仅仅是沉溺于声色娱乐、体面的服装及一个能够吃喝拉撒的温暖的地方。"

迪安很显然认同了巴茨的观点,认为这是一句不应当浪费的绝妙好词。他把这句话写进了他为《滚石》杂志所写的文章中,并说明引自"福特总统内阁中的一员"。此外,迪安的报道还指出,这些粗俗下流的话是在一次向西飞行的航班上所说的,时间是刚好在福特获得总统提名之后。《新时代》——一个与《滚石》竞争激烈的杂志,通过排除法进一步揭露说,那个在飞机上的内阁成员就是厄尔·巴茨。很难想象巴茨究竟是吃错了什么药,竟然会在一个3年前曾出卖过福特总统、野心勃勃的政治新闻记者在场的情况下,说出那个种族主义的玩笑话。

不幸的是,任何一个和新闻媒体有瓜葛的人都必须(借用因好莱坞名人亨利·罗杰斯而闻名的短语来形容它)小心翼翼地"走钢丝绳"。当你向新闻媒体传达信息的时候,你必须大胆并且极富戏剧性(因为你总在和其他成百万人在竞争),同时又不能导致自己的毁灭。

为了保护你自己,这里有一些或许有助于你在钢丝绳上保持平衡的术语。

当你说到只是"背景消息"的时候,就意味着记者在引用你所说的内容时,不能指名道姓。但是,这并不能阻止他或她以这样的方式来描述你:"众议长的一个主要助手"或"一个和厂长工作关系很密切的人",这些都会像直接提及你的名字一样,给你带来灾难性的后果。

"深度背景消息"意味着你要求新闻记者在发表新闻评论或电视播报时,无论如何也不能泄漏出那些能够让人们猜到你是谁的任何蛛丝马迹。在水门事件中,记者卡尔·伯恩斯坦和鲍勃·伍德沃特就是这样和消息的提供者"深喉"达成协议的。当你在读一个报道时,如果里头有"有消息说"这样的表述,你就应当明白你在读的是一个"深度背景内部"的报道。

"不供发表"意味着记者不能报道、使用这些信息。它们可以深藏在记者的脑海中；它们也许对弄清楚其他事件是至关重要的；它们也许可以决定那些重大新闻的报道基调，但是，它们本身不能见报。

在所有的这些幕后规则中，没有哪一条可以被假定为是不可推翻的。记者们并没有义务一定要向你告知米兰达原则（美国最高法院规定在讯问在押的犯罪嫌疑人之前，调查人员必须告知对方有权保持沉默，不作自证其罪的供词，并有权聘请律师，要求讯问时有律师在场等，这就叫米兰达原则）。他们可不会这样告诉你：你所说的已经被记录了。那只是一个假设而已。

仅仅熟悉和精通幕后规则的种类是远远不够的。你必须明确无误地使用它们。对那些政治家和他们的发言人，以及任何经常与新闻媒体打交道的人来说，为了自己的生存，他们必须像条件反射似的迫使自己对记者说："现在，这些都属于背景情况介绍，明白么？""好啦，我不希望在报道中出现一个'民主党助手'、'领导助手'之类的东西，明白么？"

永远也不要忘记，在你使用这些隐语的同时，你也处在随时可能来临的灾难的边缘。这些幕后规则是由游戏者们制定的，也是为游戏者们制定的。如果你和新闻记者之间是互相信任的，那么这些幕后规则可能对双方都是有利的。一个好的新闻记者是会遵守这些幕后规则的，不仅仅是出于伦理方面的原因，还包括他或她不希望使这个新闻源泉枯竭或坏了自己的名声。

但是在某些时候，当记者们不想再遵守这些幕后规则的时候，他们可能会简单地终止游戏。在经过一番残酷的计算之后，当记者们认为从你身上得到的已经远远比将来可能从你身上得到的更多、更重要时，在任何时候，他们都有可能使用已经从你这里得到的信息。所以，有时候当记者以不供发表为名要求你提供一些重要信息的时候，你可要特别提防他了。如果他不能发表这些信息，他要它干什么用呢？

在这里，你所要记住的最好的规则是：没有金刚钻，就不要揽瓷器活。如果你的任何出现在《华尔街日报》上的言辞会导致你丢掉自己的工作，那么你去玩这种幕后规则操纵的游戏就显得有勇无谋了。如果你确信这给你带来的麻烦只不过是让你在办公室里不开心一两天，并且你也确信记者会严格遵守游戏规则，那么，为什么不玩玩呢？生活太短暂了，为什么不给自己找点乐子呢？

即便是当你和新闻界最好的朋友打交道的时候，保持清醒的头脑也是很明智的。就像警察在执行公务时那样，这些新闻从业者也总是保持他们的职业敏感。特别是在一些所谓的"社交场合"时，你更应该加倍注意你的言行。对新闻记者而言，你酒后所说的任何东西与你在新闻发布会上的发言，或在去上班途中的地铁里的闲聊，都是编造消息的好材料。正如白宫新闻助理拉

第十二章 记者就是敌人

里·斯皮克斯曾经对他的手下所说的那样："今天晚上你也许会获得一顿免费的晚餐,但第二天早晨你就会后悔不迭的。"

即便是在最严格的幕后规则约束下,你对新闻记者所说的有些东西也可能成为他们捕猎的猎物。这其中就包括可能被广泛认为是伦理污点的任何东西。

可能有人还记得,在1984年,总统候选人杰西·杰克逊和一群黑人记者进行了一次漫不经心的会谈,在谈话中他偶然地把犹太人和纽约城比做了"海米"和"海米城"。在此之后的第二个周末,《华盛顿邮报》以大幅报道披露了这个故事。杰克逊对此进行了反驳,他的理由是当时他是这样说的:"让我们谈论一下黑人们所议论的一些东西吧。"但是,基于下面两方面的原因,他要求对自己的言论保密的呼吁是彻底失败的,第一,他没有和记者们达成清楚的、不供发表的协议;第二,他的言论属于伦理污点的范畴。大部分记者把他的这些言论看做是滥用了对他的信任。

无论你喜欢与否,我们生活在一个奉行"我可逮着你了"信念的新闻年

> 我们生活在一个奉行"我可逮着你了"信念的新闻年代。

代。如果新闻记者在他编写消息的过程中能够踹你一脚的话,他一定会的。

对那些不得不和新闻媒体打交道的人来说,这些都是很富有挑战性的。消息需要编得精彩,但又不能太出格。我有时要度过一个难眠之夜苦苦思索我所说的是否能够确保被记者们引用,但又不会惹火烧身,才会对《华盛顿邮报》和《纽约时报》的报道是否恰到好处放心。"我说得没错,我在这一点上就是偏执多疑,"尼克松前助理、现在是专栏作家的威廉·萨菲尔曾经这么说过,"最好是偏执多疑。"

1973年,那时我还是在拉尔夫·纳德手下从事小新闻报道的一个国会通讯记者。尼克松刚刚开始实施"周六之夜大屠杀",而伍德沃特和伯恩斯坦则因发掘丑闻有功而红得发紫。"调查性"新闻成了当时的时尚。每一个新闻记者都在试图挖掘出下一个关于邪恶、腐败或者其他任何能让当权者难堪的骇人听闻的大丑闻。我记得有一天晚上,当我正在整理我的报道的时候,分社社长皮特·格鲁恩斯坦走进了办公室,嘴里叼着一根雪茄并不停地念念有词:"丑闻,我们必须找到一些丑闻。"当我完成了一个标准的、提供情报的新闻故事后,得到的评价令人沮丧——太平淡无奇了。"这哪里是新闻稿啊,"格鲁恩斯坦皱着眉头抱怨道。

在几周的绞尽脑汁之后,我总算赶出了一个符合社长标准的报道。一个宾夕法尼亚众议员的前助手为我提供了一些"丑闻",

第十二章 记者就是敌人

主要是涉及他的前老板假公济私。有好几年的时间，这个国会议员在众议院的薪水册里一直有一个记者的名字，另一方面这个记者为当地一家报纸专门提供对该议员的报道。每个月，这个记者都会得到两份薪水，一份来自他工作的报社，另一份来自他那位在华盛顿工作的和善的立法者。

当我给该报社主编打电话的时候，他说他知道这个记者的第二职业，但否认它们之间有任何假公济私。他认为这样很不错，新闻记者和政治评论家的角色可以互补。"无论乔在任何时候做任何事情，他总把记者的职责放在首位。"

在那以后不久，我在议长休息室里拦住了那个国会议员，想要知道他的反应。"这是 10 年中最糟糕的事。"当然是这样。在我来之前，他已经习惯于在当地的报纸上只看到他自己发布的新闻稿。

但事实上，他也并非全无理由。在旧有的规则下，这样的安排是得到默许的。毕竟在不久以前，政治家们还不得不把新闻记者放进自己的薪水名册，以确信自己能获得他们的有利报道。如果你给这家伙买一瓶啤酒，你就觉得自己能控制住他。在那个臭名昭著的报纸与报纸之间相互攻击的年代，从宗教偏见到广告合同的任何东西都可能引发激烈的战火，记者们形成了旗帜鲜明的两派——你们的记者和他们的记者。你相信"你们的记者"，而对"他们的记者"恨之入骨。

硬球  Hardball

而在今天，想要知道谁是你的朋友却难之又难了。

1984年初，一个记者找到了我，他正在为一家高层人物所喜爱的杂志——M杂志撰写报道。他想把采访的重点放在一些国会职员上，并问我他应该采访我还是采访众议长的首席顾问科克·奥唐奈。事后我才明白，我应该把这个黄金般的机会让给我的同事的。这个报道并没有表明我是为众议长工作的，而是使用了其他的表述。我现在还能清清楚楚地回想起其中一句原话："华盛顿的任何一个人都清楚，克里斯·马修斯是如何指导众议长的。"指导？建议，的确不错，是有一些建议。劝告，这也没错，的确是有劝告，但是，怎么能说是指导呢？

这篇报道并没有取得好的效果。蒂普·奥尼尔面对面地跟我谈了他对这个报道的想法。在那种严肃的气氛下，向他指出那一行得罪人的话并不是采访者自己写的而是一个编辑在添加了前言之后一挥而就的，并不能对事情有任何改善。

不幸的是，这件事并没有就此结束。几个星期以后，在我家里喝完酒并用完晚餐后，接着又喝了一些餐后酒，我和专栏作家尼古拉斯·冯·霍夫曼及另一个新闻记者坐到了客厅里的长桌子前。我们讨论起了新闻记者和他们采访的对象之间的关系。"相信我，"我的朋友霍夫曼悲哀地叹息道，"并不存在不供发表这么一回事，不要相信任何人。"

我并没有理会这个警告，并谈起了我的老板对我在M杂志中的斯文加利式（英国小说家 George du Maurier 所著小说 Triliby 中一个用催眠术控制女主人并使其唯命是从的音乐家）的形象不太高兴。

我本来应该听从霍夫曼的警告的。通过对那天晚上的谈话进行反刍，另一个新闻记者，也就是参与我们谈话的另一个人在《新闻周刊》上发表了他编辑的报道，声称我已经处在被解雇的边缘了。

不要信任他们中的任何一个。永远要牢记：他们属于跟你完全不同的另一个体系。当你跟他们说一些可能会给你或其他人带来难以估量的痛苦的事情时，他们的神经就会变得极度活跃兴奋。有时候你可能会注意到，当你给他们讲一些有趣的事时，他们的眼皮就在那里轻微地跳动。就在这一瞬间，但早就已经太迟了，你才意识到：在很久以前的某个沉闷的下午，正是这些男男女女为抓住了别人的污点而欣喜若狂，而那个人唯一能做的就是黯然泪下。

第十三章

权力的声望

> 权力的声望就是力量。
>
> ——托马斯·霍布斯

我年轻的时候,曾在新泽西的海滨度过数个暑假,在那里给别人打零工,我的雇主是默里兄弟。伯尼是两个人中的老大,他整整干了 29 年马戏团的杂工工作,跟随着巴纳姆马戏团和贝利马戏团在全国各地巡回演出,从一个城市到另一个城市,居无定所,四处流动,伴随着他的只有每天五分之一加仑的烈性酒。当我认识他时,他已经放弃了这一切——马戏团、旅行、烈性酒,转而在大洋城粉刷起了房子,每个小时都要设法溜出去喝一杯咖啡,以此来满足那仍然对酒精极度渴望的身体。

伯尼或许的确已经驯服了流动游艺场工作人员内心特有的骚动不安,把对无牵无挂四处流浪的那种渴望深深地压制在了心底,然而,他的举止行为仍然保持着巡回旅行艺人的风格。当他和他那同样热衷于酒精的弟弟乔靠粉刷海滨那些式样陈旧的维多利亚式房子而勉强度日时,他会时不时地冒出一句以前那个行业的奇怪而难懂的行话。"让我们把这 wabash 一下,尽快离开。"当临近黄昏的阴影开始覆盖我们正在磨磨蹭蹭地粉刷的门廊时,他会这样说。

他所说的"Wabash"意思是把手中的刷子在油漆桶里蜻蜓点水一般地随便浸一浸,然后,刷子就如同突然长上了翅膀一样,在栏杆和柱子上上下翻飞,速度惊人。刚刚粉刷完的表面的确是油光漆亮,闪烁着美丽的光泽。几分钟之内,原本应该在几个小时内完成的工作就轻松搞定了。而在几个星期之后,原本应当维持几年的油漆光泽开始剥落消失,此时默里兄弟早就已经转战在城市的另一个角落,想找也找不着了。

在政治中,同样有着许多 Wabashing。事实上,政治宣传活动的组织者和巡回马戏演出的发起者都被称之为先锋人员,这绝非偶然。他们匆匆忙忙地抵达,不遗余力地进行大吹大擂的宣传,然后在供展览的各种野生或珍奇动物正式登场前先行离开了。

与此同时,如果有人说许多政治名望的建立都是依赖于Wabashing,这也没有什么不妥之处。许多政治家在政治上的名望和建树更多地不是基于真实能力,而是基于表面现象,通过诱

导人们以为他们想做某些事情,从而使得人心甘情愿地去做那些实际上他们并不想做的事情。正如哈里·杜鲁门一针见血地指出的,"所谓的领袖就是那些有能力让别人做他们并不想做的事情并为此怡然自得的人。"

除了少数一些例外之外,绝大多数政治领袖都缺乏天然的政治影响力。幸运的

> 他们之所以有权有势,只是因为他们显得有权有势。

是,他们既不能把自己的政治对手斩首示众,也不能把自己智商低下的亲戚朋友变成公爵伯爵。在一个民主社会里,领袖们行使和运用的是另外一种权威,他们之所以有权有势,只是因为他们显得有权有势。如果对这一点细加研究,不难发现一系列对那些渴望在任何行业里追逐权力的人们大有裨益的诀窍。

充分运用你的强项

1994年,马萨诸塞州的爱德华·肯尼迪参议员为了再一次当选,遭遇了他32年的职业生涯中首次艰巨的挑战。选民们对他多年花天酒地的生活明显不满,而他某个夜晚在棕榈滩上的不成熟表现(在这次事件中,他的侄子被指控强奸)更是令他们心生厌恶。这位杰克(约翰·肯尼迪)和博比(罗伯特·肯尼迪)

第十三章 权力的声望

的弟弟面对自己职业生涯中坠至最低谷的民意支持率,如梦方醒。

挡在爱德华·肯尼迪面前的障碍中还有一个是第一次出现的,一个有着强大魅力的、精明能干的竞争对手。米特·罗姆尼不仅仅是一个成功、英俊的商界精英,同时还是备受尊重的密歇根州州长的儿子。随着竞争越来越趋于白热化,罗姆尼当选的呼声越来越高,而肯尼迪则如同明日黄花,在罗姆尼的阴影下黯淡无光。

曾经有一段时间,形势对挑战者极为有利,而对在职者糟糕透顶。当肯尼迪为庆祝他的一项要求严惩罪犯的法案获得通过制作了一个电视节目并进行播出时,米特·罗姆尼和绝大多数马萨诸塞州人都哄笑不止。作为敌对一方的罗姆尼竞选小组迅即作出了反应,他们以轰动的声势播出了一个广告,讽刺、攻击肯尼迪这个老牌的自由主义者怎么突然摇身一变成了罪犯的头号敌人。肯尼迪在民意测验中的支持率开始直线下跌。到了劳动节的时候,罗姆尼的支持率已经基本与肯尼迪持平,肯尼迪的一个竞选助手公开承认反犯罪法案并非肯尼迪的"成功之作"。

致力于为自己的政治生命和家族的传统而战的肯尼迪不得不改弦更张,他回过头来借助于自己的强项并找到了它。当他在一次电视辩论中质问对手他所提出的健康保障计划要花费多少时,罗姆尼变得张口结舌。肯尼迪乘胜追击,他严词叱责了这个在他眼里的政治上的暴发户，指出这是参议员所必须知道的东西，充分了解立法的细节是一个立法者的职责所在。

一个对那些刚在选举日参加完投票的选民的民意测验表明，每10个人当中，就有6个人认为肯尼迪的观点更贴近于马萨诸塞州普通百姓所关心的问题，这最终导致民主党候选人，即肯尼迪，以58比41击败对手，赢得了选举。在肯尼迪的竞争对手充分利用了自己的优势——年轻、俊朗的外表，富有朝气时，老成的肯尼迪也充分发挥了自己的强项——丰富的经验，渊博的知识，对社会问题的关注以及作为当地人对马萨诸塞州人民长期的奉献。

十多年前，我本人也经历了一场类似的充分利用自己强项的竞选运动。

在1982年的国会选举中，民意测验专家彼得·哈特提醒国会中的民主党议员们要注意强调诸如经济和社会保障制度之类的问题。民意测验表明，在他们的竞选标题中，对这类问题关注得越深入，他们得到的选票就越多。相反地，他们也警告民主党领导们最好不要提及预算问题。如果他们对新政府的日益增大的财政赤字说三道四，民主党人就会被认为在国家财政责任上是不可靠的。人们会认为他们挥霍得太多，同时税收也提得太高了。

里根总统的民意测验专家想必也对他提了同样的建议。白宫的官员们竭尽全力想要把人们的注意力集中到政府的预算问题上。1982年，当里根总统去国会参加一个与两党的领导人共同举行的"预算峰会"时，他带上了采访白宫的庞大的新闻媒体队伍，以及隶属于这些媒体的大量的电视摄影师及照片摄影师。总统和国会两党领导人进行了两个小时的会晤，这次会晤成为一系列公共关系演出的序幕。在过去的一年多里，总统和国会就没有达成任何协议，因此在这短短的两个小时里，他们也不会取得什么进展。

真正的较量是在会议厅外面上演的。在警戒线的后面，挤满了成百上千的新闻记者，白宫新闻发言人拉里·斯皮克斯一边在其中挤来挤去，一边像海洋馆里的训练员一点一点地喂海豚那样散发一些零星的消息。总统的这个"多走一英里"以寻求和国会达成协议的策略，将在晚间新闻里得到极大的回报。

仅仅通过将总统和国会每周一次的例行会晤的地点从白宫迁到了国会大厦，里根政府的公共关系头头们就将一个关于财政政策的老掉牙的故事变成了新闻媒体追逐的焦点。

事情的发展完全和里根筹谋该计划时所期望的一样，"预算"成了主要的新闻名词。人们可以看到里根总统正在"采取措施"以消灭财政赤字。为了确保每一个人都看到这出好戏，白宫施展出了画龙点睛之笔。白宫主管詹姆斯·贝克在下午5点召开了一个经过充分筹划的新闻发布会，时间上的精心选择刚好能使它上晚间新闻，也正好是对这个故事实施旋转策略的时候：让国会显得是一个揉好的面团,毫不讲理,滴水不漏,所以没有达成任何协议,但是,至少里根总统已经竭尽全力了。

这出戏的最终结果如何呢?在1982年度的"预算峰会"并没有减少一分钱的财政赤字的同时,里根总统在电视上为自己赢得了大量的赞誉。他那些民意测验专家们认为是财政问题为共和党的胜利立下了汗马功劳。只要"预算"这个词出现在新闻报道的标题中,共和党就能继续赢得民众的支持。预算本身有何问题并不重要,在这个案例中,它根本就一文不值,重要的是只要它正在被人们津津乐道就行了。

但是两个人也可以玩同样的游戏。在1982年的国会选举前夕,民主党首先使出了自己的杀手锏。在离投票还有一个星期的时候,我给《华盛顿邮报》的记者斯潘塞·里奇打了个电话,向他提供我听到的关于政府正打算在大选过后对政治上敏感的社会保障制度进行一些改革的信息。

然而里奇并不买我的账,因为他手头已经有了更猛的料。他已经听到传闻,说共和党国会竞选委员会已经给其支持者们发出了一封内容尴尬的筹款信,信的内容是关于同一件事即社会保障体系,他怀疑我是否有能力抓住并利用好这个精彩的故事。

我确实抓住了它。因为埃里克·伯克曼——民主党自己的竞选委员会里的炙手可热的研究者,能够挖掘出任何我们所需要的资料,特别是那些我们喜欢称之为"负面研究"的东西。

第十三章 权力的声望

毫无疑问的是,共和党的筹款者们最近要求他们的潜在的支持者们"投票支持"共和党,具体方法就是通过让这些支持者们在一些"选票"中,挑选出他们认为是解决当前的社会保障基金危机的最好方法。例如,"选票 A"就代表使社会保障"志愿化"。在那个夏天,对共和党候选者们来说,这个"志愿化"仿佛已经成了他们的自杀宣言。

第二天早晨,也就是星期二,就在全国的中老年选民们投下他们真正的选票之前,《华盛顿邮报》在显眼的位置发表了斯潘赛·里奇的文章,这篇文章的立场和所列素材都是非常低调和非政治性的。

但好戏才刚刚开始,上午 9 点的时候,众议长发表了一个书面声明,它要求"里根总统个人必须谴责那个共和党提出的要求社会保障制度志愿化的建议。"

合众国际新闻社立即转载了斯潘塞·里奇的这篇文章。数小时后,当里根总统抵达怀俄明州——他竞选的最后一站的时候,他立刻就陷入了大批记者的包围之中,记者们要求里根回答他是同意还是反对共和党的社会保障制度志愿化的建议。

里根愤怒了,他矢口否认自己曾提出任何打算修改社会保障制度的建议。然而,政治上的破坏已经产生了。在其整个职业生涯中,里根总统都受到自己早期提出的一个建议——"志愿因素应该被引进到社会保障制度中来"的困扰,现在他又陷入了另一

个这样的困境中。

法则：当你已经处于洞中的时候，请停止挖掘。如果说共和党利用预算问题作为保证自己不败的筹码是很明智的话，那么，他们继续在社会保障问题上喋喋不休就显得很愚蠢了。他们做得越多，也就显得越虚弱。

这些年来，一直流传着一个老掉牙的政治故事。一个老妇人告诉记者说她将要投参议员巴里·戈德华特（1964 年共和党总统候选人）的反对票，"这家伙试图消灭电视"。

"但是，夫人，"记者打断她的话，"我想你可能搞错了，戈德华特参议员所说的是要取消田纳西流域管理局 TVA (Tennessee Valley Authority)，不是电视 TV。"

"好啦，"这个老妇人坚持道，"我可不打算改主意。"

就如我们在前面章节所看到的一样，承认你的过失很重要，这样做不是为了要接近你的敌人，而是要把你的麻烦抛在身后。

> 承认你的过失很重要，这样做不是为了要接近你的敌人，而是要把你的麻烦抛在身后。

在你承认了你的过失和对手的强项以后，现在剩下来的就只有你自己的强项和对手的缺点了。

第十三章 权力的声望

降低球筐

这里有一个政治家可以教给公众的关于公共关系的前奏类型的经典例子。概念是很清楚的,如果你想用你的扣篮能力征服球迷,最好的办法就是把篮筐的高度设为 8 英尺(2.44 米),而不是通常的 10 英尺(3.04 米)。当你把篮球轻易地扣进已经秘密地调低的篮中时,在家看电视的百姓还以为是威尔特·张伯伦再生呢。

在 1968 年,也就是越南战争进行得如火如荼的时候,那时候相对来说还不是那么有名的来自明尼苏达州的参议员尤金·麦卡锡在新罕布什尔州的总统预选中击败了林登·约翰逊总统。正是这背后一击使罗伯特·肯尼迪加入了总统角逐的行列,同时也迫使约翰逊总统在几周以后宣布退出竞选。

人们在这里所看到的仅仅是他们想象的发生在 1968 年的政治冬天里的故事。可实际上,真正的情况并非如此。林登·约翰逊总统不仅在新罕布什尔州的总统预选中击败了尤金·麦卡锡,而且,他并没有为了达到这一目的而预先在那里发动竞选攻势,他甚至没有让他的名字出现在选票上。那些去投票站投票的人们不得不在选票上写上 LBJ(林登·约翰逊)这个名字,不管这时的通货膨胀是多么高涨,也不管美国这时正陷在一场可怕的战争里头，他还是会击败麦卡锡而取得胜利的，虽然后者已经在该州进行选举宣传好几个月了。但是，媒体却是这么认为的，如果这个明显学院派的中西部人能够在与现任总统的角逐中获得足够多的选票，那么就可以被认为是近似胜利了。麦卡锡虽然失败了，但他的高达42％的得票率已经超过了人们事先的估计。新闻媒体对这种"大卫—歌利亚"式的角逐非常感兴趣，他们情不自禁地参与进来，并擅自改变比赛的结果，实际上虽然"歌利亚"取得了最终的胜利，但媒体却认定"大卫"是胜利者。

从这个例子中我们可以看出，降低球筐策略实际上是旋转策略的一个反应更迟钝的堂兄。蒙代尔最终"赢"得了超级星期二，因为他的竞选主管已经使媒体接受了死里逃生和胜利实际上是一回事的观念。麦卡锡之所以能够在1968年的选举中"击败"林登·约翰逊，仅仅是因为他成功地降低了人们对他胜利的期望。旋转策略是一个曲线球，而降低球筐策略更像是一个快球。如果你投球的劲足够大，它就能最终穿透层层击球手而为你赢得胜利。

四年以后，也是在新罕布什尔州的预选中，艾德蒙·马斯基以46％对37％的优势击败了乔治·麦戈文。但媒体却宣称麦戈文是胜利者，这其中的一个主要原因就是马斯基的一个竞选工作人员曾经愚蠢地说过"如果我们得票超不过50％，我就自杀。"相反，麦戈文的竞选班子就显得聪明多了。通过向选民反复宣传麦戈文是一个反战的理想主义者,而把马斯基说成是一个权力的奴隶,麦戈文的竞选班子在人们心中建立了一个这样的观念:如果麦戈文能够赢得数量比较可观的选票,他就能够宣称自己是胜利者。当然了,他实际上并没有赢得这场通向权力中心的政治游戏。

在1980年民主党总统候选人提名大战中,低调策略已经成了一种艺术形式。面对参议员爱德华·肯尼迪的强有力挑战,卡特总统派遣他的手下去参加在艾奥瓦州举行的党内领导人秘密会议,四年前卡特曾经在那里取得了辉煌的胜利。作为卡特的一个老练的新闻发言人,爱德华·杰西此行有一个特殊的任务——使随机旅行的政治新闻媒体相信肯尼迪已经在艾奥瓦州建立起了不可动摇的优势。

随着党内领导人会议的日益临近,普通的老百姓早就认定肯尼迪"已经在艾奥瓦州的土地上建立起了迄今为止最好的竞选组织",这是一个由杰西精心编造的句子,他花了数周时间和新闻记者觥筹交错并不停地抱怨说肯尼迪的优势太大了。他的努力现在正在得到回报。

当最终卡特以3比1的优势击败肯尼迪的时候,这个肯尼迪兄弟中最小的一位由于在竞赛中被对手甩得如此之远,不得不在乔治敦大学发表了一篇竞选演说,这也使得一场严肃的角逐总统的战役变成了对自由主义的最后一次呼吁。这个两星期以前还是全美最受欢迎的总统候选人,不得不承认自己是一个被遗弃的理想主义者,一个现代的阿德雷·斯蒂文森。

在使人们盲目崇拜肯尼迪,抬高人们对他胜利的错误期待方面,没有人能做得比杰西更多了,在杰西离开这个玉米和小麦之乡并返回华盛顿时,他留下了他那句不朽的告别词。"最后一个离开梅因(艾奥瓦州首府)的人,请你关掉所有的灯,好么?"

几个月以后,我离开白宫前往宾夕法尼亚,担任卡特总统在该州的党内预选发言人,我此行也带着一个和杰西在艾奥瓦州所从事的类似的任务——继续玩期望值游戏,以便使新闻媒体相信即便是肯尼迪在宾夕法尼亚州取得了胜利,也无伤大局。毕竟,挑战者已经在那里花了大量的时间做竞选宣传,并明智地采取了许多措施——对红衣主教克罗尔作礼节性拜访,在费城宽敞的大街上大吃松软可口的椒盐卷饼,在电台的采访节目中大出风头。与此同时,卡特总统也在实施他的"玫瑰花园战略",那就是呆在白宫致力于解决伊朗人质危机。

降低球筐策略在这里似乎进展顺利,人们已经相信卡特将在这里遭到惨败。他在临近的纽约已经大败了一场,当整个国家对他不能迅速地解救那些被德黑兰的疯狂的"学生"劫持的美国人质感到失望时,这已经是一个尴尬和明显的信号了。真正的竞选运动是由那些前往伊朗营救人质的人的成功与否操纵的,但这次行动卡特失败了。然而,还是有人能够看清形势的,当我试图降

第十三章 权力的声望

低对卡特在宾夕法尼亚州获胜机会的期望时,《洛杉矶时报》的记者罗伯特·肖根说他已经受够了这些东西。"我知道有人说过他们可能会输,最终他们还是输了,"他向我说道。

不过它还是起作用了。借助于杰里·拉夫肖恩的才华横溢的、毁灭性的电视广告"大街上的男人"的帮助,该广告无情地揭露了很多肯尼迪的私人问题,卡特总统差一点保住了宾夕法尼亚州。由于两人的得票太接近了,统计选票就花了大半夜的时间,甚至于在新闻节目的第一版中,并没有说肯尼迪已经赢得了角逐。一个叫《费城每日新闻报》的小报,在它的整个头版就印刷了一个词"Squeaker",意思是"到最后一刻才决出胜负的比赛"。这已经是卡特所能希望的最好结果了,而被人们抱以厚望能以大比分赢得预选的肯尼迪,他已经被陷在了僵局里头了。

罗纳德·里根是运用这样一些技巧的职业高手。他在对手身上应用降低球筐策略的历史比任何人所记得的都长。里根把自己说成是一个勇敢面对政府和政治组织的朴实无华的普通公民,他反复宣称自己就像是电影《史密斯先生上华盛顿》中的史密斯先生,宣称次数之多几乎和这部伟大的老电影被重复播放的次数接近了。正如曾于 1966 年在竞选中败给里根的埃德蒙德·G·"佩特"·布朗州长在一篇文章里所说,"在不停地说自己是门外汉或'平民'政治家的时候,里根应用了苏联人在宣称他们自己的奥林匹克运动员仅仅是普通的业余爱好者(即便他们毫无疑问是非常优秀的）时常用的逻辑。"

罗纳德·里根在其职业生涯的各个阶段，都让媒体，让公众以及最重要的是让他的对手们相信他是不起眼的。当里根第一次竞选州长的时候，那个在职州长的支持者们都认为他们能够轻松对付这个"前电影演员"。在1980年的总统选举中，卡特的支持者们认为里根的背景将使他成为最容易被击败的对手。当里根最终赢得总统选举并举行总统就职仪式时，众议长奥尼尔的祝贺是"欢迎你来到职业体育总会，总统先生。"随着两个党派之间斗争的延续，数年以后，两个人都会对他们当初对对手的估计进行重新评估。蒂普·奥尼尔将会看到一个杰出的善于利用媒体的政治家，而里根总统也会把众议长看成在哈里斯民意测验中以65%的支持率遥遥领先自己的不足50%支持率的杰出人物。

公司的执行官们都清楚地知道，为销售和生产设定一个合适的目标是至关重要的。就像一个在比赛中获得最后一名的棒球队，除了力争上进就别无选择一样，一个总是亏损的公司，正是那些勇敢的积极进取的人所渴望得到的职业机会。无论对任何职业而言，你设定的成功起点越低，你成功的机会就越大。年轻的温斯顿·丘吉尔在早期的政治生涯中就发现，一个政治家所能做的最糟糕的事就是许诺一些他没有能力做到的事。在第二次世界大战中，丘吉尔给英国人设定了最糟糕的结局。伴随着英国在敦刻尔克的大溃败，他发表了也许是他一生中最好的演说。

第十三章　权力的声望

假设纳粹德国可能要入侵英国，丘吉尔发誓说他将领导英国人民"在海滩上……在陆地上……在每一条大街上……在每一座山峰上和纳粹德国血战到底，我们永远也不会屈服，即便是……"，他继续说道，"我从来都不相信，整个不列颠，或它的大部分，会被德国占领并处于饥饿中，即便到那时，我们在海外的力量……也将继续战斗，直到上帝认为合适的时间，新的世界，倾尽它的所有，把整个世界从纳粹统治下解救和解放出来。"

演说中虽然透着一股浪漫的气息，但它确实是一个非常出色的政治演说。通过向人们假设了可能出现的最坏的结果，这个战时首相确保他的政府赢得了民众的对政府足够的耐心。英国也许还会输掉一些战役，但人们已经做好了迎接最坏结局的打算。

对任何一个处在需要你负责任的位置上的人来说，你能做的最明智的事就为自己定一个适度的短期目标，在这里当然你要避免设定像丘吉尔所说的大不列颠的灭亡的糟糕结局。一旦实现了这个简单的目标，也许就能从此稳步地迈向更大的成功，取得更辉煌的胜利。正如李·阿特沃特（共和党战略专家，曾经在罗纳德·里根和乔治·布什两届政府中任职）所说，"因为打败了歌利亚，大卫现在还是声名远扬。"

> 对任何一个处在需要你负责任的位置上的人来说，你能做的最明智的事就是为自己定一个适度的短期目标。

发射沙袋

发射沙袋是降低球筐策略的必然结果。削弱你的对手的最有效的方法之一就是承认对手的长处,并为他的潜力给公众设立一个不合情理的期望值。在罗纳德·里根同吉米·卡特的总统角逐中,里根的顾问们就是这么对吉米干的。众所周知,这次竞选战役的焦点,就是那 50 名在伊朗的被劫持的外交官。由于担心吉米·卡特总统会在选举日前非常幸运地救回所有的人质,里根的竞选班子拼命地通过媒体制造谣言,以至于新闻媒体和公众都在期望"10 月奇迹"的出现。里根竞选总部的人宣称卡特总统和他的政府有一个在投票日前一个月救出人质的计划。如果卡特成功地救出了人质,他也会发现媒体已经被里根的竞选班子灌输了一种思想,人们都认为人质是按照一个政治时间表来释放了(即营救人质完全是出于政治需要,而不是为了人质本身的安全),因此人质营救成功带来的政治好处也会因为人们的这种责难减到最小。

最终的结果是,卡特总统非常不走运。营救人质行动失败了,人质还被扣押在伊朗,而卡特也丢掉了白宫。对那些还记得那个在总统选举时发生"10 月奇迹"的故事的人来说,里根的这个策略就是对已经摇摇欲坠的卡特的一记重拳,也是给卡特的

第十三章 权力的声望

政治棺材牢牢地再钉上一颗钉子。

你能施展到你的竞争对手身上的最无耻的伎俩就是抬高他,高得远远偏离他的实际能力。

> 你能施展到你的竞争对手身上的最无耻的伎俩就是抬高他,高得远远偏离他的实际能力。

民主党之所以能始终保持对国会两院之一的控制,并在里根当政时期又夺回了另一院的控制权,他们常用的方法之一就是齐声夸赞总统的魅力和与人打交道的技巧。通过公开承认总统是一个杰出的、非常受欢迎的"沟通者",通过把这些伎俩使用到里根身上,民主党把里根的声望和共和党的声望分离开来,砍断了他和他的政治靠山之间的联系。这样,即便是在声望不高的时候,民主党也能掌握着巨大的政府权力。

《最后的欢呼》一书的读者可能还记得斯克芬顿市长是如何使用沙袋策略对对手实施致命一击的吧。市长的母亲过去曾在一个老迈的新英格兰名门贵族家中当管家,被那位老绅士解雇,为报复此事,市长任命这个绅士的白痴儿子为消防局局长。几个星期以后,这个可怜的傻瓜便成了公众取笑的对象,也成了对公众的威胁。这个爱尔兰裔市长终于找到了一个把这个老家伙施加给自己上一辈的耻辱回送给他的办法,通过侮辱他的家庭,而且是变本加厉的羞辱,市长报复了这个老绅士。

对低调处理和发射沙袋两种策略而言,原理是一样的,制造

一个看似对自己不利的体系，可以使你获胜的机会比实际上大，而使对手获胜的机会要比实际小。

创造新的戒律

当艾森豪威尔在 1952 年步入政坛的时候，他试图保持自己头上的战争英雄的光环，那是他在第二次世界大战中担任盟军最高司令官时赢得的。正如他的孙子戴维在许多年以后所说的一样，对这个拥有在法国兰斯大教堂接受纳粹投降的巨大荣誉的艾森豪威尔来说，要让他对在竞选中获得比其他人更多的选票这样的荣誉在脑海里留下深刻印象是很难的。

在他当选后，为了自己能长久地留在权力的顶峰，艾克（艾森豪威尔的昵称）必须凌驾于共和党内部关于各项政策的繁琐的争吵之上。但他也面临着来自参议员约瑟夫·R·麦卡锡——一个动员公共舆论的天才的令人烦恼的指责，尽管当时的白宫是由共和党把持，可麦卡锡还是不停地在找政府内那些有共产党嫌疑的人的麻烦。

当艾森豪威尔最终用一些幕后策略使得麦卡锡屈服时，为了避免和对方发生公开争吵，他还耍了一个滑头。在面对媒体提出的有关麦卡锡愈演愈烈的倒行逆施问题时，他宣称自己的原则是"不进行人身攻击"。

第十三章 权力的声望

林登·约翰逊也通晓同样的策略。1964 年，他正面对着这样的尴尬处境，罗伯特·肯尼迪——连任的司法部长，要成为他的竞选搭档的趋势似乎正在变得不可更改。如果真的如此，对林登·约翰逊来说将意味着他向一个颇具讽刺意味的观点投降：历史将会把他看做是肯尼迪家族的守护者，一个帮他们看管这把金交椅的家臣，直到这个前总统的弟弟有一天来要求收回它。如果此人的名字出现在全国的选票上，林登·约翰逊就无异于接受了做肯尼迪王朝下的纯粹的摄政王的角色。对感觉自己长期受到这个前总统的弟弟照顾的林登·约翰逊来说，这是彻头彻尾的侮辱。他想用的伎俩就是找到既能不选罗伯特·肯尼迪做自己的竞选伙伴，又能不得罪遍及全国的数量众多的肯尼迪家族的崇拜者的办法。

在苦苦思索了几个月之后，这个坏脾气的得克萨斯人终于找到了自己的解决办法。他向采访白宫的新闻媒体发布了一个后来成为独断专行地创造新戒律的新标准的声明："我个人认为，向大会推举我的任何一个内阁成员或那些经常与内阁打交道的人做竞选搭档都是不明智的。"

华盛顿的知情者们当然清楚地知道，这条针对副总统候选人的新规则制约的对象就是罗伯特·肯尼迪。然而，这个声明设计得很全面，它成功地掩盖了其中的一些报复行为。这个伎俩使约翰逊搬掉了压在自己背上已经四年之久的这块肯尼迪家族的巨石。

在 1980 年总统竞选的开始阶段，候选人里根最大的对手并不是已经被通货膨胀和伊朗人质危机弄得焦头烂额的吉米·卡特。他的问题是自己曾做了很长时间的右翼政治评论家，无所畏惧地发表过大胆但不得当的评论。"我们应当对北越宣战，"有一次他宣称，"我们应该铲平并征服这个国家，然后再回家过圣诞节。"这当然还包括他那在 1964 年提出的社会保障"志愿化"的臭名昭著的评论。如果他的共和党对手们沿着这个话题再稍加攻击，他在预选的早期就被踢出局了。即便是在他赢得了党内提名后，如果他的党内提名竞争者们给民主党人稍加指点，那么即使是焦头烂额的卡特也早就在 11 月份的大选中击败里根了。

因此，他采用的伎俩就是要使他免受本党同仁乔治·布什、霍华德·贝克尔、鲍勃·多尔以及其他对手的重击。这个被里根引入到政治舞台中的极富创造性的策略是有点类似于摩西戒律的东西，他喜欢将其炫耀为摩西十戒的"第十一戒，你不应该说本党同仁的坏话"。罗纳德·里根本人曾在 1976 年迫使一位在职的来自共和党的美利坚合众国总统（福特总统）提前结束自己的政治生涯，对这样的事你也不要感到太惊奇。他要采取一种全新的姿态。如果他想在秋天的大选中击败卡特，他就需要改变过去的做法来闯过预选的枪林弹雨。他拒绝批评布什或贝克尔或多尔或约翰·康纳利或菲尔·克兰这些人，他集中所有的火力猛烈攻击卡特总统。而当他的共和党竞争者们拒绝遵循同样的游戏规则时，他就高喊他们犯规。

在1987年年初，当他想撤换他的白宫行政主管的时候，他抛出了另一条戒律。他没有直接要求唐纳德·里甘辞职，而是在一次采访中利用照相的时间向新闻媒体宣称"切不可与一个决定要辞职隐居的人谈什么"。这是一条再直接不过的戒律，总统的暗示已经十分清楚了，即便像唐纳德·里甘这样无情的野心勃勃的人也不可能不顾及总统的言下之意。不过，它使总统本人得以避开要求里甘辞职的责任，几天后唐纳德·里甘就辞职了。

让雄鹿跑过去

这是一句非常阴险的古老的美国谚语，指的是将别人对你的指责转移到他人身上去。当杜鲁门总统把他那著名的写着"鹿啊，停留在这里吧"的小牌子放在他办公桌上的时候，他使这条谚语更加声名狼藉。

我们往往不记得这个经常叫嚣"让他们去见鬼去吧"的哈里（杜鲁门总统）曾做出过许多强硬的决策，例如向日本投放原子弹和解除五星上将道格拉斯·A·麦克阿瑟的职务等等，因而树敌颇多。他是在一片责骂声中离开白宫的。考虑到他的名声和所作所为，他的椭圆形办公室的继任者（艾森豪威尔）让他把那块牌子转移到他位于独立城内的图书馆，就不足为奇了。

在担任美国总统期间，德怀特·艾森豪威尔向人们充分地展示了他驾驭别人的天才。他的战时经历教会了他如何驱使别人，必要时甚至驱使别的国家为他服务，世界上没有任何东西更能像战争这样教会他这方面的才能了。在50年代末，当艾森豪威尔的农业政策陷入困境时，是他的农业部长埃兹拉·塔夫特·本森替他背的黑锅。在对外政策执行过程中，他也是如此表演的。每当艾克（艾森豪威尔的昵称）在国外做了什么不光彩的事的时候，总是他的国务卿约翰·福斯特·杜勒斯出来替他收拾残局。人们因此给他的名字加上了"政策颠倒器"的标签。为了处理好他与新闻媒体间的关系，艾森豪威尔雇用了也许是美国历史上最出色的总统新闻秘书——詹姆斯·哈格蒂。在很多时候，哈格蒂的角色就是替艾森豪威尔充当采访白宫的新闻媒体的沙袋。下面就是哈格蒂自己所说的。

"艾森豪威尔会对我说，'照我说的做'，我向他抱怨道：'如果我在新闻发布会上照你要求我的去做，我恐怕就得下地狱了。'每当说到这里，他就会微笑着站起来，绕着办公桌踱着步，然后用手拍着我的背说：'我的孩子，祝你好运。'"

罗纳德·里根发明了让雄鹿跑过去的一种新方式——成立委员会。他一贯反对官僚，可是当上总统后，他展示了一种策略——成立一些委员会，并且全部掺杂有民主党人。这些委员会包括：负责中美洲的基辛格委员会，其职责是设法紧缩防务开支；

帕卡德委员会，其职责是寻找刺激经济增长的方法；社会保障委员会，其职责是向整个国家推销政府的提高税收和暂缓提高生活费用的补贴政策；斯考克罗夫特委员会，其职责是向国会推销MX导弹计划；最后还有一个托尔委员会，负责调查用武器交换伊朗扣留的人质的交易。即便是在最后一个委员会里，里根总统也能利用它给自己赢得政治好处。托尔委员会的权限被限制在营救程序和组织结构等事项上，而在政策方面它却没有任何权限。它的矛头必然是指向那些负责执行政策的人，而不是像总统这样的制定政策的大人物。

每当没有委员会来替他背黑锅的时候，里根就会把这些烫手的山芋扔给他的手下。好多年来，采访白宫的新闻媒体已经摸索出了一套切实可靠的方法，能准确地辨别里根总统在同国会的较量中是输还是赢了。如果赢了，里根总统自己就会兴高采烈地出现在白宫西翼的记者室，也会把事件的全过程向新闻界公开。可如果里根输了，出现在媒体面前的就是他的发言人拉里·斯皮克斯或他那些不出名的代理人中的任何一个。在后面这样的情形下，理所当然，是绝对不允许拍照和录像的。"成功者有很多父亲，"约翰·F·肯尼迪曾说过，"但是失败者就只能是一个孤儿。"

仁川登陆

现在我们把话题转到最根本的公共关系侧翼攻击策略上来。没有能比从敌人防线后面偷袭更能让敌人惊惶失措的方法了。在1950年,由于北朝鲜军队的进逼,以美国为首的联合国军被压制在朝鲜半岛南部一块狭窄的区域内。道格拉斯·麦克阿瑟将军没有对强大的敌人进行寸土必争的正面反攻,而是在仁川港实施了一次杰出但冒险的登陆作战。他成功了,登陆数天内,麦克阿瑟将军就夺回了汉城,登陆两周内,整个南朝鲜的失地都被联合国军收复了。

和战场上的将军一样,政治家们也是因为他们出其不意地击败对手而留名青史的。当他们通过夺取对手的后方政治地盘从而成功地对对手实施了侧翼包围时,他们会赢得特别的尊重。

这里有一个政治仁川登陆的极好范例,它是由哈里·杜鲁门实施的。在1948年的时候,杜鲁门总统失败的命运看来似乎不可逆转了。他抵达费城,参加在那里举行的气氛压抑的民主党大会,那时候他在每一次民意测验中都落后于对手,人们认为他已经没有赢得选举的任何希望了。非常善于即席演讲的杜鲁门在演说中,提出了现在著名的"让他们见鬼去吧"的政治策略,这个策略以制造了美国历史上最大的政治混乱而闻名。然而那天晚上真正的惊人之作并不是杜鲁门总统所说的,而是他所宣布的自己将要做的。在仔细研究了共和党选举班子提出的关于医疗保健、住房、物价控制以及教育补助等一揽子计划后,杜鲁门宣布他将召集由共和党把持的国会,以便开一个特殊的、事先没有计划的会议来落实共和党所提出的这些计划。"现在,我的朋友们,如果共和党提出的这些计划中存在任何实现的可能性,我们大家都将从第80届国会的一次短暂的会议中得到好处。"

恼羞成怒的共和党人被杜鲁门的这一招打了个措手不及,这次为期两周的国会特别会议没有取得任何结果。当国会最终休会的时候,杜鲁门在共和党人的心窝上给了他们致命一击。他召开新闻发布会宣称由这些只会退缩不前的立法者组成的"无所事事的国会",刚刚结束了一次"无所事事"的会议。

当美国总统大选在11月如期进行的时候,这个民主党总统成功地迷惑了每一次重要的民意测验和全国每一个著名的政治评论家。通过使用这招侧翼出击策略,他迫使共和党人们疲于招架,结果共和党不但不能对总统吹毛求疵,而且他们还成了必须对采取迅速措施以实现某些计划负责的责任者和政党。公众认为,如果共和党认为他们的那些计划确实重要,那就表决通过它好啦。

理查德·尼克松在70年代也成功实施了一次类似的政治仁川登陆。在他担任总统的整个期间,他因为主张让红色中国返回联合国而使民主党难堪。在那个年代,仅仅提及这个主意就会被人们认为是左翼,被扣上"同情共产主义"的帽子。实际上,如果回溯到那个争论"到底是谁丢掉了中国"的年代,尼克松本人就是一个非常狂热的反共分子。在整个50年代的大部分时间里,他都在谴责那些同情中国大陆的人。"我认为预测红色中国和苏联之间将要出现裂痕是一厢情愿的想法,"他说道。然而真正使尼克松青史留名的正是他在1971年作出的对中国打开大门的决定。正是他的由亨利·基辛格事先秘密打前站、随后他亲自出马的举世瞩目的北京之行彻底震撼了他的对手,并使那些几十年来一直讨厌他的人变成了他的拥护者。理查德·尼克松完成了他的对手们因为惧怕他而不敢做的伟业。

颇具讽刺意味的这一事实不会不引起一向批评尼克松的人们的注意。自由主义的经济学家约翰·肯尼斯·加尔布雷思曾经这样写道:"比起那些生活在生怕被人扣上'同情共产主义'帽子的恐惧中的美国自由主义者们而言,美国的保守主义者们更容易接受事实及更明智地同苏联和中国接触并讨价还价。如果休伯特·汉弗莱敢于访问中国,并和周恩来及其他中国人碰杯的话,他一定会被人嘲弄的。但对尼克松这个恶毒的反共分子来说,向'红色中国'打开大门也许是能挽救他政治生命的杰作。"

法则:搅乱竞争的阵线,乘机夺取对手的后方地盘。没有什么能比可怕地意识到敌人已经渗透了你的防线,并正在从后方向你发起进攻更能引起你的恐慌了。

事实上,也曾有一个在战争中利用该策略的经典例子。在1967年的"六日战争"中,以色列假冒一个阿拉伯电台宣称通往大马士革路上的一个重要城市已经沦陷。听到这个假消息到处传播,惊惶失措的叙利亚军队放弃戈兰高地上的军事要塞,仓皇撤退了。

一击巧妙打出的公共关系硬球,它的威力相当于一颗炮弹。这就是其中的一个例子。

第十四章

形象的定位

> "我刚刚想到了一件事情,它可能与这个演讲没有任何关系,我一直担心,不知道该不该说。"
>
> ——罗纳德·里根

对于比尔·克林顿而言,1994年的选举不啻是在自己脸上狠狠地扇了一个巴掌。他所在的政党自1954年以来第一次在众议院和参议院同时失去了领导地位。克林顿在医疗保健问题上笨拙的处理办法,使得民主党丧失了自己在政治上的优越地位,要知道,他们为此努力了接近40年才取得这样的地位。

但是克林顿拒绝就此放弃,拒绝言败。他没有跟自己已经认输的民主党同僚们一样意志消沉,而是采纳了顾问迪克·莫里斯的建议,用"三角形稳定法"来处理这个问题。莫里斯解释道:

第十四章 形象的定位

"如果重复国会中民主党党员的陈词滥调，就意味着只能跟他们一起躲在同一个暴风雨避难所里，一直等到共和党引发的暴风雨安全过去为止。总统当时需要给自己一个定位，这个定位要综合两党中最好的定位。"

"三角形稳定法"见效了。克林顿在 1996 年共和党仍旧控制着国会的时候胜利地实现了连任。唯一的失败者是国会中那些已经与克林顿脱离关系、为他们自己辩护的民主党人。

用政治术语来讲，克林顿的方法被称之为定位。第一，首先要决定你希望跟选民们之间的关系要走得多近。第二，把自己放在这个理想的位置上。在这一点上，没有人能做得比政治家们所称的"伟大的沟通者"更好了。

1983 年 1 月 25 日的晚上，里根总统赶到国会山去，要在那里发表一年一度的国情咨文。跟平常一样，众议院议长的办公室要作为他进入国会会议室之前稍作休息和调整一下的地方。在跟同僚们握手打招呼的时候，他注意到国会议员唐·爱德华兹坐在旁边的一间屋子里，正仔细阅读着总统演讲的手稿。"你从哪里拿到这份手稿的，唐？"里根很是惊讶地问这位也是来自加利福尼亚的同僚。这个时候，他才第一次知道，他演讲稿的非法复印件早就已经传到了每一个国会议员手里。

正是因为手里已经有了里根演讲稿的复印件，参加会议的民主党国会议员事实上已经准备好了攻其不备，对总统进行突然袭击。他们找到了一个信息，即便是最激进的共和党人似乎也首次承认，政府有责任采取某些措施以降低越来越高的失业率。几个月以来，里根一直在辩论说"这个问题可以先不理会"，他承诺说，到 1981 年削减税收的时候，高失业率一定会降低的。但是，在他事先准备的演讲稿中却有这样一行字，明白无误地传达了一个信息。这一行字是："我们在政府中工作的每一个人都必须带头努力恢复经济。"

于是民主党精心策划了一个计划。当总统读到这一行字的时候，他们就站起来大声喝彩表示对此热烈欢迎。里根一时间似乎愣住了，他完全没有预料到会发生这样的事情。这个传达给全国的信息明白无误，他们正在欢呼，因为总统已经勉强承认，自己的政府现在的确是到了需要采取一些什么措施的时候了。

里根稍微停顿了一下，等掌声慢慢平息下来，这个时候他也已经意识到，那些坐在普通议员席位上的人正在戏弄他，他们正在意味深长地笑着，慢慢悠悠地看他的反应。紧接着，里根用杰克·本尼般准确的手法，不失时机地进行了反击，"噢，我一直都以为你们只是读那些纸片呢。"

民主党人还以为总统只是随口一说，指的是他们中很多人一直在看他的演讲稿并对此发表一些自以为是的解释呢，于是就哄堂大笑起来。所有这些人都没有意识到总统话中的弦外之音，更没有意识到其中的讽刺意味。

第十四章 形象的定位

对于在自己家的起居室里看电视的观众来说，这个暗示再明白不过了，这些立法者们只不过是一群具有官僚作风的典型政客，他们最擅长的事情就是把脚翘在桌子上，一边悠闲地读着报纸，一边含着雪茄吞云吐雾。里根只不过是借用了一下这些"摄影棚观众"而已，用他们自己的笑声来嘲笑刚才的笑话，而在这个笑话里面，这群"摄影棚观众"才恰恰是笑柄。

一个星期以后，他把这老一套的办法又重新演绎了一遍。不过这一次他借用的观众变了，是白宫的新闻记者们。一天下午，一次记者招待会正在进行之中，他的妻子南希突然间推着一个大生日蛋糕进来了。那一天是总统72岁的生日。就在总统兴高采烈地开始为参加招待会的每一位记者切生日蛋糕的时候，全美广播公司的记者山姆·唐纳逊大声喊道："可是总统先生，你要知道，我们可不是一块蛋糕就能收买得了的。我们不接受交易。"

全场一片寂静。

"噢，"总统直视着山姆说："您已经被比这块蛋糕更少的东西收买过了。"山姆的同行们听到这句话都哄堂大笑起来。事后，有的记者就批评他们这位自作聪明的同行。

对于坐在电视机前的观众而言，里根的这句话里面还有一个隐含的信息，总统当着这些华盛顿记者的面在毫不客气地指责他们，说他们的许多报道其实是受了很多特殊利益集团的影响，事实上他们是时刻准备着被"收买"。这是在明白无误地说，以前

硬球 Hardball

右翼批评家们几十年来对一些有影响的大媒体的指责是正确的。不仅如此，里根还让他们对他所说出的事实发笑。正如他一贯在国会会议上表现的那样，里根没有把自己定位为一个华盛顿游戏中的玩家，而是把自己包装成了一个对自己周围不怎么样的事情的评论家，他极具洞察力，却又超然于这个游戏规则之外。

这样的才智的确值得引起人们的注意。在这本研究实际政治现象的作品的开头，我们就曾经详细描述过这个国家中最具传奇色彩的"零售商"林登·约翰逊是怎样崛起的。我们看到了"约翰逊疗法"，知道这种方式是怎样让那些身材高大的成年人变成了摇尾乞怜的小哈巴狗的。同林登一样，里根也同样值得我们在本书结束的时候大书一笔。作为他的主要对手——众议院议长蒂普·奥尼尔的助手，我花了大量的时间深入研究这位"伟大的沟通者"，来回答与林登·约翰逊经常给人们提出的那个问题一样的疑问——"他是怎样崛起的？"

这个问题的答案跟那位伟大的"零售商"林登·约翰逊完全不一样，他不像后者一样去一个接一个地单独会见选民，恰恰相反，罗纳德·里根是一个善于利用传媒的人，他是一个伟大的"批发商"。

我这么说并不是在指责。我的外祖父亨利·斯图克终生都

> 只要你找好定位，你就可以成为你想成为的任何一种人。

第十四章 形象的定位

以推销为业。他最喜欢的座右铭就是:"世界上只有两种职业,一个是推销,另一个是政治。"我非常崇敬他,我得说,世界上仅有的职业不是两种,是一种,而罗纳德·里根已经完全掌握了其中的技巧。其他的领导人总是在告诉我们儿童文学作家霍雷肖·阿尔杰作品中激励人的那些话,告诉我们任何一个人都能够实现自己的梦想,你的梦想有多高,你就能够走多远。但是这位伟大的"批发商"却告诉我们在这个电视时代的另外一个类似的道理——只要你找好定位,你就可以成为你想成为的任何一种人。

这样说绝不是在指责或是批评。这正是这位伟人在自己的政治生涯中之所以能够取得如此丰功伟绩的秘密和法宝。就在其他政客们迫不及待地将自己看做职业政治家的时候,这位来自西部的政治家在20世纪80年代却有另外一个雄心,让自己时刻保持一个旁观者的形象。他教给我们的一个法则就是:任何人,无论是个人还是某个组织,都可以随心所欲地为自己进行定位。一个新上任的首席执行官可以将自己定位为"仅仅是公司的另外一个雇员而已",或者将自己置于一个与众不同的位置,做一个发号施令的人。艾维斯也可以租用大量的汽车,声明自己只是"第二号人物",这样的话对于我们这样地位卑微的小人物会更加有煽动力。百事可乐可以称自己是"新一代人喝的饮料",而可口可乐则把自己定位为美国的"经典"饮料,在这两个例子中,我们可以很明显地看到,软饮料公司正在通过对自己重新定位以适应

这样一个文化转变迅速的时代，从而谋求更大的市场份额。

罗纳德·里根也同样熟谙这样的游戏规则。他对自己的定位是一个政治上的旁观者，这样的形象绝不是自动在人们心目中形成的，而是他精心策划的结果。他通过给自己正确定位来为自己谋求更大的市场份额，其方式不是力图将自己刻画成一个"政治圈内人"，而是将自己融入到他最重视的电视观众中去，成为他们之中的一员。

毫不奇怪的是，第一个意识到里根这个策略的人正是里根在政治上第一次要面对的竞争对手，加利福尼亚的前任州长帕特·布朗，他也是里根进入政界以后第一次竞选公职时打败的人物。"他是'我们'之中自封的领袖，"布朗在1966年被里根击败，他许多年以后曾经这么写道，"而他的敌人总是他所称的'他们'。"

然而大多数里根的批评者们却没有领会到这一点。他们总是攻击他是一个"二流的电影演员"，不但否定了他当前的出色表现，也抹杀了他在原来所从事的职业上取得的成就。

罗纳德·里根在进入政界的时候并没有刻意要扮演一个什么样的角色，他只是继续扮演了许多年以来在自己生活中一直扮演的角色。

很多人都忽视了这样一个事实，这位"伟大的沟通者"之所以在全国范围内赢得了声誉，并不是依靠他原来的职业在电影屏幕上得来的,而是凭借电视显像管取得成功的。人们并不是在自己家附近的电影院里认识了里根这个人,而是坐在自己家的电视旁看到并认识了他。成千上万的人并不是因为他是一个演员而熟悉他,而是因为他以一个更加亲近的角色出现。他们没有认为他是在表演某一个角色,而是认为他只是在表演他本人这个角色——"您的主持人,罗纳德·里根"。

里根最大的幸运就在于,他的对手们从来就没有意识到他的这个策略。在整个 50 年代和 60 年代初,里根将自己具有亲和力的性格表现出来时,他们只是跳出来抨击他没完没了的宴会。他们从来就没有意识到,里根之所以能够成功,并不仅仅凭借自己英俊的外表,迷人的魅力和出众的智慧,而是因为他能够利用自己特有的天赋为自己的特别策略服务。他清清楚楚地知道自己应当在公众的心目中以一个什么样的形象出现并立住脚。

在他演出的长达 8 年的通用电气剧场里面,里根具有鲜明的职业优势。这个节目中的其他表演者都要受当时每一周新出现的工具和设备所左右,因为这是一个系列剧,但是剧中扮演主角的人却没有。就跟他不用为他所演的通用电气产品的质量负责一样,他也不用为整个演出的质量负责。正是里根在每一次演出结束以后都要说那句家喻户晓的结束语"这就是通用电气,促进进步是我们最重要的产品。"他所说的"这",其实可以指通用电气公司到你的家之间的任何一个地方。20 年以后当我想起通用电气剧场时，在我脑海里印象最深的是这样一幅画面：主持人和他的妻子南希坐在他们"完全电器化"的家中那宽大舒适的起居室里。他们看上去似乎比一般的电视观众稍微富有一些，但是在其他方面跟所有其他人并没有任何明显的不同。事实上，他们只是把我们想象中自己希望成为的那种人或者说我们自己希望拥有的东西演绎出来了而已。

里根在政界同样保持了这样一个中性化的位置。从他召开的新闻记者招待会就可见一斑。

很多年来我们都在看华盛顿的新闻记者大军是怎样无休止地盘问尼克松、福特或者卡特，对他们紧追不放。我们看到我们的总统在传媒面前总是愁眉不展，一副苦相，就像一个嫌疑犯因为涉嫌谋杀在法庭上接受审判一样。尤其是尼克松总统，他看起来总像是刚刚从拘留所被提出来拉到被告席上一样。里根从一开始就下决心要改变这种被动的局面。他和他的顾问们从来就没有忽视过最初从总统新闻记者招待会上发出的最重要的信息——谁才是真正的总统。

首先，他仍旧表现得十分放松，极具吸引力，就像他仍旧是电视节目的主持人一样。他给人的不是一个躲在白宫的秘密办公室里的孤独者的形象。为了将这样一个信息传达给自己的观众，他利用了电视时代的许多除摄像机以外的设备。

你以前有没有困惑不解，里根怎么会在他召开的所有记者招待会上似乎总是知道大部分记者的名字呢？看起来就好像他曾经跟这些人经常待在一起，混得很熟的样子。事实的真相是，他只是在利用白宫里的记者们来说服坐在家里电视机前的观众，让他们认为里根是一个多么平易近人的人。不论起来提问的记者是谁，也不论他是来自哪一个不知名的小报，我们的总统似乎总是能够一下子叫出"乔""鲍比"或是"安妮"等等一类昵称来。

很多人对于里根的记性之差总是很震惊，因为他总是在其他一些事情上表现得心不在焉，比如在为了支持尼加拉瓜反政府武装而秘密向伊朗卖军火一事上的表现，就是一个随手拈来的例子。但是他们一定会更加惊讶，里根在记者招待会上怎么会有这么好的记忆力。但是他们不知道，所有的总统都会利用在记者招待会开始之前的这些时间来做准备，想好就政府政策、外交、内政等等一系列问题应该怎样应答，而里根却在这段时间里让人画好一张座位图，在走到摄像机镜头之前，他自己先要走到闭路电视监视器前扫视一下那些"乔""鲍比"和"安妮"等人，确知他们的位置。这样，他就能够知道当天晚上他所希望与之开开玩笑或者交交锋的记者们每个人固定的位置了。等把所有这些人的昵称或者是绰号跟他们的脸对上号，把这些脸再跟他们的座位对上号以后，他才完全准备好，走到摄像机面前去。

但是里根的这个体系并非完美无缺。1984年上半年的一次记者招待会上，总统向下面的人群中望去，然后叫出了一个名字

"帕特"。他要叫的人是来自都市媒体网络的帕特里克·麦克格莱斯。帕特里克后来回忆说,起初他根本不敢相信总统叫出来的这么亲昵的一个名字是在对他叫的。他没有任何理由认为总统会知道他的名字,而且那个时候在总统喊出名字以后,他自己也想当然地朝着后面几排位子上张望,看看他在叫的是什么人。但是犹豫了一会儿他才确定叫的是自己,于是麦克格莱斯这个时候才站起来向总统提问他准备好的问题。

我们回过头来分析一下。在电视黄金时段面对着全美国人都会看到的摄像机镜头,能够被叫起来问问题,在自己后面的其他同行们还在新闻编辑室里不停地跺脚、喊叫的时候,有哪一个新闻记者会来得及耍花招呢?处在聚光灯下的这个人绝对不会打算让所有人扫兴的。更何况,如果一个人曾经被美利坚合众国的总统指名叫起来问过问题,而且总统叫的是他的昵称,他目前的饭碗就会比被点名的几秒钟之前更加牢固了。

还有一次在新闻记者招待会上,总统做得比这还让人惊讶。他居然向参加记者招待会的所有记者介绍了白宫记者团刚刚添加的三名新成员。那个时刻给人的感觉就好像是电视上一个智力游戏节目主持人在欢迎几个新嘉宾来参加活动一样。

但是与罗纳德·里根在电视上进行的实况即席电视讲话时所采用的高科技手段相比较,这些为记者招待会所做的准备工作就黯然失色了。

第十四章 形象的定位

有一次,众议院议长蒂普·奥尼尔收到一位女士的来信,这位女士情绪非常低落,因为她在为总统担心。她在信里说,很明显总统决定不带任何演讲稿发表一场长达45分钟的即席电视讲话,这样做会非常危险。她非常担心地问,如果总统在这样一个具有国际影响的问题上不小心犯一个错的话,那该怎么办?

但是,要知道,像这样的电视讲话,其实根本不存在即兴这么回事的。无论里根什么时候在国会发表讲话,众议院都会给总统的通讯组提前留出一到一个半小时的时间,让他们迅速把总统的讲稿提示器草草装上。跟自己所有前任不一样的是,里根总是让助手们把两个电视讲稿提示器的显示屏远远地隔开放好。这样他就能够不停地将眼光从一个提示器转到另外一个上去,给人的印象却是他在朝着整个会议大厅发表讲话,与此同时两个提示器却照不到摄像机的镜头里去。坐在家里看电视的观众们从屏幕上看到的只是总统对这两面的听众在滔滔不绝地发表演说。温文尔雅、和蔼可亲的总统这个时候戴着隐形眼镜,让人一点也看不出他实际上是在照本宣科地读他的演讲稿。不仅如此,由于提示器故意被悬挂得非常高,这使得总统不得不睁大眼睛看,从而使他显得更加年轻。

只有很少时候,偶尔会有一两个画面宽的镜头出现,这个时候我们才能够看见两个玻璃板。但是当普通人从电视里看到的时候,这两个玻璃板看起来非常像两个为安全起见而装上的防弹玻璃罩。

无论走到哪里，总统都要随身带着他的电视提示器，但是，如果我们因此而说这位伟大的沟通者的所有技巧仅仅是依靠技术的话，那就错了。他首先是一个老练的表演者，从来不会放过任何排练的机会。他把最关键的时间都花在了白宫的家庭剧院里。他的驾驭能力如此高超，以至于电视机前的观众根本就没有注意到他的瞳孔停顿在提示器屏幕上。他演讲的言词表达得如此流畅，所有的听众都觉得他的眼睛似乎锁定在他的听众身上，而不是落在玻璃板上的文字上面。

总之，他从来就没有忘记过，最为重要的产品是他本人，而不是他所讲到的"供方经济"或者是"战略防御"。后台的监视器在帮助他表现出更多一些"平民化"的味道，少一些帝王般的气势。太空时代特有的提示器和隐形眼镜让他在自己的电视节目中显得更加"平易近人"。

里根之所以利用这些现代化的技术手段，主要目的是为了用强大的科学技术武装自己，为自己定位，把自己在公众心目中的形象定位为一个人们的邻居一样的普通人，而不是一个超然于众人之外的政府首脑。他所做的每一个动作都是为了让自己显得贴近群众，远离政府。他所有的前任们总是将自己看做是政府权力的化身，而里根却将自己的形象定位为一个到白宫做客的普通市民。在宣布竞选连任的时候，他提及总统职位时只是很笼统地称之为"我现在所任的职位"。在他出去度假时，他总是毫无顾忌，

第十四章 形象的定位

从不摆总统的架子。

让我们比较一下同是来自加利福尼亚州的最近的两位总统。理查德·尼克松回家的时候,他立即在自己的"西部白宫"内召开国事会议。换句话说,他把办公室也随身携带了。还记得我们经常见到的尼克松在加利福尼亚的那些照片吗?一个人孤零零地在圣克利门蒂岛的海滩上散步,穿着黑色包头的鞋子,身子使劲地弓着,仿佛被自己高高在上的位子压得抬不起头来。而当罗纳德·里根回家的时候,他却去了"大农场",穿着格子花呢的衬衫和牛仔裤,脚上蹬一双靴子,驾着一辆吉普到处跑来跑去。通过一个望远镜的镜头,我们可以发现他正在清理刷子或者在修一段篱笆。在那些山区里跑来跑去的时候,他从来都不说明自己是一个正在休假的政府首脑,偶尔忙中偷闲,从自己的工作中偷偷溜出来一会,这的确是一个可爱的品质。但是不要忘记,里根为了能够得到这个最高的职位不懈追求了20多年,他曾经领导了美国历史上最庞大的行政机构。

许多权威的评论家曾花了许多年的时间来研究里根,他们想弄明白,罗纳德·里根到底是怎样从政府存在的问题和所犯的错误中推掉自己的责任的。答案非常简单,他只是拒绝将自己看做是那个政府的一部分。他拒绝的方式就像一个人身体内的组织在排斥一些体外来的异物一样坚决。罗纳德·里根表现出来的不是爬上总统职位,而是重新定义了这个职位。他使得总统职位看起来不像是在指挥一个政府的运行，因为那些繁琐的事务总是由政府中必不可少的人来完成的，比如亚历山大·黑格，玛格丽特·海克勒以及唐·里甘等人，他只是进行作为罗纳德·里根这个人该做的工作。

毋庸置疑，里根绝不是第一个进行政治定位的美国政治家，他只是改进了技巧而已。乔治·麦戈文之所以能在1972年赢得民主党的总统候选人提名，在很大程度上是因为他从意识形态方面着手，成功地为自己定位，使得大家都一致认为他比其他的所有候选人在越南问题上更加激进。正是这个定位为他赢得了大批的追随者，从而能够成功地发起竞选活动，打败自己党内其他更有名的领导人。但不幸的是，他这样做使得理查德·尼克松和他的竞选伙伴斯普罗·T·阿格纽在几个月以后声称自己是政治上的中立派，从而轻而易举地竞选成功。

参议员盖里·哈特也用了同样的方法在一次头版头条中占据了显要的位置。1984年他成功地将自己定位为具有"新思想"的活跃的候选人，成为新一代民主党人的代表。他穿着一件格子花呢的衬衫和牛仔裤，脚上蹬一双靴子（是不是从他身上看到了里根的影子？）。他拿出专门接受媒体拍照的时间来宣传自己，在照片上的他正将一把斧头砍向一个树桩。他真正的目标是民主党机构内那些花白头发的老资格的"内部人士"。他利用他那L·L·比恩式的形象当做武器，矛头直指当时布鲁克斯兄弟公司的沃尔特·蒙代尔。蒙代尔这位前副总统也承认他本人表现得的确比较"官僚"一些。

罗纳德·里根寻求更加微妙细致的定位，并成功地达到了他的目的。我们必须想到，在这位极其受欢迎的人刚刚入主白宫的时候，他面临着一系列严峻的挑战。从林登·约翰逊开始，公众们已经看到在12年内有4届总统被越南问题、水门事件和伊朗人质事件搞得焦头烂额，纷纷落马。里根下定决心要给这个职位重新定义，而不是让这个职位将自己重新定义。

里根亲眼目睹了一个试图背起沉重包裹的总统是怎样痛苦地被毁掉了。吉米·卡特拒绝扮演一个国家领导人的角色，他将自己的角色设计成为一个政府首脑。他拒绝使用所有与这个职位有关的华丽的外衣，比如他曾经下令要求大家不要在他到达的时候欢呼，他甚至对任何出了问题的事情都毫不犹豫地负起个人责任来。面对高达两位数的通货膨胀率，他创造了一个以"通货膨胀政府"著称的白宫。在50个美国人在伊朗被劫持为人质时，整个国家要求采取措施解救人质的呼声淹没了白宫，也淹没了他的整个总统任期。他就像扛着自己的一个大包袱一样把总统办公室的所有负担扛在了自己肩上。

里根从一开始就让公众明白一个问题，他被人民选出来是到华盛顿工作的，他并不属于华盛顿。他可以成为这个国家的领袖，但是不会成为这个国家的监护人，不会事无巨细地对一切事情负责，小到哪个地方停电了，哪个地方漏水了这样的琐事不是他的职责所在。在欢迎他的宴会上，里根就曾经讲过："政府不是我们所有问题的万能钥匙，只有从问题本身出发才能找到解决办法。"他绝对不会让自己也成为这样一个问题的一部分，他会让所有人都清清楚楚地了解这样一个事实——里根的家在加利福尼亚，华盛顿特区可不是他的家。一直到了1986年8月，他还设法参加了伊利诺伊国家博览会，以一个西部牛仔的形象出现。对表示欣赏的观众，他说道："参加这个国家博览会最妙的事情就是，我在这里可以尽情地开玩笑，但这样的玩笑华盛顿的人是不会理解的"。

里根在这样的时刻说出这样的话来，并不仅仅意在指责和批评。他实际上在努力改变自己的形象，让他跟其他传统的政府首脑形象稍微有些差别。他没有将自己的身份放在政府中看待，而是放在了一个特殊的点上，这是以前从来没有出现过的一个位置，介于政府与我们这些普通人之间。这样做就给了他非常宝贵的距离，无论是发生灾难时，还是哪些政策发生失误或者行不通时，抑或是他所任命的人做了令人尴尬的事情时，他都有足够的回旋余地为自己开脱。

里根选择了很久以前就被人们忽视了的媒体——无线电，作为每周发表全国讲话的方式，这绝不是偶然的。每个周六，他都会选一个不同的话题来谈，但是他所传达的信息大体上都是一致的，没有太大差别。不管当时国家发生了什么不幸的事情，无论是谁，只要在美国东部标准时间下午 12 点过 5 分打开收音机，都会听到相同的论调，知道"他们"那些政府的人如何如何。每一个周六，那个在艾奥瓦受过训练的标准播音员的口音就会传到我们的耳朵里，怒气冲冲地发着对政府的牢骚，说政府简直就是一个传播邪恶的地方，什么赤字啦、犯罪啦、官僚主义啦，等等，不一而足。听着他讲话的时候，人们很容易忘了，这个发表评论的"波托马克河上的保罗·哈维"式的人正是联邦政府的首脑。这只是一个抽象的、没有具体形象的声音，因为白宫不允许对这样的讲话进行电视实况转播。听着这样的话，让人感到他就是自己的国家里的一个邻居，跟自己一样对周围所发生的一切都充满关切。时间的选择是关键。里根选择的时间非常恰当。因为星期六人们不用上班，总统也停止工作，走下华盛顿权力高层休息了。

收音机里的演讲给里根提供了一个绝好的机会，使他在任何时候，无论椭圆形办公室遇到了多么棘手的问题，都能够找到台阶下。正是有了这样一道篱笆做屏障，总统才有机会在自己的好友詹姆斯·G·沃特受到媒体和最先锋的环保主义者不公正的对待时，毫无顾忌地进行指责。打开收音机倾听，你很难想到，这个充满义愤的评论家，跟那个从前任内政部长手里抓过辞职报告的总统，竟然是同一个人。对于他任命"一个黑人、一个妇女、两个犹太人和一个瘸子"加入联邦顾问班子，前任内政部长在公开场合说了一些并不太尖锐的话,被传得沸沸扬扬,被迫辞职。

非常明显,到了 1986 年下半年,这个方法就不怎么灵验了。有证据表明,美国政府让自己与伊朗进行武器交易中所得的利润流向了尼加拉瓜,支持那里的反政府武装,面对铁证如山的证据,里根不得不下令将奥利弗·诺思从国家安全委员会开除。三天以后,还是同一个诺思,里根又高度赞扬他,称他为"民族英雄"。其实,他应该跟在吉姆·沃特事件中的表现一样,再坚持等几个星期,然后才给自己重新定位,以一个喜欢抱打不平的第三方的身份出现,对此事发表意见。

他能够及时为自己重新定位,把自己放在一个远离华盛顿官方的安全位置上,这样的能力一次又一次地保护了他,使他远离在职期内经常遇到的危险。远在贝鲁特的一个美国兵营遭到了汽车炸弹的攻击时,总统轻而易举地闪在了一旁,远离这个灾难。自然不能归咎于士兵,因为他们正在加固兵营周围地区的防御工事,但是"就像给厨房重新装修一样,不能说你想干就立即干完了"。在紧接着进行的国情咨文会议上,他尖锐地提出了一个问题,提醒大家国会曾经授权在黎巴嫩部署军队,但是他自己忽视了一个事实,那就是,好几个月以来,他一直将是否支持他的维和任务作为是否爱国的标准。

里根以前的所有总统们都无一例外地紧握住所有象征总统职位的东西,而里根却相反,他一直努力让自己保持自由的状态。

他作为联邦预算撰稿人的角色就是一个很好的例子。从来都不提交平衡预算书的总统在 1982 年两次到国会山去主持一个平衡预算会议。他站在一大堆愤怒的人群中,尽量让自己看上去跟一个普通的市民没什么两样,跟在场的每一个人一样,对不断升高的赤字浪潮充满了关切之情。两年以后,这个曾经在自己任期无可奈何地目睹国债成倍增长的人,悠然地站在自己的母校尤里卡大学里说着自己的要求:"绝不能允许这个国家的政治家们拿着你们的前途进行投机。"

让我们再回想一下 1968 年共和党的全国代表大会。当时共和党被提名的总统候选人正在发表演说,大谈自己的经历。在把自己要演说的大部分内容结束以后,他放慢了速度,开始跟全国的观众套近乎。紧接着,他换了讲话的语气,开始用第三人称的口气讲述一个南加利福尼亚小镇上的小男孩如何利用有限的机会,如何成长的故事。他的声音开始颤抖起来:"在晚上他听见火车轰隆隆地驶过去,开始梦想着自己能够去很远很远他一直想去的地方,这个梦想在当时看来是那么地遥不可及……"

紧接着就说到故事的高潮了。那个夜晚在枕头上聆听西太平洋浪涛声的男孩子,那个做着"遥不可及的梦"的男孩子,现在就站在几千名代表的面前。"今天晚上,他就站在你们的面前,竞选美利坚合众国总统提名。从这个故事中你就会明白为什么我对美国梦是如此地坚信不移。"就连憎恨尼克松的人也不禁为之动容。

这些话看起来好像完全是即兴发挥的,其实不然,在这一幕背后有不少精心的策划。那天晚上夜深以后,尼克松回到宾馆自己的房间里,为自己能够在演讲结尾处画了这么完美的句号而兴奋不已,变得更加自信了。"我很爱看罗吉或者是罗姆尼或是林赛表演'不可能的梦'这动人的一幕,我只是把声调变了变,"他跟自己的助手威廉·萨菲尔说,"里根是个演员,我倒是很愿意看看他怎么来演这一幕。"

12年以后,在1980年的共和党全国代表大会上,他的这个愿望真的实现了。里根接受了总统提名这几个字可能在历史书上不值得大书一笔,但是他演讲时的美妙声音却长久地回荡在历史长河里。

当里根精心准备好的演讲即将达到尾声的时候,高潮时刻到来了。他在演讲台上稍微停顿了一下,环顾会场四周也环顾着远在家乡的成千上万的听众们,依旧沿用了好莱坞的最好的传统,完全抛开了脚本。

"我刚刚想到了一件事情,它与这个演讲没有任何关系,"里根用他那沙哑的、略带亲昵感的嗓音说道,"我一直担心,不知道该不该说。"

他又顿了顿,紧接着对美国讲了一通溢美之词,称它是"所有渴望呼吸自由空气的人"最好的避难所,然后才是最关键的话。"我得承认,对于我即将建议的事情,我还是有一点点的恐惧。但是如果我不能够做到这一点的话,我会更加恐惧。"

然后他要求大家为他即将进行的"十字军东征"默默地祈祷。

里根演讲的结尾在这次大会上极为成功。整个演讲富有戏剧性的情节,有悬念,甚至在结尾处还有希区柯克式的一波三折,所有这些让这件事情在当时的政坛上给人耳目一新的感觉。同时这一幕也让里根有机会去做他最擅长的事情——在一群职业选手中把自己刻画成为一个业余选手,一个被政治家包围着的普通市民。一直到后来大家才知道他那个结尾是早就事先写好的。最后收尾那几句话,在记者们手中拿到的演讲稿中也早就特意删掉了,而在里根自己用以参考的大卡片上自始至终都存在着。

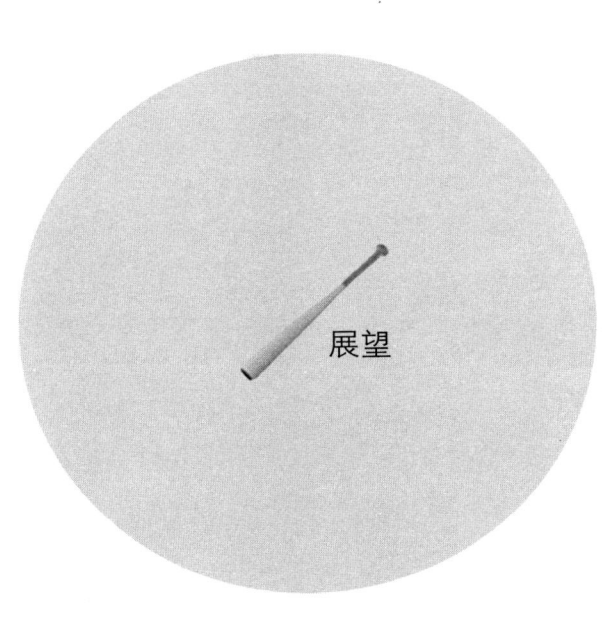
展望

展　望

1999年，副总统艾尔·戈尔在竞选民主党2000年总统候选人提名时受到了新泽西州前议员比尔·布莱德利的挑战。很多年以前在布莱德利举行的一次正式宴会上，戈尔曾经讲了下面的这个故事来取笑他未来的竞争对手。

布莱德利参议员进入参议院的时候，他头上有两个光环，他不但是普林斯顿最优秀的学生，之前还曾经是美国职业篮球联赛（NBA）的著名球星。有一次他被邀请去一个大型宴会上发表演讲。这位自信的立法议员坐在贵宾席上，等着发表演讲。

这个时候一个侍者走过来，将一块黄油放在他的盘子里，布莱德利立刻拦住了他。"打扰一下，能给我两块黄油吗？"

"对不起，"侍者回答道，"一个人只有一块黄油。"

"我想你一定不知道我是谁吧。"布莱德利高傲地说道,"我是罗兹奖学金获得者、职业篮球联赛球员、世界冠军、美国参议员比尔·布莱德利。"

听了这句话,侍者回答道:"那么,也许您也不知道我是谁吧。"

"这个嘛,说实在地,我还真不知道。"布莱德利回答道,"您是谁呢?"

"我嘛,"侍者不紧不慢地说道,"我就是主管分黄油的人。"

在这个权力的世界里,总会有人是主管分黄油的。